社会工作作为专业力量参与脱贫攻坚，

将专业队伍、专业方法、专业力量运用到脱贫攻坚的工作中，

发挥了不可替代的专业优势和人才优势，

提升了反贫困工作的专业性。

国家出版基金项目
NATIONAL PUBLICATION FOUNDATION

大国攻坚·反贫困社会工作丛书
丛书主编　向德平

婚姻家庭、亲密关系与乡村反贫困

尹忠海　等　著

華東理工大學出版社
EAST CHINA UNIVERSITY OF SCIENCE AND TECHNOLOGY PRESS
·上海·

图书在版编目(CIP)数据

婚姻家庭、亲密关系与乡村反贫困 / 尹忠海等著. —上海：华东理工大学出版社，2023.5(2024.12 重印)
(大国攻坚·反贫困社会工作丛书 / 向德平主编)
ISBN 978-7-5628-7113-2

Ⅰ.①婚… Ⅱ.①尹… Ⅲ.①农村—扶贫—研究—江西 Ⅳ.①F127.56

中国国家版本馆 CIP 数据核字(2023)第 111662 号

策划编辑 / 刘　军
责任编辑 / 孟媛利
责任校对 / 章斯纯
装帧设计 / 王　翔
出版发行 / 华东理工大学出版社有限公司
地址：上海市梅陇路 130 号，200237
电话：021-64250306
网址：www.ecustpress.cn
邮箱：zongbianban@ecustpress.cn
印　刷 / 上海中华商务联合印刷有限公司
开　本 / 710 mm×1000 mm　1/16
印　张 / 23.5
字　数 / 291 千字
版　次 / 2023 年 5 月第 1 版
印　次 / 2024 年 12 月第 2 次
定　价 / 98.00 元

编委会名单

丛书总序

我国以脱贫攻坚为标志的国家级重大反贫困行动，于2020年年底取得了预期成果，绝对贫困总体上被消除。脱贫攻坚可以说是中国乃至世界反贫困史上的一件大事，值得书写一笔。社会工作作为一种专业力量参与其中，并发挥了重要作用，其实践和经验值得总结。由向德平教授主编的“大国攻坚·反贫困社会工作丛书”在这方面做了开创性的工作，值得我们称赞。

一、社会工作参与反贫困是一项重大的专业实践

（一）反贫困是社会工作的一项核心任务

社会工作自产生之日起，就与反贫困结下了不解之缘。不是社会工作“贪恋”反贫困，而是贫困给贫困群体带来了巨大的痛苦。社会工作作为一种以帮助困难群体缓解困难、追求社会公正与社会进步为己任的专业，理应把反贫困的责任放在自己的肩上。在世界社会工作反贫困历史上，发达国家的社会工作参与反贫困基本上是通过实施社会救助和社会慈善的方式进行的，并形成了社会工作的著名模式。第二次世界大战以后，发展中国家的反贫困主要面向农村展开，经济开发、社区发展成为其主要模式，20世纪50年代联合国倡导的社区发展原则正是社会工作参与反贫困所应遵循的。20世纪80年代以后出现的发展型社会工作，一方面与发展中国家的政府、社会工作者、发展工作者的实践有关，另一方面也受产生于发达国家的社会投资

等理论的影响。这些实践取得了一定的成绩，也为后来发展中国家的反贫困提供了借鉴和参照。

我国作为经济社会政策和发展项目的反贫困工作是从 20 世纪 80 年代中期开始的，最初是经济开发，接着是扶贫攻坚，主要是发展经济，由政府部门、国有大中型企业和贫困农户承担主要责任。2015 年，我国开始实施脱贫攻坚工程，中央明确要求形成由专项扶贫、行业扶贫和社会扶贫互为补充的大扶贫格局，做到扶贫开发与经济社会发展相互促进，不但注重产业脱贫，而且加强教育等多层面脱贫；要求坚持群众主体，激发内生动力，注重扶贫扶智，增强贫困人口自我发展的能力，同时实施扶贫志愿者行动计划和社会工作专业人才服务贫困地区计划。这样，社会工作力量作为脱贫攻坚的有机组成部分，有了"特殊"的实践机会，也能够更有针对性地参与反贫困行动。2017 年，《民政部 财政部 国务院扶贫办关于支持社会工作专业力量参与脱贫攻坚的指导意见》(以下简称《意见》)要求中国社会工作教育协会发挥推动作用，进行教育扶贫。同时，我国开始实施社会工作服务机构"牵手计划"，从发达地区选择专业性强的社会工作服务机构，与贫困地区社会工作服务机构等进行结对。社会工作教育界积极响应政府部门的号召，组织、动员和支持各社会工作院系参与这一具有历史意义的反贫困行动。各类群体参与脱贫攻坚成为中国社会工作重建以来，规模最大、时间较长、有组织、有目标要求的集体性行动。

（二）社会工作参与脱贫攻坚取得了积极成果

按照民政部等部门的《意见》，中国社会工作教育协会参与脱贫攻坚是教育扶贫，其主要任务如下：高校社会工作专业院系要与贫困地区合作建立社会工作专业培训、教师实践和学生实习实训基地，帮助贫困地区培养社会工作专业人才；高校社会工作专业教师到贫困地区开展专业督导，引导社会工作专业在校生到贫困地区进行社会实践；支持鼓励社会工作专业毕业生到贫困地区就业。在中国社会工作教育协会的组织动员下，各社会工作院系秉持专业精神、发挥主观能动性，组织师生、链接资源、深入贫困地区，开展了多项服务，较好地完成了《意见》提出的任务，并尽己所能地为贫困地区的居民做贡献，在脱贫攻坚中取得了不少开创性成果。社会工作教育界支持了贫困地区的脱贫工作，促进了贫困地区社会工作人才和专业力量的发展，也获得了参与反贫困的直接经验，使我们感受到了当地干部群众和派驻的扶贫干部在反贫困中表现出来的坚韧不拔的精神。同时，参与脱贫攻坚也成为各社会工作院系坚持理论联系实际、开展实践教学、在实践中培养学生、在比较中进行研究的重要场域，因而参与者的收获是丰硕的。

对于参与脱贫攻坚，中国社会工作教育协会领导班子给予了高度重视，设计行动计划、动员组织力量，推动了整个工作向前发展。中国社会工作教育协会还建立了反贫困社会工作专业委员会，在贯彻落实协会的总体部署、推动整个活动发展方面发挥了积极作用。作为反贫困社会工作专业委员会的负责人，向德平教授和他主持的反贫困研究机构积极配合、主动工作，有力地推动了中国社会工作教育协会工作的开展。

二、社会工作界参与反贫困是理论与实践比较、互动和提升的过程

（一）社会工作教育界参与反贫困是理论与服务实践的互动过程

社会工作教育界参与反贫困的特点是，一批批具有深厚社会工作理论

与知识积累的高校教师和研究生、高年级本科生开展实践活动，这同时也是他们走出课堂和校门开展社会工作服务的过程。在一定意义上，它是理论指导实践的过程，也是实践检验书本知识和理论的过程。反贫困工作是在自然环境复杂、文化传统多样的贫困地区展开的，社会文化因素深深地影响着反贫困行动的开展。在上述经济、政治、社会、文化背景下开展的反贫困，必然比书本上介绍的复杂得多。社会工作界参与反贫困，必然会遇到上述复杂因素的影响，会遇到许多亟待解决的“中国式”问题。这是一个不断比较、选择、实践和反思的过程。对社会工作教育界来说，这是一系列挑战，也是在克服困难中不断成长的过程。

（二）书写经验是反贫困理论和实践成果的延伸

社会工作者的基本品格是奉献和共享发展成果，同时社会工作教育界又有改进教育、传播知识、贡献社会的责任。从这个角度来说，将参与反贫困的经验和思考写出来，是十分有意义的事情。向德平教授主编的这套书正是此种努力的体现。该丛书组织了国内社会工作界 20 多位专家学者，基于社会工作实践，总结反贫困的相关模式和经验，生产社会工作知识，价值显而易见。

该丛书以实践为基础，兼顾了反贫困知识和实践的完整性。它是多视角、全方位和具有整体性的。其主要视角包括社区为本视角、抗逆力视角、内生动力视角、资产建设视角、金融服务视角、可行能力建设视角、赋权视角、贫困治理视角、心理弹性和生涯辅导视角等。它关注的服务对象主要包括儿童、老年、妇女、残疾人及西部农村中的弱势群体。该丛书既介绍既有的社会工作理论，也介绍中国特色的社会工作实践。基于本土实践，它介绍了社会工作参与反贫困模式的多样化和经验的多元化，反映了中国反贫困的经验及社会工作参与反贫困的机制，阐明了专业社会工作是如何发挥专业优势、实现服务效能的。

该丛书也是系列教材，体现了从理论到实践、从实践到知识的转化过程。这里包含了对反贫困知识和理论的选择，包括在实践中对社会工作知识的运用和反思，也包括基于实践的知识建构，还包括不同类型和不同层次的建议。该丛书内容丰富，有借鉴、有创新，可指导实践，也为反贫困研究提供了参考框架，是反贫困领域的学术力作，是社会工作本土化的重要成果。

三、在乡村振兴中更好地运用和发展社会工作参与反贫困的经验

到 2020 年年底，我国在总体上消灭了绝对贫困，但是相对贫困还会长期存在。中国共产党第十九届中央委员会第五次全体会议提出“实现巩固拓展脱贫攻坚成果同乡村振兴有效衔接”，我国巩固脱贫成果和反贫困的任务依然是十分繁重的。在走向乡村振兴、实现共同富裕的进程中，已经取得的反贫困经验在一定程度上依然有效，这与相对贫困现象在地域、群体、经济状况、社会生态和文化上的连续性密切相关。当然，相对贫困也有自身的特点，贫困群体有了以往反贫困的经验，有了相对好的经济基础和社会生活条件，他们摆脱贫困的内在动力和能力也有所增强。但是我们也要看到，在新的国际国内形势下，面对不断加剧的市场化竞争，相对贫困群体的生存压力不会减少，反贫困的发展性要求会更加突出。我国已经进入社会主义现代化建设的新阶段，要贯彻新的发展理念，构建以国内大循环为主体、国内国

际双循环相互促进的新发展格局，其中乡村全面振兴、遏制返贫现象发生、实现共同富裕任务艰巨。在这种背景下，社会工作者在参与脱贫攻坚中获得的经验仍然有重要的参考价值。我们也期待社会工作者群体在参与乡村振兴和解决相对贫困问题方面取得新的成果。

把论文写在祖国大地上，中国社会工作教育界以自己的实际行动在认真践行。

王思斌
北京大学社会学系

主 编 序

打赢脱贫攻坚战，是实现中华民族伟大复兴的底线要求，是贫困地区与全国一起全面建成小康社会的关键之举，是实现国家长治久安的重要保障。

我国扶贫开发进入精准扶贫、精准脱贫的新阶段。精准扶贫战略贵在精准，精准与专业具有同构性，只有调动专业的力量参与精准扶贫，才能进一步提升精准识别、精准帮扶、精准管理的精准度，才能更专业地解决贫困人口在脱贫过程中的个性问题与发展问题。社会工作参与脱贫攻坚具有重要的意义，在反贫困工作中扮演着重要的角色。

社会工作作为专业力量参与脱贫攻坚，将专业队伍、专业方法、专业力量运用到脱贫攻坚的工作中，发挥了不可替代的专业优势和人才优势，提升了反贫困工作的专业性。事实上，社会工作起源于贫民救济或慈善事业，其发展的历史就是人们与贫困做斗争的历史。社会工作的专业方法、理念正是人们在与贫困及相关社会问题做斗争的实践中逐步形成和发展起来的，因此，社会工作参与脱贫攻坚具有深厚的历史基础和重大的现实意义。社会工作参与脱贫攻坚是社会扶贫的重要组成部分。作为精准扶贫的专业力量，社会工作通过需求评估，精准识别贫困人口及其致贫原因；通过资源整合，动员与协调各方扶贫力量和扶贫资源；通过提升扶贫对象的能力，激发和提升扶贫对象的内生动力和可行能力。社会工作参与脱贫攻坚，有助于提高反贫困工作的精准性和可持续性，实现由“输血型”扶贫向“造血型”扶贫、救助型扶贫向发展型扶贫的转变。

党中央、国务院十分重视社会工作专业人才服务贫困地区的工作,《中共中央 国务院关于打赢脱贫攻坚战的决定》(中发〔2015〕34 号)、《中华人民共和国国民经济和社会发展第十三个五年规划纲要》和《国务院关于印发“十三五”脱贫攻坚规划的通知》(国发〔2016〕64 号)对实施社会工作专业人才服务贫困地区计划、支持专业社会工作和志愿服务力量参与脱贫攻坚提出了明确的要求。为贯彻落实党中央、国务院的决策部署,支持社会工作专业力量参与脱贫攻坚工作,《民政部 财政部 国务院扶贫办关于支持社会工作专业力量参与脱贫攻坚的指导意见》发布,民政部办公厅、国务院扶贫办综合司出台了《社会工作教育对口扶贫计划实施方案》。

为落实《民政部 财政部 国务院扶贫办关于支持社会工作专业力量参与脱贫攻坚的指导意见》的精神,贯彻实施民政部、国务院扶贫办联合制定的《社会工作教育对口扶贫计划实施方案》,深入推进教育扶贫工作,全国社会工作专业学位研究生教育指导委员会和中国社会工作教育协会积极实施“社会工作教育对口扶贫计划”,组织全国 200 多所高校参与社会工作教育对口扶贫工作。在反贫困社会工作实践中,社会工作教育和实践工作者积极探索,积累了较丰富的实务经验,总结了一批典型案例,产出了一系列理论成果。本丛书是中国社会工作参与反贫困成果的系统呈现。

2019 年 3 月 16 日,中国社会工作教育协会反贫困社会工作专业委员会与华东理工大学出版社在武汉举行“大国攻坚・反贫困社会工作丛书”启动仪式。来自十几所高校的 20 余名作者代表参加了会议。会议研讨、确定了本套丛书的写作框架和主要内容。

本丛书是在全国社会工作专业学位研究生教育指导委员会、中国社会工作教育协会的指导下，由中国社会工作教育协会反贫困社会工作专业委员会具体组织完成的。王思斌教授、阮曾媛琪教授、谢立中教授、蔡禾教授、关信平教授、马凤芝教授、彭华民教授全力支持反贫困社会工作专业委员会的工作，指导本丛书的编写。

中国社会工作教育协会前任会长徐永祥教授高度重视本丛书的编写工作，为丛书的编写和出版提供了巨大的支持。本丛书寄托了全体社会工作同仁对徐永祥教授的深沉怀念！

感谢所有关心、支持本丛书的专家和同仁！

向德平
华中科技大学社会学系

前　言

近代以来，随着工业化、城市化的发展，人类社会关系与交往关系发生了巨大变化。针对亲密关系，罗兰·米勒（Rowland Miller）曾经强调“人类社会属性的核心部分正是对亲密关系的需要”，因为“与他人的关系还是我们生活的中心内容：关系处理得好会带来极大的快乐，处理得不好则会造成重大的创伤”①。这些创伤往往具有衍生性、扩展性。例如，从婚姻关系扩展到代际关系会冲击家庭的完整性、稳定性，进而导致贫困的再生产。米勒基于全美调查的研究发现，离异家庭的女性收入会显著下降，降幅甚至高达27%。② 情境深刻地影响着自我认识与行为动机。③ 而生活在离异家庭中的孩子则会出现更多的焦虑、消沉、学业不良等问题，其主观幸福感较低④，甚至出现反社会行为。英国学者劳伦斯·斯通（Lawrence Stone）在其著作《英国的家庭、性与婚姻：1500—1800》中曾经感叹，“巨大而无从捉摸的文化变迁表现在家族成员的彼此变化上，这可以从法律、社会结构、风俗、权力、情感及性等方面来谈，着重强调个人如何思考、彼此对待及利用……最大的变化是从疏远、服从及父权体制到我称之为个人主义的变化。我相信这可

① ［美］罗兰·米勒. 亲密关系［M］. 6版. 王伟平，译. 北京：人民邮电出版社，2015：1.
② ［美］罗兰·米勒. 亲密关系［M］. 6版. 王伟平，译. 北京：人民邮电出版社，2015：430.
③ ［美］乔纳森·布朗，玛格丽特·布朗. 自我［M］. 2版. 王伟平，陈浩莺，译. 北京：人民邮电出版社，2015：111.
④ ［美］罗兰·米勒. 亲密关系［M］. 6版. 王伟平，译. 北京：人民邮电出版社，2015：432.

能是发生在近代初期人民心理状态上最重要的变化，甚至可能是过去几千年西方历史中人民心理上最重要的变化”①。这种变化是不是英美国家独有的呢？这些变化对乡村社会反贫困是否存在巨大影响？

正如玛丽·埃伦·里士满(Mary E Richmond)所说，讨论包括婚姻在内的亲密关系，不能仅仅停留在其形式上，还需要结合一定文明背景下一定国家和地域的结构性演变。② 众所周知，欧洲现代文明在世界各地产生了巨大影响，而中国一直在努力地追求现代化。同样，现代化进程深刻地影响着人际关系，尤其是亲密关系。爱情、友谊、性爱、依赖、沟通、认知等面临着新的变化，需要人们重新赋能，并适应一系列变化。改革开放四十余年来，现代化进程加快发展。因此，这种变化尤其深刻，影响甚为广泛，甚至出现多维叠加性压力，即便在偏远山区、偏远农村，亦不可避免。本书试图捕捉这种变化，试图描述、分析这种变化。在此基础上，借助政府购买服务项目、公益项目开展社会工作实务，进而在行动研究中探究婚姻家庭、亲密关系与反贫困之间的逻辑联动规律。

江西历史悠久，地处承东启西、南上北下的地缘关键地带。现代化进程冲击着千年积淀的农耕文化，冲击着婚姻家庭、亲密关系等一系列日常生活。本书选取的调查县域地处双循环要津的赣东北和赣南地区。赣东北紧邻浙江、福建等沿海省份。本书选择的调查对象正是位于该区域的杜村、瑶川、枫村。杜村、枫村都位于国家级贫困县的山区，而瑶川则是地处较为富

① [英] 劳伦斯·斯通. 英国的家庭、性与婚姻：1500—1800[M]. 刁筱华，译. 北京：商务印书馆，2011：4.

② [美] Mary E Richmond，Fred S Hall. 婚姻与国家：基于美国婚姻法实施的田野调查[M]. 朱姝，译. 上海：华东理工大学出版社，2018：35－37.

裕县市的一个行政村，该行政村也有贫困自然村。除了这三个村，本书的写作团队还在玉县开展了留守儿童社会工作实务。玉县地处赣南，位于当年苏区的核心地带，距离福建、广东等沿海省份很近。和前三个区域一样，玉县大量乡村劳动力前往沿海地区就业或创业。据统计，2015 年江西在省外务工人口约为 561 万，2016 年上升到 813.3 万，2017 年回落到 588 万，2018 年和 2019 年保持了稳定态势，分别为 595.4 万和 599 万。众所周知，中国改革开放进程展现了一种空间延展的层次性、渐次性。按照邓小平的“两个大局”思想，东部沿海省份得改革开放风气之先，经济发展亦率先阔步前进。为了追求富裕，村民中有很大一部分人离开家乡，到沿海就业或创业。经济发展的差异性、人口的流动性等使得乡村社会的亲密关系发生了巨变。调查表明，这种巨变反过来也深刻地影响着贫困现象的演化进程和反贫困工作机制的选择与建构。本书无意研究亲密关系的各种类型，本书主要分析乡村男性婚姻消费、离异女性以及受离异影响的贫困家庭的儿童照顾问题。其主线是如何看待婚姻家庭的脆弱性与稳定性。之所以选择这一问题作为研究主线，是因为正如大量研究所呈现的那样，从深层文化结构来看，无论是富裕家庭，还是处于贫困的家庭，中国社会都非常重视从光宗耀祖、望子成龙等角度看待幸福的源泉。①

习近平总书记非常重视婚姻家庭关系与贫困地区群众自我发展能力之间的关联性。2017 年，他强调要发扬中华民族孝亲敬老的传统美德，引导人们自觉承担家庭责任、树立良好家风，强化家庭成员赡养、扶养老人的责任

① 许烺光. 祖荫下：中国乡村的亲属、人格与社会流动[M]. 台北：南天书局有限公司，2001：8.

意识，促进家庭老少和顺[①]。为了清晰地探究现代化进程中的婚姻家庭、亲密关系与乡村反贫困，本书共计使用六章来阐述相关问题。第一章主要以文献综述和理论范式梳理为主，以现代化与乡村亲密关系的变革为主题，概述现代化进程中的亲密关系变革，尤其是婚姻家庭裂变与贫困的互动性，进而考察贫困县的男性婚姻挤压与婚姻消费的关联性。这种关联性往往深入从恋爱到婚礼的各种程序当中。也就是说，不同的程序会产生不同的交易成本，如彩礼、分饼等。[②] 第二章主要基于杜村的调查，系统分析男性婚姻消费策略对婚恋关系的影响，尤其是择偶、婚恋过程中的程序性影响，亦即程序虽然是交往礼仪的象征，但是这种程序在不同的历史阶段，需要不同的物质支持和交易成本。进而，把分析扩展到全球化视角，分析“剩男”型贫困户出现的深层原因。第三章主要基于瑶川镇的调查，以离异女性为调查对象，分析现代化进程中乡村离异现象的普遍性与特殊性。同时，分析离异对儿童照顾的影响。第四章主要基于枫村反贫困项目的参与观察资料，以离异家庭中的贫困儿童作为个案研究对象，分析离异家庭亲子关系所面临的巨大挑战。第五章以玉县留守儿童隔代抚养面临的家庭沟通阻滞为核心问题，分析社工介入儿童家庭沟通阻滞的过程与效果。第六章充分考虑党和国家提出的扶贫要有“绣花精神”，要扶到家庭层面的基本政策与方针，系统思考调研和实务所面临的共同问题：反贫困社会工作在婚姻家庭等亲密关

① 中共中央党史和文献研究院. 习近平扶贫论述摘编[M]. 北京：中央文献出版社，2018：142.

② 庄孔韶. 银翅：中国的地方社会与文化变迁[M]. 北京：生活·读书·新知三联书店，2016：217－219.

系中何以可为?进一步从流动的现代性、空间社会学等理论角度系统分析乡村亲密关系的巨变,分析脱贫攻坚如何对接乡村振兴。

回顾起来,之所以选择以婚姻家庭为主线来研究亲密关系,进而分析乡村反贫困社会工作,与笔者带队在罗霄山区的4个县22个村落的调查紧密相关。在调查中,我们注意到婚姻家庭的裂变与冲突影响之大远远超出了我们既定的想象。随着调研与实务展开的深入,本书的问题意识越来越清晰了。参与罗霄山区反贫困调查的就包括本书的作者之一吴晓丹。经过此次调查,她决定把研究生毕业论文的主题确定为农村婚姻家庭研究。其后,她回到自己的家乡,在民政部门实习。借助实习机会,她注意到男性在婚姻消费中面临巨大的困难,部分男性可能会因婚致贫。于是,她决定对杜村的男性婚姻消费问题开展田野调查。这便有了本书第二章的内容。

借助兴悦读书报告会,吴晓丹分享了她的调研数据,分享了她对布迪厄关于婚姻研究的一些重要看法,即法国社会曾经出现的现象在中国也大量出现了。其后,参与读书报告会和数据分享会的何梦兰又在瑶川注意到乡村社会离异现象出现了大量新情况。通过驻村调研,她注意到女性提出离婚的比例快速上升,并且超出了男性。从社会结构来看,现代化、现代性对于性别观念的影响甚大,离异问题往往和挑战传统观念、传统生活方式、传统习俗紧密联系在一起。① 从动机来看,面对资源配置的时空变化,提出离婚既有工具理性的选择取向,也有情感冲动的结果。从年龄来看,既有非常年轻的夫妻,也有年龄70岁左右的老年夫妻。从后果来看,离异是导致返贫

① [美]芮塔·菲尔斯基. 现代性的性别[M]. 陈琳,译. 南京:南京大学出版社,2020:17.

的重要因素之一。这样,吴晓丹、何梦兰都指向了乡村婚姻家庭中出现了亲密关系瓦解的问题,在某种程度上发现了亲密关系瓦解和部分家庭陷入贫困的关联性机理。写作期间,何梦兰初为人母,她深刻地体会到,离异对儿童照顾的影响巨大且持续时间很长。

彼时,参与分享会的另外一个成员是俞梅容。与此同时,在中国社会工作教育协会的大力支持下,江西财经大学人文学院承担了教育部、财政部、民政部资助的教育扶贫任务,并承担了全省的中心高校协调工作。在此需要感谢王思斌教授和已故的徐永祥教授。正是在他们的大力支持下,我院开始和省内同行选择横峰、瑞金、莲花、修水等革命老区作为反贫困社会工作的开展地,因为革命老区是脱贫攻坚战略实施的关键区域。尤其需要感谢的是,为了争取政府购买服务,推进项目在老区顺利落地,中国社会工作教育协会副会长、北京大学教授马凤芝亲赴南昌,参与江西省民政厅组织的项目答辩工作,史柏年教授亲自对全省高校社工进行了培训。全省高校社会工作者进入农村后,获得了大量反贫困社会工作资料,培养了一批农村社会工作者。作为负责人,我和社会工作专业师生一起深入田间地头。其中,俞梅容等同学在横峰等地开展教育扶贫工作,而对留守儿童开展帮扶是反贫困社会工作的重要内容之一。俞梅容负责的是枫村的个案工作。她发现,跨省婚姻中的文化适应问题非常严重,甚至直接导致了离异。面对离异问题,儿童出现了明显的性格变化。社工的介入及时地缓解了其消极影响。但是,贫困地区的社会工作人才队伍建设非常滞后,彻底解决这一问题需要社会工作者能够有机地嵌合到基层治理机制当中去。本书第四章的内容便是来源于此。

在横峰项目结束之后，非常幸运的是，北京大学张静教授、熊跃根教授先后带队到赣南调研，曾璐瑶参加了两次调研活动，我本人还先后参加了中国农业大学熊春文教授带队的脱贫攻坚调研、防止因疫返贫调研活动。正是在这些调研活动中，我们进一步注意到了现代化对包括婚姻关系、亲子关系等在内的亲密关系的重大影响，这些影响不可避免地或加剧了贫困，或影响着反贫困的效果。问题在于这些影响传递的媒介是什么？曾璐瑶在调研中注意到了留守儿童家庭的脆弱性。这种脆弱性又影响着家庭内部沟通的有效性，进而降低了反贫困效果，影响着家庭成员的幸福感。于是，曾璐瑶依据调研所得确定了社会工作实务的服务对象。曾璐瑶在社会工作实务中发现并印证了罗兰·米勒的观点。米勒认为，沟通在亲密关系中起着至关重要的作用。因为从信息传递者的意图到信息接收者之间会出现误解或错误，进而产生人际隔膜。不过，受经济技术发展的阶段性影响，米勒无法注意到社交媒体对亲密关系中沟通模式的影响。曾璐瑶的观察与发现的重要性在于，亲密关系遭遇到一个数字化时代的异化现象。本来，社交媒体运用的主要目标在于推动人类社会的相互沟通、有效沟通和良性互动。但是，现实情况表明，一部分儿童很快学会了社交媒体，却逐步忽视了家庭沟通。即便他们愿意沟通，但是老年人融入数字社会遭遇的挑战非常大。其结果是，部分家庭必然出现代际沟通中的“无语”或失语症候。同时，一些儿童不得不面临网络成瘾的挑战，至少面临摆脱“成瘾少年”的污名化标签的困惑。这些沟通阻滞深刻地影响着代际关系、师生关系，进而导致离异家庭儿童的学业状况恶化。案例中的东东及其家庭面临的正是这一系列问题。第五章的内容便是对上述问题的描述与求解的尝试。

可见，从第二章到第五章贯穿的是择偶与婚姻策略、家庭解体、儿童照顾、反贫困社会工作与家庭沟通等问题演化的连续性逻辑。复杂的逻辑背后正是如何从家庭、家教、家风的角度思考亲密关系的合情、合理、合法性建构。通过调研和实务观察，可以发现假性亲密关系在乡村社会的存在及其严重影响。从历时性来看，假性亲密关系影响着婚姻质量和夫妻双方的幸福感，影响了家庭代际团结，激化了代际矛盾，降低了家庭抗风险的韧性。第六章正是从这一层面来思考如何推进脱贫攻坚与乡村振兴战略的衔接的。众所周知，我国脱贫攻坚战略牵涉的一个基本问题是县域治理。从县域治理的角度来看，虽然已经存在着针对婚姻脆弱性的制度设计，但是不能不看到，从推进县域治理现代化的角度建设更具有资源整合性的、防范婚姻脆弱性的机制依然任重道远。推动反贫困社会工作下乡有利于有效巩固脱贫攻坚成果，而持续推进乡村振兴依然是一个需要长期努力的方向。

基于这些调研与实务基础，本书作了较为合理的分工。尹忠海负责前言、第一章、第六章的撰写和修改工作，同时，还负责全书的统稿工作。吴晓丹负责第二章的撰写工作。何梦兰负责第三章的撰写工作。俞梅容负责第四章的撰写工作。曾璐瑶负责第五章的撰写工作。需要说明的是，第二、三、四、五章也是她们的毕业论文的一部分。

在本书定稿之时，兴悦读书报告会有文字记录者已经超过了200期，感谢所有团队成员。每周五，我们都有一种回家的感觉。通过这种共同体活动，我们建构了一种非常亲密而友善的师生交往关系。在第200期时，我的爱人王慧博士第一次来到了读书报告会现场。在横峰调研期间，她陪伴我进入了部分贫困家庭开展调查，参加了人文学院在山村举办的大型文艺晚会。我的女儿对第200期读书报告会的圆满举办给予了祝贺！没有这种亲密的家庭氛围，我无法长期离开家到乡村开展调查，兴悦读书报告会也很难坚持近15年。

要感谢黎永开先生的支持。正是在他和明爱团队的支持下，我们才有机会深入乡村开展社会工作实务。他的君子之风和对学生的关爱一直让我感动！他曾在讲座中告诫江西财经大学人文学院社会工作专业师生：实践是专业的灵魂；但是，如果不对实践进行系统总结与思考，社会工作专业将失去大脑！没有这些支持与忠告，我们在乡村的调查很难持续。

还要感谢江西省扶贫办、吉安市扶贫办、横峰县民政局的朋友们的支持！他们始终把革命老区的贫困家庭放在心上。记得在一个深秋的周末，我们团队去枫村调研，由于是清晨6时许，随行的横峰县民政局的同志提着已经冰冷的包子就开车上路。在一个多小时的车程之后，他才有机会吃早餐。后来，村民告诉我，帮扶队伍非常用心。正是这份用心，让我们团队深深地感受到了社会主义大家庭的温暖！

最后要感谢江西财经大学经济社会学创新团队的梁波教授、唐斌教授、洪泸敏副教授、苗春凤副教授等人的建议与帮助。尤其是苗老师对学生在枫村开展实务的指导，对我们的研究具有重要作用。

尹忠海

2023年5月12日

于江西财经大学

目　录

CONTENTS

第一章　现代化与乡村亲密关系

一位曾经离异且一贫如洗者终于走出了沉沦。当他看到女儿和现任妻子亲密地坐在一起时，他充满了幸福感。他是家具企业的继承者和经营者。当企业遭遇困境时，他渴望信任，渴望家庭的支持。这个故事出现在布罗达尼的《信任再造：找回迷失的自己》当中。① 这个故事表明，在现代经济风险出现时，哪怕再一贫如洗，人们也不愿意失去家庭的支持。甚至，人们更加渴望在亲密关系中获得足够的信任，建构强大的内生动力。否则，他可能重新陷入贫困当中。可见，婚姻与家庭的脆弱性很容易因为信任关系的消解而导致贫困的生成。2019 年，在赣南地区的一次乡村之旅中，调研人员发现，有位村民虽然离异了，但仍然和全村人一起积极落实脱贫攻坚战略。在接受访谈时，他强调，自己是从广东打工回来的，见的世面很广，并不会因为离异而埋怨妻子；因为他们曾经一起为了生活而奔向沿海地区，这就足够了。他说，不能对生活要求太多，乡村社会的离异现象已经非常多，他不能

① [美] 利·布罗达尼. 信任再造：找回迷失的自己[M]. 周国庆，译. 北京：机械工业出版社，2018：Ⅶ.

要求太多。尽管如此，他依然认为不能让孩子失去母爱，要让孩子多与离家的妻子沟通。关于妻子是如何与孩子沟通的，是否会把两者之间的离异负面情绪传递给孩子，他并不愿意多说。站在女性的角度来观察两个故事，可以发现，如果母亲感受到丈夫和家庭的爱，她会把自己的安全感、幸福感传递给孩子。① 在这样的氛围中，优质的家庭关系显然有利于儿童照顾，有利于个体发展。值得注意的是，他接着提出了一系列重要问题：为什么乡村社会离异比例会上升？怎么样可以让孩子感受到温暖而不至于出现个体发展受挫？亲密关系是否可以重建？可以说，本书的问题意识正是来自一系列调查和实务经历。调查发现，包括婚姻家庭、亲子关系在内的亲密关系只是一种表象，更重要的是亲密关系变革背后的深层次原因及其纾解路径。

第一节 亲密关系：乡村社会变迁的表征

事实上，在日常生活的世界里，亲密关系所包含的内容非常广泛。这些内容往往具有叠加性与联动性，对经济社会发展的变迁影响甚大，对个体的心理与情绪影响甚大。几年前，在罗霄山区的一个贫困乡村，一位老人告诉正在进行反贫困项目调研的工作人员，他非常苦恼。他说自己已经年近八十，这是一个可以放下人世间一切的年龄，但是，他做不到，因为孙子的父母离异了。他的儿子结婚很晚，是跨省婚姻，儿媳妇来自西南地区的偏远山村。但是，由于夫妻两人年龄相差太大，家庭收入又很低，儿媳妇在孙子 5 岁左右

① [美] D W Winnicott. 家庭与个体发展[M]. 卢林，邬晓燕，吴江，译. 北京：北京大学医学出版社，2019：3.

的时候离家出走。孙子现在读初中了，但是成绩很差，也不是太爱说话。儿子外出务工。老人的妻子也已经去世，他只能自己独自照顾孙子。担心孙子的成长成了他内心最大的精神负担。老人说："这孩子不爱说话，学校老师经常来告状。我自己也不知道和他说些什么好。"他的邻居告诉调查人员，老人内心非常孤独，非常悲凉。但是，没有人能够真正地长期陪伴他，做他的倾听者。

显然，这是一个典型的家庭教育与贫困代际传递紧密关联的故事。在调研中，我们多次遇到诸如此类的故事。这些故事都围绕着一个共同的主题：反贫困社会工作如何才能深入家庭亲密关系之中。2015 年，在论述阻断贫困代际传递时，习近平总书记强调，要让贫困地区的每一个孩子都能接受良好教育，成为社会的有用之才。① 2017 年，习近平总书记在深度贫困地区脱贫攻坚座谈会上强调："要引导人们自觉承担家庭责任，树立良好家风，强化家庭成员赡养、扶养老年人的责任意识，促进家庭老少和顺。"②这样，包括婚姻家庭在内的亲密关系优化在反贫困社会工作中的重要地位得到了重视。

众所周知，教育不仅仅有学校教育，也包括社区教育、家庭教育等方面。并且，家庭教育、社区教育、学校教育是紧密联动的。在联动机制中，代际关系是非常重要的纽带。老人的忧虑其实触及了一个重要问题，即一个无法参与到他人生命历程中去的少年群体正在出现。③ 也就是说，从社

① 中共中央党史和文献研究院. 习近平扶贫论述摘编[M]. 北京：中央文献出版社，2018：134.

② 中共中央党史和文献研究院. 习近平扶贫论述摘编[M]. 北京：中央文献出版社，2018：142.

③ 对于情商高的人来说，共情的力量不仅可以实现自我抚慰，也可以抚慰他人。教育的作用之一就是培养情商。参阅：[美]亚瑟・乔拉米卡利，凯瑟琳・柯茜. 共情的力量[M]. 王春光，译. 北京：中国致公出版社，2019：93.

会心理学的角度来看，在未来的发展中，他们可能会面临共情性力量缺失的挑战。共情是理解他者感受的能力，意味着互动能力，对于通过社会交往获得社会支持的影响重大。大量研究表明，这种挑战并不仅仅是个体原因造成的，恰恰需要综合家庭教育、社区教育、学校教育等方面的力量来协同解决。正是因为这种联动性与协同性，才使得贫困、婚恋关系、教育、儿童自我观念与认知等元素融合在一起。隐藏在诸多元素背后的是乡村社会的亲密关系正遭遇巨大挑战。众所周知，亲密关系是人类经验的核心所在，是个体人生经历的基本线索。① 因此，阻断贫困的代际传递还需要从亲密关系的角度来思考。

一、关于亲密关系：从费孝通的基本三角理论说起

1971 年，费孝通在写给大哥的信中就坦率地说了什么是“老境”，直白地述说了自己对年龄大的生理与精神体验。比如，夜晚多次起床的生理感受。② 正如克里斯多福·孟所说的那样，亲密关系是表达人生高低潮的一种艺术。③ 这种直白正是兄弟之间的一种亲密关系的表达艺术。正是这种亲密关系的支持才使得费孝通获得了抗逆力，能够畅所欲言，挺过了人生中的一段艰苦时期。

费孝通的经历表明，兄弟之间的率真与热情是亲密关系的重要组成部

---

① 亲密关系意味着人们对归属与爱的基本需求，意味着抵御精神或身体疾病的社会支持网络的存在。

② 此时，正值费孝通在干校改造的阶段。参阅：费孝通. 费孝通全集[M]. 呼和浩特：内蒙古人民出版社，2009：25 - 26.

③ [加] 克里斯多福·孟. 亲密关系：通往灵魂的桥梁[M]. 张德芬，余蕙玲，译. 长沙：湖南文艺出版社，2015：5.

分，而亲密关系是人际关系中的核心内容，研究亲密关系具有重要的意义。费孝通本人非常重视对亲密关系的研究。他在引述弗思的研究成果以及自己在广西花篮瑶调查成果的基础上强调了社会结构中的基本三角的重要性。弗思说，社会结构中真正的三角是由共同情操所联结的儿女与他们的父母构成的关系网络。由此，费孝通把基本三角落实到婚姻与家庭关系上来加以进一步论述。他认为，婚姻的意义就在于建立社会结构的基本三角。夫妻不仅仅是一种两性关系，更是一种共同向儿女负责的合作关系。否则，就会出现如里士满所曾经强调的，责任意识缺失或丧失会导致家庭解体。她在《贫民中的友善探访：慈善工作者手册》中强调了婚姻的保守性与家庭责任的严肃性："家庭责任有一种古板而又保守的基调，但是生活的基础本就是保守。"①可见，里士满的反贫困社会工作理论非常重视从家庭责任的角度理解婚姻契约中的关系网络。她认为，婚姻关系建立和保持的过程中同时缔结了夫妻关系和亲子关系。夫妻关系以亲子关系为前提，亲子关系则以夫妻关系为条件。一个稳定的三角关系是不能缺少任何一边的。② 不过，费孝通也清醒地认识到，这一三角关系并非均等的、静态的，恰恰是非均等的，是动态变化的。比如，他说，从孩子的角度来看，他们"对于父母的亲密程度也不是相等的"③。由此，费孝通提出存在基本三角的区位性约束观。他认为社会学、人类学的一个重要研究议题便是需要关注社会结构的基本三角关系是如何受空间距离、社会距离的影响，进而表现出程度上的差异

① ［美］Mary E Richmood. 贫民中的友善探访：慈善工作者手册［M］. 康姣，译. 上海：华东理工大学出版社，2018：52－53.
② 费孝通. 生育制度［M］. 上海：华东师范大学出版社，2019：85.
③ 费孝通. 生育制度［M］. 上海：华东师范大学出版社，2019：95.

的，这种差异甚至会导致社会结构自身的稳定性遭遇挑战。进一步深入分析后我们不难发现，费孝通还非常关注空间距离和社会距离之间的关系。这种关注对于思考现代化的时空压缩与时空延展对亲密关系的影响富有启示意义。

的确，诚如费孝通所论，亲密关系需要整合多学科，以更宽阔的视野来加以研究。在学术界，关于亲密关系的研究涉及社会学、心理学、传播学、家政学等多个学科。无疑，不同学科的研究成果都表明，亲密关系表征着自我对他人的接纳程度，亲密关系不同于一般的泛泛之交。这种接纳程度绝不是静态的，恰恰相反，亲密关系是动态转化的。① 罗兰·米勒从性质的角度分析了亲密关系的程度差异。他认为，这种程度的差异表现在六个方面：① 了解；② 关心；③ 相互依赖；④ 相互一致性；⑤ 信任；⑥ 承诺。②

第一，了解意味着从“我”走向“我们”的观念与行为的转变。因为这意味着个体在追求利益时，需要顾及他人的经历、情感与偏好、心愿和预期等。③ 只有这样，才可能存在亲密之爱，才能获得基于亲密之爱的强有力的社会支持。比如偏好往往和一定的利益取向、对待风险的态度紧密相关。亲密关系能够让互动主体彼此熟悉各自的偏好，进而有利于采取合理的行动，抵御包括堕入贫困在内的各种经济社会风险。据此而言，了解是互动仪

① [英] 安东尼·吉登斯. 亲密关系的变革：现代社会中的性、爱和爱欲[M]. 陈永国，汪民安，等译. 北京：社会科学文献出版社，2001：126－127.

② [美] 罗兰·米勒. 亲密关系[M]. 6 版. 王伟平，译. 北京：人民邮电出版社，2015：2－3.

③ 关于这一点，亚当·斯密在《道德情操论》中进行过论述。参阅：[荷] 弗朗斯·德瓦尔. 共情时代：一种机制让“我”成为“我们”[M]. 刘旸，译. 长沙：湖南科学技术出版社，2014：1.

式中的际遇性资源①,这一资源虽然会因情境的时空变化而变化,但是也反映了一定时空条件下自我暴露的范围与深度②。随着大规模的人口迁移,许多贫困乡村的留守人员往往会说,既想念远方的亲人,但是又对远方的亲人在做什么等问题有一种陌生感。从熟悉走向陌生,“我们”重新回到各自的“我”。本书后文所论及的枫村儿童、玉县儿童就反映了这种情况。他们所遭遇的代际的陌生感、同辈之间的沟通阻滞使得他们缺乏对家庭稳定的合情合理的正确认知。

第二,关心意味着彼此关注彼此关爱,是爱之力量的存在。关注应该与一定的意义盈余有关,并且对象是可被观察的。关注是被重复的信号,带有一定连续性。卢曼在论述爱情与亲密关系时说,“人们从意义盈余中可以汲取构建爱情之所需。‘在他人世界中显现和相应地行动之能力’必须持续不断地被激活。这就要求,行动者变得可以被观察。……只有对另一方的连续关注和经久不息的行动意愿,才真正能够象征爱情”③。关注意味着融入。家庭文化需要彼此关注,在关注中形成抵御社会风险的强大韧性。关爱则意味着责任与尊重,而非借助权力与权威来建构彼此之间的

① “际遇”是柯林斯互动仪式链理论中的重要概念之一。它指互动双方都共享的谈话现实,并涉及拥有各种资源和动机的个体间的谈判。这些资源可以包括用于交谈的记忆、特定的知识、语言风格、广泛的沟通渠道、争取他人同意与支持的能力以及其他文化资本。

② 弗里德曼(J L Freedman)从话题的角度,建立了自我暴露的深度与广度模型。一般而言,亲密朋友的自我暴露广度、深度往往反映在话题的亲密程度上:亲密朋友会高于熟悉的人,而熟悉的人一般会高于陌生人。参阅:章志光.社会心理学[M].北京:人民教育出版社,1996:287.

③ [德]尼古拉斯·卢曼.作为激情的爱情:关于亲密性编码[M].范劲,译.上海:华东师范大学出版社,2019:99.

关系。总之,关爱是基于责任、尊重的社会融入,是对他者内生动力的增能。正因为如此,戈登在论及亲子关系时说:“不用权力来管教年轻人,你对他们的影响将更大。”①在亲密关系中,关爱需要克服时空、收支、阶层等因素带来的障碍,建立一种共情能力。共情能力强调的是对他人思想、情感和心事的了解,进而设身处地地关心他人。共情不等于同情,它更加强调情感和境遇的分享性。在包括夫妻关系在内的亲密关系中,共情有利于交往主体之间达到“你中有我,我中有你”的境界。② 在贫困地区开展调查时,经常有离异的妇女感叹道:“我不在乎他挣多少钱,重要的是,他眼中已经没有我了。”缺少关爱的妇女虽然不在乎金钱,但是她们渴望获得尊严、获得尊重。一旦遭遇关爱缺失,家庭生计的挑战甚至困境便很快降临在她们头上了。

第三,相互依赖意味着彼此在一种共同生活情境下的相互影响。相互依赖关系表征着与他人的交往关系的内化,反映了外部世界对个体内在心理的作用,是关系品质的一种状态。③ 包括亲密伴侣在内的相互依赖关系往往是频繁而强烈的交往,是多样而持续的存在。其关系品质会影响到社会关系的亲疏、社会支持获得的多寡。费孝通在《生育制度》中说,社会联系的实质是行为与情感。行为上相互依赖的程度和感情上的深浅会决定社会关系上的亲疏。同时,基本三角的团结往往会影响团体的持久性。他说:“团

① [美] 卡伦·迈尔斯. 爱的教育法则:关爱管教的力量[M]. 赵莉莉,等译. 上海:学林出版社,2008:9.

② [美] 大卫·斯杜普,简·斯杜普. 亲密关系心理学[M]. 张文龙,译. 北京:台海出版社,2018:126-129.

③ [英] David Howe. 依恋理论与社会工作实践[M]. 章淼榕,译. 上海:华东理工大学出版社,2013:24-25.

体的持久性是出于分子间相赖为生的习惯。"①他还认为，交通、通信工具的发展会对行为与情感上的相互依赖产生影响。就方法论来看，费孝通主张，从社区结构入手研究社会生活是最具体、最方便的。② 正是受此启发，本书选择的案例以社区田野调查资料为依据。不过，本书并非只强调相互依赖的正功能。事实上，来自心理学的研究表明，如果未能合理地把握与正确理解亲密关系的度，也可能会导致依赖型人格的出现。这种依赖共生征甚至可以追溯到亲子关系状况。后文将论及的在贫困村调查所获得的案例也证明了这一点：亲子关系创伤对人格形成具有重要影响，甚至会影响儿童的朋辈关系状态。

第四，相互一致性意味着亲密关系的交往者之间存在着程度甚高的日常生活的融合状态，甚至出现依恋性重合。③ 一致性强调的是人们试图在自我、他人、情境之间追求一种平衡与和谐的状态。当相互一致性遭遇挑战时，冲突就会出现。因此，一致与冲突往往表现为一种辩证的转换关系。从社会心理角度来看，一致性理论非常重视在一定情境下对一定信息的接收、理解、认知与行为选择，具有可预见性、可确定性。人们也会因此获得一种安全感。这里所说的"一定情境"并不是凝固的、静态的。也就是说，它还表现为，即便在时间、情境发生变化时，信念、行为也能保持一致。例如，随着时间的流逝、空间的分离，夫妻之间对爱情、对家庭的认知依然是一致的。再如，在幼年时期，人类需要家庭来保护。所以费孝通说："家庭就是为了保

---

① 费孝通. 生育制度[M]. 上海：华东师范大学出版社，2019：103.
② 费孝通. 生育制度[M]. 上海：华东师范大学出版社，2019：85.
③ [美] 罗兰 · 米勒. 亲密关系[M]. 6 版. 王伟平，译. 北京：人民邮电出版社，2015：3.

障孩子得到保护和供养而造下的文化设备。”[1]当这一设备失灵时，儿童必然得不到充分且合理的照顾。本书后文中的枫村儿童和玉县儿童个案受离异问题影响就证明了家庭的保护和供养功能的重要性。可见，理解家庭需要观察文化的长期层累对社会适应的影响。大量研究表明，父母一方缺失的话，会导致儿童因为面临陌生的环境而无法适应，或者感受到困扰，甚至会产生情感依附性抑郁。[2] 鲍尔比引用斯皮罗报告来证明这一点。该报告讲述了一位父亲出差之后孩子非常生气的故事。据保育员讲述，这个孩子甚至在很多个夜晚睡不着觉。但是，一旦孩子在一个家庭环境里生活得太久、太舒适，也可能失去竞争能力。于是乎，费孝通又说：“家庭训练不出战士。”[3]社会性断乳是家庭抚养关系末期的必然选择。然而，并非所有夫妻都能对费孝通的这一观点持一致赞同的态度。许多家庭在面对亲子关系时，常常会出现夫妻之间的认知矛盾。尤其在为了解决家庭生计、走出贫困时，许多夫妻必须在亲子关系优先还是家庭生计优先这一问题上做出选择。在选择过程中，非一致性现象随之出现。例如，在乡村社会，为了生计，许多夫妻往往会选择牺牲亲子关系，并基于家庭生计优先而选择在远离家庭的城市就业。这一选择对于巩固反贫困的长期效果产生了很大的挑战。后文的案例也印证了这一挑战的存在。

第五，保持亲密关系需要珍惜和维护信任。阿兰·佩雷菲特说，信任与

---

① 费孝通. 生育制度[M]. 上海：华东师范大学出版社，2019：133.

② [英] 约翰·鲍尔比. 依恋[M]. 汪智艳，王婷婷，译. 北京：世界图书出版公司，2017：29.

③ 费孝通. 生育制度[M]. 上海：华东师范大学出版社，2019：133.

怀疑在每个人身上斗争着。① 这种斗争出现在包括夫妻关系、亲子关系在内的各个方面。他还说，信任不是通过命令得来的，信任是一种心灵运动，源自内心，是内生增长的结果，是社会的动力源之一。信任品性的作用首先在于个体与社会的解放，因为信任是建设性的②，信任可以包容弱势，缩小沟壑③。它既是减少复杂性的机制，也是自我在日常生活中的安全保护壳。④当遭遇时空阻滞、信息匮乏时，信任可以获得一种可靠的行为期待与内心的安全感。一位调查对象的述说能够说明这一点。她说，以前只有电话，没有手机，即便电话，也常常打不通。所以，对远在千里之外的丈夫，她只能选择相信。她补充说，自己也很有自信。她骄傲地说，如果没有信任，他们家也无法在这穷乡僻壤里建起三层的小洋楼。显然，在她眼里，通过务工模式来脱贫包含了一个基本的前提条件——以信任支持婚姻与家庭的稳定性。也就是说，信任解放了家庭。

故而，佩雷菲特提出，与自信、他信紧密联系在一起的信任之意义就在于人们相信人在变化中可以改变自己；相信自己可以解开束缚、改造束缚、摆脱束缚；相信疾病、营养不良、瘟疫、饥饿等可以在相互信任中被征服；相信接受创新而非怀疑是必须的；相信知识可以改变命运，可以促进社会进

① [法] 阿兰·佩雷菲特. 信任社会：论发展之缘起[M]. 邱海婴，译. 北京：商务印书馆，2005：567.

② [法] 阿兰·佩雷菲特. 信任社会：论发展之缘起[M]. 邱海婴，译. 北京：商务印书馆，2005：551.

③ [法] 阿兰·佩雷菲特. 信任社会：论发展之缘起[M]. 邱海婴，译. 北京：商务印书馆，2005：568-569.

④ 卢曼非常重视信任在减少复杂性方面的功能。吉登斯则强调信任在亲密关系中的安全保护作用。参阅：卢曼的《信任与权力》、吉登斯的《现代性与自我认同》，转引自郑也夫. 信任论[M]. 2版. 北京：中国广播电视出版社，2006：18.

步。可见，从性质上来看，信任是在一定环境中的主客体交往关系，是一种主观倾向和愿望；这些倾向和愿望可以提供某种基于契约关系的确定性。比如，在乡村社会，丈夫在外务工，虽然这是基于生计所需，基于追求美好生活的内在动力，但是夫妻双方的信任关系非常重要。如若契约关系被打破，夫妻亲密关系就会因失去信任而遭遇巨大挑战。进一步来看，信任是一种和预期、愿望紧密联系的态度，是人们进行沟通交流、交换的重要媒介。这种预期与愿望包含了人们看待秩序的态度、与合作伙伴之间的权利和义务关系状态、对他人能力的一种判断与合作程度的选择。

第六，需要重视婚姻家庭责任感对儿童社会化的影响。玛丽·埃伦·里士满非常重视婚姻家庭与反贫困之间的关联性。读者们在后文中将发现，许多婚姻是在草率中完成的，有些婚姻甚至没有进入法律登记程序，另外一些婚姻虽然走完了法律登记程序，但是却没有嵌入熟人社会的风俗习惯当中去，无法获得合理性。在《婚姻与国家：基于美国婚姻法实施的田野调查》一书中，里士满选择了 13 个在法律方面具有争议性的案例，分析草率性婚姻的基本情况。① 这些草率的婚姻对家庭功能的正常发挥构成了巨大冲击。这种冲击在《贫民中的友善探访：慈善工作者手册》一书中能够得到佐证，这本书共 11 章，她花了 4 章重点论述了丈夫、家庭主妇、儿童等面临的问题。她强调了家庭在儿童成长中的重要性。因此，反贫困社会工作者要帮助孩子走出被家庭忽视的阴影。她认为，这些帮助不能仅仅集中在物质救济上，同时，还必须重视父母责任的承担。她说："有时我们热心帮助孩子

① ［美］Mary E Richmood, Fred S Hall. 婚姻与国家：基于美国婚姻法实施的田野调查［M］. 朱姝，译. 上海：华东理工大学出版社，2018：143－162.

的这一行为像是在鼓励他们的父母推卸责任，这样做是有风险的，会把令人称赞的慈善机构变成日间托儿所。”①

家庭责任的正常履行对于培养孩子建立良好的信任感非常重要。如果一个孩子在社会化进程中未能在亲密关系中建立对社会的信任的话，那么社会秩序可能会受到威胁。因此，建构良好的机制，推进信任的学习就显得非常重要。在后文，读者们将会看到，无论是枫村儿童的个案，还是玉县儿童的个案，由于父母离异，都出现了信任危机，前者是对女性的不信任，后者是难以获得兄弟的信任。关于这一点，值得关注的是卢曼的论述。他认为，信任是在学习过程中获得的，这种学习过程伴随着人的一生。学习的重要渠道之一便是家庭成员之间相互信任。通过家庭信任关系的良好建构，孩子们可以获得一种信任迁移能力，进而推动社会普遍信任的建构。他说，孩子如果要把良好的信任迁移到母亲、父亲以及兄弟姐妹，并最终迁移到陌生人身上的话，就必须从起点开始学习，在学习过程中不断积累经验、不断调整。② 否则，就会出现大量假性亲密关系现象的存在。

二、现代化进程对亲密关系的影响

从生命历程来看，人的一生都必须面对新的处境，面对不同的交往对象，在人生历程中要不断回答信任问题。尤其在亲密关系中，择偶、恋爱、结婚、育儿等一系列环节都不得不面对信任问题。但是，从传统到现代，我们

① ［美］Mary E Richmood. 贫民中的友善探访：慈善工作者手册［M］. 康姣，译. 上海：华东理工大学出版社，2018：80.

② ［德］尼克拉斯・卢曼. 信任：一个社会复杂性的简化机制［M］. 瞿铁鹏，李强，译. 上海：上海人民出版社，2005：36－37.

所生活的共同体正在发生着变迁。如果信任关系遭遇挑战,那么亲密关系的调适就成为一种常态。大量研究表明,现代化进程的的确确对亲密关系构成了巨大冲击。

首先是文明转型与现代化对婚姻家庭的冲击。沃勒斯坦说:“变是永恒的。不存在不变的事物。”①因此,社会变迁是分析文明史的持久性的重要概念。研究现代化进程在文明转型中的巨大影响自然是题中应有之义。研究婚姻家庭、亲密关系与社会变迁需要文明史视野。至少,正如玛丽·埃伦·里士满所论,文明史视野有助于分析家庭团结与稳定背后的国家传统与社会背景。② 恩格斯的分析正是把文明史、家庭和财产关系结合起来的典范。受摩尔根的《古代社会》影响,他曾经从文明演进的角度考察了个体家庭取代氏族的重大意义。同时,他还强调国家是文明社会的概括。文明时代的到来及其转型对家庭关系构成巨大冲击主要来自两个方面:一是城市和乡村的对立作为这个社会分工的基础固定下来。中国城乡关系的分化并非始于改革开放,这一分化有着更为漫长的历史。也就是说,这种分化不是事件性的,而是结构性的。二是财产及其继承制度的巨变。③ 由此可见,这两者带来的后果之一就是家庭关系必然受到城乡对立关系、财富观念等的巨大冲击。尤其值得注意的是,恩格斯强调,文明转型的后果之一是人们往往从个人财富的角度思考包括家庭在内的社会关系,甚至在行为选择上,出现为

---

① [美]伊曼纽尔·沃勒斯坦. 现代世界体系(第一卷)[M]. 吕丹,译. 北京:高等教育出版社,1998:1.

② [美]Mary E Richmood. 社会诊断[M]. 刘振,译. 上海:华东理工大学出版社,2018:190.

③ [德]弗里德里希·恩格斯. 家庭、私有制和国家的起源[M]. 3 版. 北京:人民出版社,1999:183.

了达到这一目的，不惜“损害人们的其他一切禀赋”的内在冲动或贪欲。[①] 在后文描述的一些离异案例中就可以发现这种思维方式的危害性。而试图保护自己和儿童的女性也不能不从财富的角度思考，否则她们担心自己会很快陷入贫困。

涂尔干则从分工的角度强调了两性分工的重要性及其对财产权利的影响。他非常重视从功能与失范的角度思考社会分工。在他看来，功能包括两种用法：一种是生命运动系统；一种是运动与有机体的某种需要之间的关系。例如，夫妻关系的功能之一是在思想和情感的默契中获得一种无私的团结感。当遭遇失范时，其思想性、情感性的后果也是鲜明的。他说：“在感情进化过程中，两性分工是一个最为重要的实践，它使人类最无私的倾向成为可能。”[②]在他看来，从文明史的角度来看，两性分工是动态的，而现代世界的到来对两性分工及其团结感造成了冲击。一方面，现代世界的到来使得婚姻中产生的关系网络不断扩大，牵涉的义务也在增加，结婚、离婚的条件不仅在习惯法中逐步得到明确，而且越来越和成文的法律制度联系在一起；另一方面，两性分工和劳动分工逐渐分离。人们对这种分离产生了很多误解。涂尔干强调，两性分工和劳动分工分离的现象不是仅仅强调功能分化，恰恰强调的是通过分化方式提高效率，促进功能紧密协作。他说：“有了分工，个体才会摆脱孤立的状态，而形成相互之间的联系；有了分工，人们才会

① ［德］弗里德里希·恩格斯．家庭、私有制和国家的起源［M］．3 版．北京：人民出版社，1999：184．

② ［法］埃米尔·涂尔干．社会分工论［M］．渠敬东，译．北京：生活·读书·新知三联书店，2017：20．

同舟共济。”[1]但是，涂尔干的这一判断需要修正。对于转型社会而言，这两种情形都存在。发展到当代，人们更加深刻地体会到了分工带来的富有张力的后果：一方面，分工的的确确带来了某种同舟共济的团结感；另一方面，孤立感并未消除，思想和情感的默契形成非常困难，婚姻关系网络中存在大量失范现象。

艾伦·麦克法兰也非常重视现代世界对家庭功能转换的冲击。他同样重视从文明史的角度思考现代世界的诞生及其冲击。众所周知，在现代化进程中，英国是一个至关重要的国家。麦克法兰在写给中国读者的信中强调，他正是从英国文明发展史的角度思考现代世界的产生及其冲击的。[2] 由此，麦克法兰分析了现代化进程对家庭的冲击。他以中国、东欧国家等为例，强调传统社会中的家庭是社会的最基本单位，传统家庭是亲密关系的密集区。个人通过家庭获得财富、权力。在学术史上，家户制是进入乡村研究的重要切入点。尤其是对东方社会传统的分析中，这是一个关键性概念。在理解家户时，我们往往强调个体属于团体的一员，其生存意义和团体紧密联系。但是，现代世界的诞生、发展冲击着家庭的传统地位。现代社会的要义在于，每一个领域都彼此分开，血缘纽带、地缘纽带变得更加脆弱了。这样，一种关于家庭与现代文明相结合的新体系出现了，传统家庭的功能地位遭遇巨大挑战。麦克法兰说：“家庭既不充当基座，也不担任政治经济和宗

① [法] 埃米尔·涂尔干. 社会分工论[M]. 渠敬东，译. 北京：生活·读书·新知三联书店，2017：24.

② [英] 艾伦·麦克法兰. 现代世界的诞生[M]. 管可秾，译. 上海：上海人民出版社，2013：4.

教的组织者。家庭与社会分离，用社会学家的话来说，家庭丧失了原来的很多功能，被削弱到了只充当社会化代理机构（socializing agent）的地位。”①功能性冲击对亲密关系影响甚大。一方面，财产关系变得更加复杂了，如彩礼、婚前是否需要财产公证等都成为讨论的议题；另一方面，家庭延续的传统手段也遭遇挑战。

吉登斯的《亲密关系的变革：现代社会中的性、爱和爱欲》也包含了大量文明史视角的内容。他在吸收弗洛伊德的《文明及其不满》以及威廉·赖希、马尔库塞、福柯等人观点的基础上，着力论述了现代性带来的压抑。当人们试图通过情感重组来提高个人幸福感时，父母、孩子、亲属等关系网络面临的挑战则不可避免地会被激发出来。② 总之，在以前，生儿育女并帮助子女社会化是家庭的基本功能之一，但是在当前，随着现代化进程渗透到城乡社会，家庭组建、生育率、儿童照顾等一系列问题出现了。可见，在反贫困社会工作中，婚姻家庭及其亲密关系要面对的一个基本问题就是，要站在长时段的视角理解现代化进程、文明转型带来的巨大冲击。

其次是现代化、空间结构与社会关系的变化。马克思非常重视事物的时空运动分析。现代化进程在不同地域、国家中，无疑具有自身的时空特性。而列斐伏尔则明确提出，空间是社会生产出来的。③ 因此，从空间性来看，若要对经济社会发展进行观察，首先需要关注的问题就是空间。从类型

---

① ［英］艾伦·麦克法兰. 现代世界的诞生［M］. 管可秾，译. 上海：上海人民出版社，2013：140.

② ［英］安东尼·吉登斯. 亲密关系的变革：现代社会中的性、爱和爱欲［M］. 陈永国，汪民安，等译. 北京：社会科学文献出版社，2001：233.

③ 景天魁. 时空社会学：一门前景无限的新兴学科［J］. 人文杂志，2013(7)：99.

上来看，空间是指一定的地理意义上的存在。同时，空间也是一定的社会空间，包括人们社会活动的规模、人口迁移的规模、社会影响的广度与深度、事件发生的地域与范围等一系列因素。比如人们在择偶中，交往对象涉及不同地域不同国家。从科学技术的角度来看，随着互联网的发展，空间又可以被划分为虚拟空间与现实空间。从地缘政治经济学来看，空间则可以分为中心地带、边缘地带和半边缘地带。这些类型有时候是叠加在事物发展和演进过程中的。也就是说，事物具有多维空间属性的集聚特征。从后文涉及的调查事例来看，在杜村大量女性到沿海地区工作后，村内男性面临的挑战之一就是交往关系需要通过互联网来克服地理空间的阻滞。如果出现了沟通障碍，“剩男”现象随之出现。这样，也就为乡村社会择偶逐渐具有全球化色彩铺垫了社会心理基础。

可见，在一定的空间结构下，现代化会有不同的呈现或延展方式。这样，在一定的空间结构中，社会关系的表征亦有不同方式。从更为具象的角度来看，现代化首先表现为工业变迁、空间变迁与社会关系的扭结。工业变迁意味着一定生产空间在不同区位的迁移。随着交通通信技术的发展、休闲娱乐业的不断更新以及深刻影响日常生活的空调、冷链的普及，工业布局越来越突破既定的区位因素，资源配置的空间选择越来越宽广。例如，工业空调的使用大幅度提高了炎热、高寒地区和不同地区极端天气条件下的工业大规模发展的可能性。经济社会交往在空间结构上的关系也随之改变，甚至成为更加根本性的改变。例如，以往在吉安、赣州，人们享受的是“米酒与炭火，神仙不如我”的亲密关系与安逸生活，现在人们则是在空调间里忙着产业转移所带来的高强度工业生产劳动。其中，最为重要的变化是经济所有权关系、占有权关系、管理等级关系等方面[①]。一方面，在工业生产内部，来自不同地区的员工必须面对不同位置的管理者，企业内部分工和阶层分化现象相互交织；另一方面，在家庭与企业之间，创业者获得了拥有所有权、占有权、管理权等机会。如若创业者是夫妻关系的话，那么家庭内部分化与阶层分化、产权分割现象也相互交织在一起。这样，工业变迁、空间结构与亲密关系搅和在一起，构成了现代化进程中复杂而微妙的图景。在这幅图景当中，家风建设面临着空间分隔、阶层分化、关系分离等因素的联动性挑战。以本团队在赣东北的调查为例，一位边远山区的创业者在大连创业，但其结果是男性在创业中拥有更多的社会机遇，夫妻关系受到冲击，妻子为了防止自己重新陷入贫困状态，只能选择拥有农村的房屋产权和一部分其他经济利益。在此类案例中，女性在家庭内部博弈中处于一种弱势地位。约翰·厄里关于社会关系与时空关系的分析也许更有利于归纳这种阶层分化与家庭分化的混杂状况。他认为，阶层的异质性基础必然会出现在人们对特定社群、工作地点或亲密关系的复杂体验之中。[②] 同时，女性在这种复杂的博弈当中开始结合自身体验进行深层次的社会关系的反思。一位贫困村的妇女主任在访谈中提到因为经济分化而导致离异现象的案例时说："也许，她们家过度现代化了。"在这里，"过度现代化"一词带有列斐伏尔式的考量[③]，但提出的更深层次的问题是经济社会发展与亲密关系该如何

① [英] 雷德克·格利高里，约翰·厄里. 社会关系与空间结构[M]. 谢礼圣，吕增奎，等译. 北京：北京师范大学出版社，2011：13.

② [英] 雷德克·格利高里，约翰·厄里. 社会关系与空间结构[M]. 谢礼圣，吕增奎，等译. 北京：北京师范大学出版社，2011：13.

③ [英] 本·海默尔. 日常生活与文化理论导论[M]. 王志宏，译. 北京：商务印书馆，2008：217.

谐振。

进一步来看，女性在面对工业变迁中的生产空间问题时，并不仅仅是被动地选择。女性在选择中思考择偶、婚姻家庭关系时，开始纳入主体性考量维度，女性试图在亲密关系中解放自己，把握自身的主动性、自主性、独立性。抽象而论，女性开始思考萨特和波伏娃所分析过的“我要成为……”这一主体性很强的重大问题。这种主体性思考是在大量面对现实且不断进行选择中逐步培育的。面对经济发展上的空间差异，女性也会成为人口大规模流动中的一员，以利于追求更好的就业机会、更好的致富机会。她们在把握机会的过程中充满了成本考量。比如，女性从乡村来到城市的过程中，可能要面对儿童照顾问题，面对生活方式的转变，面对老人赡养问题，等等。但是，主体性告诉她：要活成自己，要留在城市！这样，“返乡”与“在他乡”构成了主体性塑造的重要问题。于是，主体间性的挑战出现了。在这个过程当中，不可避免地会出现乡村男性婚姻受到挤压、城市“剩女”增加、儿童照顾面临风险等一系列问题。他们必须面对伦理困境做出选择。

然而，虽然“我要成为……”的问题非常重要，因为这意味着主体的自我意识觉醒，但是人们仍然试图在亲密关系中尽可能寻找一个合理的、均衡的方案。这是社会工作介入婚姻家庭等亲密关系时的希望所在。在日常生活中，面对资本流动，面对家庭微观权力的空间差异，人们仍然试图从更加广阔的空间视野中去寻找能否建立稳定的家庭基本三角关系的答案。比如，在乡村贫困地区，当男性面临择偶困难时，货币因素开始发挥作用，一些婚姻中介开始了跨国婚姻的运作。婚后，家庭如何解决跨国文化冲突就成为一个巨大的挑战。其中，部分受教育程度较高者则借助虚拟空间来加强跨国大家庭的沟通。近年来，跨国婚姻在自媒体短视频平台上的盛行就是例证。再如，部分父母为了防止孩子在教育中陷入被动，试图把孩子接到城市中补课。与之相伴而生的现象则是老人每年都要处理与儿童的依恋关系。

可见，不同的空间结构，存在着不同的社会关系。其中，城乡流动及其所在的空间结构是亲密关系建构过程中要处理的最基本的问题。从农村男性择偶困难来看，我国东、中、西部不同的地理空间结构和农村大龄未婚男性的年龄段分布紧密关联。表 1.1 就反映了这种流动人口群体中的空间结构和结婚年龄之间的关联性。从表中可以看出，在婚姻家庭建立过程中，28～39 岁是较为重要的年龄阶段。在该年龄段，东部地区的占比明显比中部、西部地区都要低，其婚姻挤压矛盾程度较为和缓。

表 1.1 农村未婚男性的年龄特征①

项　目	总　体	东　部	中　部	西　部
样本量/个	3 318	351	1 202	1 765
平均年龄/岁	41.4	44.3	42.6	39.9
28～39 岁年龄段分布占比/%	51.2	41	45.8	56.9
40～49 岁年龄段分布占比/%	25.3	25.4	27.7	23.7
50～59 岁年龄段分布占比/%	15.4	21.1	17.1	13.1
60 岁及以上年龄段分布占比/%	8.1	12.5	9.4	6.3

不同空间结构的婚姻挤压给亲密关系带来的影响是连锁性的。比如，乡村社会的婚姻挤压现象对家庭养老的影响已经显现。同时，考虑到人口

① 靳小怡，刘利鸽，刘红升，等. 乡城流动中的中国男性婚姻挤压[M]. 北京：社会科学文献出版社，2017：71 - 72.

结构上的少子化特征，家庭养老面临的挑战越来越大。这样，亲密关系已经展现了个体化的四项基本特征：亲密关系展现了一种去传统化的取向；在现代化进程中追寻成为自己、为自己而活，但是这种主体性的追求并未真正全面实现；个体在制度化进程中被抽离，但个体又不愿被抽离，再嵌入的努力一直存在，比如面对婚前财产登记的制度设计，很多人并未照此办理；系统风险的生成虽然存在内在化现象，但仍然存在主体认知分殊较大的情况。①

第二节　婚姻消费、通婚圈与家庭解体

如前所述，随着经济社会的发展以及科技变革的推进，亲密关系的时空环境发生了变化。这些变化不是抽象的，而是深入到日常生活中，深刻地展现在一系列个体观念、价值判断、行为选择等方面。亲密关系的变化也不例外。它体现在婚姻消费、主体性选择标准以及家庭生活状况当中。在落实脱贫攻坚战略、全面建成小康社会进程当中，包括彩礼、家庭解体在内的一些现象受到了社会各界的关注。因此，分析婚姻消费、通婚圈与家庭解体等亲密关系领域内存在的挑战依然具有重要的意义。

一、婚姻消费、婚姻市场与“剩男”型贫困户的出现

现实地来看，婚姻是一种互惠的交换行为，甚至是一种消费行为。或者说，它至少包含了大量的消费行为。因此，它必然与一定的市场演化紧密相

① [德]乌尔里希·贝克，伊丽莎白·贝克-格恩斯海姆. 个体化[M]. 李荣山，范谖，张惠强，译. 北京：北京大学出版社，2011：7.

关。下面的故事印证了这一点。2018 年夏天，下了绿皮火车之后，开展教育对口扶贫前期调查的课题组在赣东北一个偏僻县的火车站广场上找到了一辆出租车。这是一辆二手车。车主大约 50 岁，曾经是第一代在浙江务工的农民工。他的妻子在超市里做收银员。二手车是车主用务工所得购买的。他用剩余所得在县城里买了一套房子。在从县城到乡村的路上，为了保持司机的兴奋度，我们一路上都在讨论着乡村的婚姻与彩礼。车主回顾说，自己年轻时基本不要多少彩礼。现在，他正在为儿子的 23 万彩礼而发愁。他说，为了这份彩礼，他至少还得工作 15 年。有课题组成员问，为什么不让儿子承担彩礼？车主说，他和儿子达成了默契。这种默契观念和一定的时空特征紧密相关。在空间上，家庭内部主动适应县域城乡空间差距的现实：儿子自己承担在城里购婚房的首付，老夫妻俩则承担彩礼和婚礼的钱。显然，父子两代人已经具备了一种家庭经济的契约观念。同时，他还提到，自己的家庭是比较幸福的。他说，村里很多小伙子找的是外县外省的老婆，他们正在为在哪买房子发愁。

课题组的另一位成员问他，为什么要接受这样的彩礼标准？他说，别人大体如此，乡风乡俗得遵守，自己不能单独搞一套。也就是说，在熟人社会，自己必须按照约定俗成的标准来行事，否则就容易在乡村社会陷入被孤立的状态。而且，女方对这 23 万彩礼钱讲清楚了用于哪些地方，比如女方家长养老基金约 10 万，购买小车 8 万左右，等等。他认为自己能够理解这些用途，甚至说，在只有一个女儿的情况下，对方的标准已经算是低的了。在他看来，通婚圈的消费水平还和不同时空背景下的习俗、消费标准、人口结构紧密相关。

可见，通婚圈的地理范围大幅度扩大。男性面临的婚姻挤压越来越大了。在时间上，他最关注的是生命历程与身心健康的组合体。他感叹说，现在最宝贵的是健康。唯有健康才能确保自己有能力还清高额的彩礼债务，挣够养老的资金。显然，车主已然具有一定的婚姻消费观念。这一观念深受城市房地产、乡村养老制度演化等因素的影响。他担心，一旦失去健康，他必须面对沉重的债务，面对重返贫困的境况。他说，他再也不想回到贫困的山村生活了，因为在城里待了一段时间，已经认识了很多朋友，何况村里的条件还是有限的。可见，车主就是拉什笔下的"游荡者"，他必须建立关系联结网络，必须在一个快速运行的环境中追求更大的确定性概率。① 他自身的婚姻状况、孩子的婚姻消费构成了从传统向现代过渡的图景：他是风险的承担者与管理者，是收支均衡与否的核算者、评估者。对他来说，婚姻收支是必须包含情感选择的艰难的动态理性选择。

（一）婚姻消费：从传统走向现代

一个家庭的贫困状况与某一阶段的消费和支付水平紧密相关。部分家庭在某个阶段陷入贫困可能与那一阶段的消费和支付水平有关。

1. 关于婚姻支付的分类

婚姻支付是一个涉及性别、财产转移②与生计可持续的重要概念。如果婚姻支付在财产转移上出现争议，甚至影响到了生计可持续性的话，择偶、婚姻等亲密关系就会遭遇巨大挑战。国内外学者通常根据婚姻支付的流动

① 斯科特·拉什. 非线性模型中的个体化. 转引自：[德] 乌尔里希·贝克，伊丽莎白·贝克-格恩斯海姆. 个体化[M]. 李荣山，范谭，张惠强，译. 北京：北京大学出版社，2011：16.

② 阎云翔. 礼物的流动：一个中国村庄中的互惠原则与社会网络[M]. 上海：上海人民出版社，2016：212.

方向来对婚姻支付进行分类。国外学者斯皮洛(Spiro)①最早将婚姻支付分为四类,分别是男方彩礼、女方彩礼、嫁妆和喜钱。男方彩礼是指男方家支付给女方家的财物;相反,女方彩礼是指女方家支付给男方家的财物,两者流向不一样。嫁妆,系指女方家支付给新婚夫妻的财物;而喜钱,则指男方家支付给新婚夫妻的财物。与斯皮洛的分类方法不同,我国学者通常用彩礼—嫁妆的二分法来研究婚姻支付的现象。根据《现代汉语词典》释义,"彩礼"是一种传统风俗,具体指订婚过程中男方家送给女方家的财物;"嫁妆"的概念与"彩礼"相对,指女方从娘家带到丈夫家去的衣被、家具及其他用品。②

从男方家庭的婚姻支付构成来看,沈崇麟和杨善华认为婚姻消费包括"结婚盖房、买家具、买耐用消费品以及支付彩礼(嫁妆)和婚宴的费用"③。李银河认为婚姻支付包括金钱支付、置办结婚用品、婚宴和结婚总费用。④由于第二章的研究内容是男方家庭的婚姻支付,所以尽管嫁妆的置办对家庭收支和契约观念存在某种形式与某种程度的影响,但在此我们不对嫁妆作专门的文献考察。

2. 关于婚姻支付的理论

到目前为止,主要有两种关于婚姻支付的理论。一种是婚姻偿付理论,另一种是婚姻资助理论。这两种理论是学界分析婚姻支付现象时使用得最

① Spiro M E. Marriage payments: A paradigm from the Burmese perspective [J]. Journal of Anthropological Research, 1975, 31(2): 26.

② 中国社会科学院语言研究所词典编辑室. 现代汉语词典[Z]. 5版. 北京: 商务印书馆, 2005: 126,660.

③ 沈崇麟,杨善华. 当代中国城市家庭研究: 七城市调查报告和资料汇编[M]. 北京: 中国社会科学出版社,1995: 38.

④ 李银河. 中国人的性爱与婚姻[M]. 北京: 中国友谊出版公司,2002: 54.

普遍的理论。

婚姻偿付理论(marriage payment theory)最早由国外学者弗里德曼(Freedman)①提出,他从功能论的角度提出,男方家庭支付的订婚彩礼有三种功能:一是表示男方对女方父母养育之恩的感谢;二是标志女性权利在男女双方家庭之间的转换;三是对男方家庭比女方家庭优越的证明。男方家庭为婚姻付出的劳役、实物和金钱支付被认为是“新娘的价格”②,新娘被视为一种可以带来人口和财富增长的“礼物”③。因此,在这种理论视角下,存在着价值让渡及其补偿的问题,即女方的劳动价值和生育价值会在婚后过渡到男方家庭;而男方家庭的现金和实物支付,被视为对女方家庭的补偿。也就是说,现金和实物是对女性价值、对女方父母尊重和感恩的货币符号呈现。这一符号和价值平等感紧密相关。因此,假如双方围绕彩礼出现了争论,往往牵涉到的不仅仅是金钱,更是与面子、尊重、情感等一系列因素搅和在一起的交锋。同时,部分家庭还会考虑从代际关系的角度思考婚姻支付的多寡。

婚姻资助理论(marriage endowment theory)最早由科恩(Cohen)④提出。与婚姻偿付理论不同,费孝通认为彩礼是男方父母对新婚家庭的物质资助,而不是对女方父母的补偿。除送给女方亲属的部分聘礼以外,其余大部分聘礼都将作为嫁妆返还到男方家中,而且嫁妆中有一部分来自女方

① Freedam M, Skinner G W. The study of Chinese society: Essays [M]. Stanford, Calif.: Stanford University Press, 1979: 263.

② [法] 安德烈·比尔基埃,克里斯蒂娜·克拉比什-朱伯尔,马尔蒂娜·雪伽兰,等. 家庭史:现代化的冲击[M]. 袁树仁,赵克非,邵济源,等译. 北京:生活·读书·新知三联书店,1998:50.

③ 吉国秀. 婚姻支付的变迁:一个姻亲关系的视角[J]. 民间文化论坛,2006(1):17.

④ Cohen M L. House united: The Chinese family in Taiwan [M]. New York: Columbia University Press, 1976: 24.

父母。[1] 男方家庭的婚姻消费实质上就是杰克·古迪(Jack Goody)[2]所说的"间接嫁妆"。间接嫁妆带有某种程度的资本流动性质,即它一开始流向女方家庭,最终又流回了新婚家庭。如果流动违背了互惠原则,甚至出现流动中断现象,婚姻关系就可能会出现巨大争议。婚姻资助理论突出了新婚家庭的社会地位,强调了代际关系在婚姻交换中的重要作用。[3][4] 阎云翔在对下岬村的彩礼研究中发现父母对子女的婚姻资助逐渐演变成了一种"代际剥削"[5]。

在此现象的基础上,郭宇宽提出了一种"婚姻继承"理论。郭宇宽认为,男女双方家庭的婚姻支付有很强的自愿性,彩礼与嫁妆支付的数额取决于男女双方家庭的经济实力以及资助意愿。在传统社会,按照财产继承的逻辑,婚姻是女性获得家产的唯一机会,而男性不是。男性在家产继承方面具有优先权。所以当女性的家产继承权有所提升时,女性的嫁妆会高于男性的彩礼。[6] 财产继承理论认为,女性的地位能够通过婚姻消费中嫁妆的数目来体现,这与婚姻交换理论不同,后者认为婚姻交换中有一种类似于"等价交换"的原则,其中女性有被物化的倾向。

3. 关于婚姻支付功能的变迁

婚姻支付折射着社会变迁。已有研究在考察婚姻支付的功能变迁时主

---

① 费孝通. 江村经济[M]. 上海:上海人民出版社,2006:128.
② Goody J, Tambiah S J. Bridewealth and dowry [M]. Cambridge: Cambridge University Press, 1973: 138.
③ 吉国秀. 婚姻支付的变迁:一个姻亲关系的视角[J]. 民间文化论坛,2006(1):17.
④ Wolf M. Revolution postponed: Women in contemporary China [M]. Stanford Calif.: Stanford University Press, 1976: 25-27.
⑤ 阎云翔. 礼物的流动:一个中国村庄中的互惠原则与社会网络[M]. 上海:上海人民出版社,2000:39.
⑥ 郭宇宽. 婚姻支付的逻辑[J]. 社会学家茶座,2011(1):8-9.

要依据的是乡村调查资料。一般而言，有两种基本观点。一种认为，男女双方家庭的婚姻支付经历了从婚姻偿付到婚姻资助的变迁过程。阎云翔对东北下岬村的彩礼调查①、吉国秀对辽东山区的婚姻支付研究②和熊凤水对安徽南村的婚姻支付的考察③都得出了这个结论。这一变迁发生在20世纪60年代中期以前，婚姻支付从男方家庭流向女方家庭，表现为对女方家庭的婚姻偿付；到了20世纪60年代中期以后，男方家庭的婚姻支付逐渐流向新婚家庭，这恰恰是对彩礼起到婚姻资助功能的证明。另一种观点认为，在婚姻交换中，男方支付的功能既有婚姻偿付也有婚姻资助，两者相互交织、相互作用。栗志强在考察豫北H镇男性婚姻支付时发现，婚姻支付的功能与支付形式有关：实物性支付主要起婚姻资助功能，如房子、家具、汽车等都流向了新婚家庭；而货币支付主要起婚姻偿付功能，最显著的是彩礼流向了女方家庭。④

从婚姻支付的性质来看，随着社会变迁，婚姻交换的货币化特征和市场化特征越来越明显。这样，货币就对家庭微观权力结构产生了或直接或间接的影响。男方家庭的婚姻支付逐渐从“养老钱”演变为单一货币形式的“买衣服钱”。⑤ 研究表明，从20世纪90年代中期开始，我国的彩礼金额节节攀升，近五年内达到了一个史无前例的数额。数额上升背后，涉及的是性

① 阎云翔. 礼物的流动：一个中国村庄中的互惠原则与社会网络[M]. 上海：上海人民出版社，2000：192.

② 吉国秀. 婚姻支付的变迁：一个姻亲关系的视角[J]. 民间文化论坛，2006(1)：20－21.

③ 熊凤水. 婚姻支付实践变迁与农村家庭代际关系转型[J]. 重庆社会科学，2008(11)：109－110.

④ 栗志强. 性别比失衡背景下的农村男方婚姻支付：对豫北H镇的调查[M]. 北京：中国社会出版社，2013：128.

⑤ 吉国秀. 婚姻支付的变迁：一个姻亲关系的视角[J]. 民间文化论坛，2006(1)：19.

别结构与博弈态势的关联性变化。对此，桂华、余练提出了一种“市场要价”理论。他们认为，由于人口性别结构扭曲等原因，婚姻市场上的女性是一种稀缺资源。这是导致女方要价能力越来越高的根本原因。同时，整体来看，女性受教育时间拉长，她们在婚姻市场上的自我评价也会考虑这一因素。因此，无论是资源视角，还是评价视角，女性在婚姻谈判中均占据了主导地位，而男性处于不利地位，为了在角逐中获胜，男方不得不提高向女方支付的彩礼金额。① 随着人们对时空社会学的关注，人们越来越注意到不同历史阶段、不同区域的女性的要价能力展现为一种多样性状态。

同时，由于产业结构的变化，以及人们所追求的生活方式的变化，人们对于婚姻的物质预期也在提高，成本压力骤然加大。本节开头的出租车司机的故事就表明，随着房地产在县域的快速发展，随着住房货币化观念的普及，人们开始把购房作为婚姻要价条款之一。男方家庭支付压力因此快速上升。年轻男性的支付能力不足以支持他们的婚姻消费，他们不得不依赖父母才能顺利成婚。男方在婚姻交换中的实际支付远高于其家庭的经济能力，所以婚姻支付逐渐演变成了一种变相的代际剥削。② 比如，如果男性结婚较晚，那么当结婚成本转移到父辈的时候，巨额的结婚成本会使养老资金的储蓄面临挤占压力。其结果是，在这一过程中，婚姻交换呈现出子辈权利意识兴起与父权衰弱的农村家庭代际关系。③ 阎云翔在对东北下岬村的彩

---

① 桂华，余练. 婚姻市场要价：理解农村婚姻交换现象的一个框架[J]. 青年研究，2010(3)：27.

② 阎云翔. 礼物的流动：一个中国村庄中的互惠原则与社会网络[M]. 上海：上海人民出版社，2000：39.

③ 熊凤水，慕良泽. 婚姻偿付・婚姻资助・姻亲互惠——对农村婚姻支付实践的尝试性解读[J]. 新疆社会科学，2009(1)：130.

礼调查时发现，在婚姻交换与协商中，新婚夫妻考虑更多的是个人财产的独立性，而不是大家庭的利益。为了谋求更多的财富，有的新郎与新娘合谋，通过彩礼向父母索取更多家产。[①] 对于贫困家庭来说，这种挤占面临极大的舆论和伦理压力。反贫困工作需要消解这种压力。

（二）关于婚姻圈的研究

1. 地理通婚圈：现代化空间的表征

地理通婚圈是人类社会活动的结果，是指通婚的地理范围，是婚姻缔结中男女双方间可测量的空间距离。[②] 关于这方面的研究可以追溯到施坚雅和杜赞奇对婚姻圈与市场关系的研究。施坚雅提出了市场体系理论，他在调查四川农村时发现，人们往往从集市上寻找媳妇，媒婆也在集市上完成婚姻介绍。施坚雅认为初级市场是农村内部婚姻圈的中心，基层市场与婚姻圈是重合的。[③] 与施坚雅的观点不同，杜赞奇认为市场体系理论只能用于解释一部分的联姻现象，集市辐射半径会限定社会交往圈和联姻圈的范围，但联姻圈有自己独立的中心，不一定与集市中心重合。所以杜赞奇提出了适合华北乡村的“独立婚姻圈”理论。[④]

已有研究显示，关于地理通婚圈的变化有两种观点。一种观点认为，地理通婚圈在扩大，而且新一代农民工与老一代农民工的婚姻迁移特征不一

① 阎云翔. 礼物的流动：一个中国村庄中的互惠原则与社会网络[M]. 上海：上海人民出版社，2000：197.
② 佟新. 全球化下的国际人口迁移[J]. 中国人口科学，2000(5)：53－58.
③ [美] 施坚雅. 中国农村的市场和社会结构[M]. 史建云，徐秀丽，译. 北京：中国社会科学出版社，1998：36－46.
④ [美] 杜赞奇. 文化、权力与国家：1900—1942 年的华北农村[M]. 王福明，译. 南京：江苏人民出版社，2003：6－8.

样，新一代农民工的省际婚姻迁移比例在提高。田华的研究发现，1986—1987年西南地区（包括四川、云南、贵州、广西等）的农村女性人口大量东迁，他认为这有利于提高人口素质、缓解东部地区的婚配问题，但会导致流出地的婚龄人口性别结构失衡。① 新生代农民工，即出生于20世纪80年代以后，年龄在20～30岁的进城务工青年，他们的婚配模式和第一代农民工不同。第一代农民工的通婚圈主要发生在农村青年之间，而且局限在一定的地域之内；新一代农民工的婚配对象则明显突破了地域限制，跨县、跨省通婚的现象比较多。② 宋月萍等也发现新生代农民工比老一代农民工的跨省婚姻比例更高，而且女性农民工倾向于迁入经济条件发达和生活水平较高的华东地区。③ 同时，更为重要的是，新生代农民工更愿意留在城市，因此他们下一代的通婚圈也会随之改变。

通婚圈也和一定时空条件下的社会关系网络动态演变紧密相关。这一演变也和一定的科技水平紧密相关。目前，信息网络技术的发展对通婚圈产生了巨大影响。研究表明，农村青年的通婚圈开始由传统的地缘、血缘关系逐步向业缘关系发展。④ 这就涉及另一种观点。这一观点认为，地理婚姻圈在扩大的同时也出现了内卷化的趋势。伴随打工经济的兴起，社会中出现了农民分化和流动加剧的现象，这是导致通婚层级化出现的原因。位于

① 田华. 西南农村妇女东迁婚配态势探析[J]. 南方人口，1991(1)：39-42.
② 吴新慧. 传统与现代之间：新生代农民工的恋爱与婚姻[J]. 中国青年研究，2011(1)：16.
③ 宋月萍，张龙龙，段成荣. 传统、冲击与嬗变：新生代农民工婚育行为探析[J]. 人口与经济，2012(6)：11.
④ 吴新慧. 传统与现代之间：新生代农民工的恋爱与婚姻[J]. 中国青年研究，2011(1)：16.

经济中上层的农民主动选择本地通婚，而经济收入下层的农民慢慢投向省外婚姻。通婚的层级化导致通婚圈结构的变化，本地婚姻的范围在缩小，即通婚圈的内卷；跨县、跨省婚姻的范围在不断扩大，即通婚圈的扩大。① 甚至，部分地区的跨国婚姻占比也在不断上升。无论是跨省婚姻，还是跨国婚姻，都在一定程度上受到了交通设施、信息网络通信技术等的影响。

可见，学界在通婚圈的扩大上达成了一致。同时，通婚圈扩大的社会影响也开始受到学界关注。比如，通婚圈扩大之后，走进婚姻状态的夫妻双方必然面临交往方式、生活习惯、文化冲突等一系列问题。这些问题往往和多重因素的多维互动及其多重逻辑紧密相关。在跨国、跨省、跨县、跨族群等婚姻当中，如果冲突得不到有效解决，不但会导致家庭解体，甚至会导致儿童照顾面临很大的挑战，并深刻影响儿童的自我意识的形成。故而，反贫困社会工作的时空视野显然不能再局限于传统的通婚圈之内。

2. 关于婚姻匹配的理论

通婚圈的扩大使得人们重新思考婚姻匹配的合理性。尤其是随着社会分化的演进，人们非常重视婚姻匹配在多大程度、多大范围上会导致强强联合、劣势累积等现象的阐释。② 这些阐释往往和地位逻辑、关系网络逻辑、群体边界逻辑等联系在一起，反映着社会的开放性程度。③ 施瓦茨（Schwartz）④根

① 余练. 农民分化与通婚圈结构变迁：基于皖中大鼓村婚姻市场的考察[J]. 华中科技大学学报(社会科学版)，2013(1)：114－116.

② 石磊. 社会阶层、代际流动与婚姻匹配[J]. 中央民族大学学报(哲学社会科学版)，2020，47(6)：74.

③ 李煜. 婚姻匹配的变迁：社会开放性的视角[J]. 社会学研究，2011，26(4)：122.

④ Schwartz C R. Trends and variation in assortative mating: Causes and consequences [J]. Annual Review of Sociology, 2013(39): 451－470.

据年龄、收入、教育水平等个人特征，将婚姻匹配类型划分为同类婚（同质婚）与异质婚。他将个人特征相同或相当的婚姻称为同类婚或同质婚，特征不同的婚姻称为异质婚。根据个体所属的社会群体边界，施瓦茨将婚姻匹配类型划分为内婚与外婚。婚姻双方在种族、宗族、血缘、社会阶层等边界以内的叫内婚，边界以外的叫外婚。实质上，学界一般将同质婚与内婚视为同一现象。

在异质婚中，存在一种“婚姻梯度”（marriage gradient）。“婚姻梯度”的概念由社会学家巴纳德（Bernard）①提出，它是指男女在择偶标准上存在梯度，女性在择偶时通常会在比自己高一个等级序列的群体中寻找合适的配偶，表现为男性的受教育程度、社会阶层及经济收入高过女性，而男性在择偶时则会倾向于选择社会地位比自己低的女性。② 与异质婚相对的是同质婚，张翼将同质婚的这种匹配称为“阶层内婚”，他认为人们在择偶过程中，基本遵循在同一阶层或阶层内部选择配偶的习惯。③ 阶层内婚也就是施瓦茨提出的“同类婚”。择偶梯度反映了婚姻市场上个体的择偶偏好具有差异。

3. 关于社会通婚圈的研究

社会通婚圈是通婚的社会圈④，也叫等级通婚圈，是指通婚的等级范围。置身于婚姻市场中的个体，在择偶时会将择偶范围限定在一定的阶层、种族、宗教、教育水平等之内。⑤ 目前学界对择偶模式的研究非常丰富，其中以

① Bernard J. The future of marriage [M]. New Haven: Yale University Press, 1982.
② 马磊. 同类婚还是异质婚？当前中国婚姻匹配模式的分析[J]. 人口与发展，2015,21(3): 30.
③ 张翼. 中国阶层内婚制的延续[J]. 中国人口科学，2003(4): 42.
④ 郑杭生. 社会学概论新修[M]. 北京: 中国人民大学出版社，2003: 231.
⑤ 佟新. 全球化下的国际人口迁移[J]. 中国人口科学，2000(5): 53－58.

对城市青年的探讨居多，对农村青年的研究较少，而且研究对象集中在农民工这一流动群体上面。

已有研究显示，学界通常从职业（父亲的职业和子女的职业）、受教育程度、户口和年龄等几个方面来讨论择偶模式。基于2001年“社会结构变迁调查”的数据，张翼发现教育阶层和职业阶层存在内婚制的历史延续。① 基于2006年中国综合社会调查（CGSS）的数据，齐亚强等学者则发现，同类婚占据婚姻匹配的主导地位。20世纪50年代到90年代初，以个人教育、职业等为主的自致性因素在婚姻匹配中的重要性在上升。20世纪90年代初以来，以父亲的职业为代表的家庭背景的匹配重要性在回升，自致性因素也在继续上升。② 基于2008年对北京、上海、南京、武汉、成都五大城市的1 216份已婚青年的问卷调查，风笑天发现城市青年的婚姻匹配特征是夫妻受教育程度相当、年龄男大女小、职业阶层内婚和城乡阶层内婚。③ 所以，在权威观点中，同类婚和阶层内婚仍然是当今婚配的主要模式，而职业因素不仅对阶层分化存在影响，而且对婚姻匹配存在一定程度的影响。

阶层内婚制是指在择偶过程中，人们基本遵循在同一阶级或阶层内部选择配偶的习惯。在解释这种婚配模式出现的原因时，学者们认为主要是基于私有制下家族资财管理和社会地位上网络联姻的需要。④ 布迪厄在研究法国贝亚恩地区的单身男性时，也提出婚姻是为了确保家族财产完整这

① 张翼. 中国阶层内婚制的延续[J]. 中国人口科学，2003(4)：42－46.

② 齐亚强，牛建林. 新中国成立以来我国婚姻匹配模式的变迁[J]. 社会学研究，2012，27(1)：126－127.

③ 风笑天. 谁和谁结婚：大城市青年的婚配模式及其理论解释[J]. 广西民族大学学报(哲学社会科学版)，2014，36(4)：33－34.

④ 张翼. 中国阶层内婚制的延续[J]. 中国人口科学，2003(4)：39.

一观点，所以男性会避免缔结低就或者高攀的婚姻。① 但是丁金宏指出，“男强女弱”的梯度婚姻匹配模式导致城市高学历女性和农村低学历男性成为两类婚配困难人群。另外，伴随农村女性向经济发达地区流动，适婚男女的性别结构进一步失衡，这使农村男性最有可能沦为“光棍”。②

（三）时空压缩、通婚圈巨变与亲密关系面临的挑战

由上可见，婚姻本质上是一种交换行为。这种交换行为所涉及的通婚圈已经具有历时性的文化积淀，带有一定地理空间结构下的关系空间的拓展性质。它已经走向国际化，深刻地影响着亲密关系的动态。这是乡村反贫困社会工作介入家庭、家教与家风建设时必须关注的宏观背景。

进一步来看，目前，上述学界提出的两种关于婚姻支付的理论，都是在一定时空条件下的互惠性感恩文化、家庭微观权力的逐步让渡与转移以及带有一定程度的货币流动性质的投资取向。学界多数观点认为，进入 20 世纪 90 年代，男方婚姻支付功能整体上从婚姻偿付功能向婚姻资助功能过渡，甚至出现了“代际剥削”的趋势，这是基于婚姻市场上女性数量不足而出现的“市场要价”。

从时空角度来看，虽然婚姻偿付、婚姻资助和“市场要价”理论都是从价值角度出发理解婚姻交换现象的，包括高额彩礼等行为的生成机制，都对本书的研究具有重大理论指导价值，但是婚姻资助、偿付等行为都需要进一步从市场经济理性方面来做进一步分析。市场要价心理带来的消极影响也是

① ［法］皮埃尔·布迪厄. 单身者舞会［M］. 姜志辉，译. 上海：上海译文出版社，2009：30－33.

② 丁金宏. 梯度模式：“婚姻剩余”的焦虑［J］. 探索与争鸣，2013(5)：24.

明显的，如高额彩礼导致相对贫困者面临择偶困难。同时，市场要价也导致人们更多地从工具理性思考婚姻，而非以更加多维的视角思考婚姻。工具理性的思维使得人们往往更多地从利益角度思考婚姻家庭关系，其结果是，夫妻双方的情感取向的地位出现了下降，情感疏离对家庭稳定性构成了威胁。青年群体中的“断亲”现象反映了疏离现象的存在。

从社会阶层结构和社会流动来看，目前学界关于地理通婚圈的变化有两种观点：一种观点认为，地理通婚圈在扩大，而且新一代农民工的婚配对象明显突破了地域限制，跨县、跨省甚至跨国通婚现象都在增加；另一种观点认为，地理通婚圈在扩大的同时也出现了内卷化的趋势，即跨省婚姻的范围在不断扩大，但本地婚的范围在缩小。扩大论也好，内卷论也罢，都反映了地理通婚圈的新情况。这些情况对于家庭亲密关系皆产生了或直接或间接的影响。

整体而论，婚姻消费是十分复杂的社会现象。它不仅涉及婚俗等文化现象，还包含彩礼、嫁妆等经济内容，是一个需要置身于农村社会结构转型的背景中并结合经济改革和文化变迁来理解的现象。本书将从底层逻辑出发，选取杜村、瑶川、枫村等进行微观分析；在理论范式方面，将从时空社会学、布迪厄的社会资本理论、实践社会学理论等多角度分析关于婚姻支付和婚姻圈对于亲密关系的影响，进而探索乡村传统亲密关系的演化状况与机制。

二、家庭解体与贫困村儿童照顾面临的挑战

（一）离异：乡村社会面临的巨大挑战

家庭作为社会最基本、最普遍的组织形式，是构成庞大社会的小小细

胞，是文明演进的表征。[①] 而在家庭的建构中，婚姻则是基础，其重要性可谓不言而喻。近年来，离婚率的上升反映了现代人人生观、价值观的转变与冲突。婚姻自由是社会进步的体现，婚姻圈的变化反映着社会开放程度。但不可否认的是，如今出现的许多新问题、新矛盾也在某种程度上折射出了当下社会婚姻稳定性遭到削弱，导致家庭与以往相比更加容易破裂。而婚姻和家庭的岌岌可危对整个社会的安宁与和谐来说都是不利的。从伦理学的角度出发，婚姻关系的和谐与稳定，于个人而言是增加夫妻双方乃至整个家庭成员幸福感的重要砝码，于国家而言更是建设社会主义和谐社会的有力基石。根据国家统计局发布的《中华人民共和国 2017 年国民经济和社会发展统计公报》中的数据可知，截至 2017 年年末，城镇常住人口为 8 亿 1 347 万人，占总人口比重的 58.52%，而乡村的常住人口有 5 亿 7 661 万人，占总人口比重的 41.48%。占比如此之大的农村人口的婚姻状况对于整个社会的稳定与和谐来说都是举足轻重的。

近年来，农村青年的婚姻观、爱情观伴随着经济面貌和精神面貌的变化而发生了翻天覆地的变化。有学者对县域“90 后”进行了实证调查。调查发现，县域“90 后”青年出现了婚恋物质殖民化、婚恋技艺化、婚恋过度理性化等倾向。[②] 这些倾向性变化对农村居民婚姻生活的稳定性产生了一定的冲击和负面影响。结婚再离婚变得比以往任何时候都要随意和自由。一言以

① 恩格斯从文明演进的角度分析了婚姻与产权、继承权等问题的关联性。参阅：[德]弗里德里希·恩格斯. 家庭、私有制和国家的起源[M]. 3 版. 北京：人民出版社，1999.

② 黄勤锦. 境遇与态度：“90 后”县域青年的社会学研究[M]. 北京：九州出版社，2019：211 - 225.

蔽之,婚姻家庭的脆弱性深刻地影响着幸福中国的建设。因而调查与研究离异状况,描述和分析离异给儿童照顾带来的影响,并为反贫困社会工作提供建设性方案的重要性或许远比人们想象中更大。

1. 关于离婚趋势与后果的描述性研究

(1) 离婚趋势

恩格斯曾在《家庭、私有制和国家的起源》一书中说过,婚姻家庭的问题是一个动态发展的过程,并且与经济发展水平相适应。① 学界公认,中华人民共和国成立 70 年以来,我国出现了三次较为明显的离婚高峰期。1950 年,《中华人民共和国婚姻法》颁布后,国内出现了第一次离婚高峰。彼时正处于狂飙突进的社会变迁当中。该法体现了当时的社会转型的特征,意在清除残留在家庭领域中的包办婚姻、男尊女卑等封建主义。加之政府对男女平等、婚姻自由等平等的观念进行了大力宣传,从而提高了保护妇女权益不受侵犯的力度。在政府的大力宣传下,受不幸婚姻所折磨的人们依靠着法律的支持,获得了结束充满伤痛的过往、重新寻找幸福的勇气与力量。因此,许多离婚事件也反映了社会的深刻变革。1950 年婚姻法的颁布冲击着千百年来的习惯与风俗,使得人们在面对艰难选择时,会更多考虑对结婚对象的情感。② 其后,受到三年困难时期与"反右"斗争的影响,第二次离婚高峰则出现在了 20 世纪 60 年代。改革开放以后,出现了第三次离婚高峰。20 世纪 80 年代后,新婚姻法的颁布结束了"过失离婚制"时代,感情破裂也可成

① 崔梦丽. 恩格斯婚姻家庭观对新时代家风建设的借鉴价值[J]. 现代交际,2018(16):234-235.

② 李银河. 后村的女人们:农村性别权力关系[M]. 呼和浩特:内蒙古大学出版社,2009:74.

为离婚合法理由的“无过失离婚制”时代随即到来，离婚成本迅速降低。加之改革开放促使社会转型加快，人们的婚恋观也随之发生变化，对待离婚的态度相较于从前变得更加宽容，外部社会舆论压力降低。这样，在多重原因的共同作用下，离婚率再度攀升。

值得注意的是，随着科学技术的发展，研究方法、研究手段、研究视野也发生了巨大的变化。学界开始利用大数据挖掘手段来进行描述。来自司法大数据的研究报告表明，在 2017 年，我国的离婚率攀升至 3.2‰。根据最高人民法院 2018 年发布的司法大数据专题报告可知，2017 年全国离婚纠纷案件中，73.4%的原告是女性。换言之，离婚案件的诉讼有 73.4%是由女性主动提起的。[①] 女性主动提出离婚的现象引起了学界的广泛关注。在瑶川的调查表明，这一现象在农村也大量增加。从时空视野来看，人们开始对离异现象进行比较研究。人们注意到，离婚率上升的情况同样也在欧盟、俄罗斯、美国等发达国家和地区存在（见图 1.1）。

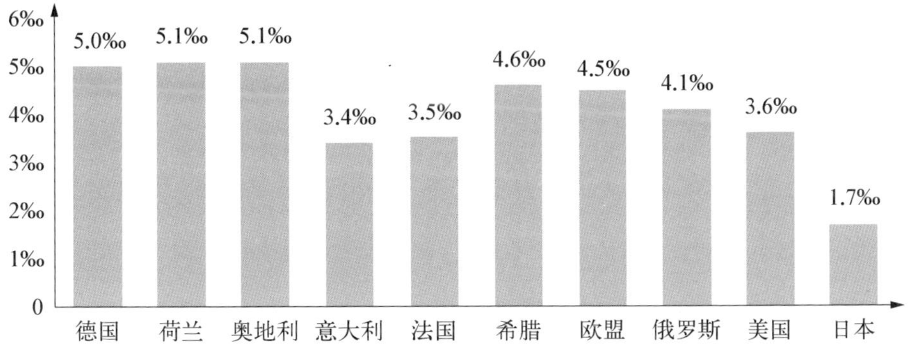

图 1.1　2016 年部分发达国家和地区离婚率对比图

① 中华人民共和国最高人民法院. 司法大数据专题报告之离婚纠纷[EB/OL].[2018-03-23]. http://www.court.gov.cn/fabu-xiangqing-87622.html.

根据欧盟统计局的统计数据可知：2016 年，德国的离婚率是 5.0‰，荷兰和奥地利的离婚率都高达 5.1‰，意大利的离婚率是 3.4‰，法国的离婚率是 3.5‰，希腊的离婚率是 4.6‰。整个欧盟的平均离婚率高达 4.5‰。而俄罗斯统计局的数据显示，2016 年，俄罗斯的离婚率是 4.1‰。美国人口调查局的数据显示，2016 年，美国的离婚率是 3.6‰。由上可见，德国、荷兰、奥地利、意大利、法国、希腊、俄罗斯的离婚率在 4‰左右微幅波动。在东亚，日本是一个重视家庭稳定性的国家，厚生劳动省在 2016 年 1 月 1 日发布的《人口动态统计年鉴》显示日本的离婚率是 1.77‰。可见，日本的离婚率远远低于上述欧盟国家。值得注意的是，近年来，瑶川的离婚率在 4‰左右，与日本大异其趣，反而与欧洲国家接近。

上述数据表明，世界各国的离婚率居高不下，婚姻的稳定与和谐遭遇巨大挑战。这一越来越普遍的社会现象吸引了更多的学者致力于探讨和研究，以期更好地了解其前因后果。犹如涂尔干描述自杀率，人们在描述离婚率时，迅速将研究转向因果性阐释。

(2) 后果描述

需求评估是社会工作常用的观察手段。苏联心理学家瑟先科(B A жезенко)认为婚姻是以需求为基础的。也就是说，婚姻是因为相互满足多种多样的需求而缔结的。[①] 婚后的生活是漫长而琐碎的，朝夕相处中的夫妻一旦有某些需求而另一方并不能让其满足，就会产生矛盾。如果矛盾得不到及时且有效的解决，天长日久，各种负面情绪积累起来，便有可能在对

① [苏] B·A·瑟先科. 夫妻冲突[M]. 陈一筠，戴凤文，译. 北京：中国妇女出版社，1984.

另一方的不满中逐渐萌生分离的取向，或者进一步产生心理或生理上的压力，最终导致夫妻双方在情感与心理稳定性方面出现破坏性后果。① 而婚前不切实际的期望、婚后夫妻相互吸引力减弱以及性格不合等心理因素都会成为影响婚姻生活稳定的原因。② 最高人民法院 2018 年发布的司法大数据专题报告显示，在 2017 年的离婚诉讼案件中，夫妻因感情不和而向法院申请离婚以 77.51%的比例高居榜首。其次是家庭暴力，占离婚原因的 14.86%。当然这只是诉诸法庭的数据，没有走进大众视野的家暴概率更是远高于人们的想象。此前，全国妇联在 2009 年的一项调查数据显示，我国的家庭暴力发生的概率高达 29.7%～35.7%，其中九成以上的受害人是女性。对此，我国制定了《中华人民共和国反家庭暴力法》，并于 2016 年开始实施。可见，在当下社会中，女性的地位虽然有所提高，但是男女之间生理上的天然差别使得女性在某些方面不得不处于劣势地位。

虽然离婚的成本和手续都在简化，社会对离婚的包容性也在逐渐增强，但是，离婚并不只是夫妻之间的契约中断，需要处理的往往还包括子女的养育、夫妻共同财产的分配等一系列复杂的问题。就宏观层面而言，医疗系统、社会福利、司法费用等各个方面的社会负担都伴随着离婚率的上升而加重。③ 高离婚率在使公众对婚姻的信心产生动摇的同时还会伴随着犯罪率的上升。④ 在个体层面上，对女性来说，失去社会关系网络的支持是

① 宋智勇．“离婚率上升”现象的社会心理分析[J]．江西社会科学，1998(7)：89．
② 金一虹．当今我国家庭稳定性变化的心理因素分析[J]．学海，1994(2)：46－48．
③ Bahr S J. Social science research on family dissolution：What it shows and how it might be of interest to family law reformers [J]. Journal of Law & Family Studies, 2004(4)：21－24.
④ 夏吟兰．对离婚率上升的社会成本分析[J]．甘肃社会科学，2008(1)：25－26．

离婚所带来的最大负面效应。从心理角度来看，双方在离婚后不得不面对经济、舆论等多方面的压力。一般而言，相关个体与家庭能否适应巨大压力是一个较为严峻的挑战。不过，从优势角度来看，在离异后变得更独立自强的女性也并不少，不幸婚姻的结束反而促进了她们自身个体关系网的增强。①

离婚所产生的后果中，较为突出者当数对子女的影响。根据最高人民法院所发布的数据可知，全国离婚纠纷案中 96％的案件涉及子女抚养问题。② 正如费孝通先生在《乡土中国》一书中指出，家庭作为基本的抚育单元，承担着社会继替的功能。③ 由此不难看出，对于子女来说，父母离婚所带来的影响是重大而深远的。学界总结，离婚对子女的影响主要有“家庭冲突”“生活恶化”和“父母残缺”等。父母的冲突与争吵、父母离婚导致家庭的结构不完整、离婚后经济条件恶化等都使得子女缺乏家庭和谐带来的安全感，也使得子女在社会交往中缺乏信任感，沟通意愿也因此大幅度降低。这些问题显然不利于他们的成长和社会化的正常进行。另一种不同的声音则是“有限影响说”。“有限影响说”认为，父母的离婚给子女带来的负面影响并不像某些媒体和学者所认为的那般严重，而是有限的。相反地，于一部分孩子而言，离婚解脱的不仅仅是父母，他们自身也得以从父母无休止的争吵和充斥着敌对情绪的家庭中挣脱出来，促进了部分孩子生活自理能力的

① 易松国. 离婚原因、后果及社会支持：深圳离婚女性的实证研究[J]. 深圳大学学报(人文社会科学版)，2005(4)：14.

② 中华人民共和国最高人民法院. 司法大数据专题报告之离婚纠纷[EB/OL]. [2017-10-13]. http://www.court.gov.cn/upload/file/2017/10/13/16/39/20171013163908_87275.pdf.

③ 费孝通. 乡土中国[M]. 北京：中华书局，2013：223.

提高，使得他们在课业上也更加专注，这些都更利于他们的心理健康。[①] 对于社会工作者而言，需要尽量防止第一种情况的出现，把离异对儿童照顾的影响最大限度地缩小。本书后文论及的在枫村、玉县的实务便是典型例证。

综上所述，关于离婚趋势与后果的研究可谓硕果累累。既不乏定性研究，定量研究的成果也颇为丰富；既有基于微观层面上的个人心理因素的分析，也有从宏观层面出发的社会因素分析。而对于离婚后果的研究则大都集中于离异女性在经济上的困苦以及离婚对于儿童身心健康发展的危害等几个方面。人们对婚姻的情感需求日益关注、社会舆论对离婚的愈加包容、女性在婚姻中的人格意识逐渐独立的背后，实际上还是和社会变迁紧密相关。换言之，公共领域对私人领域的影响可谓无处不在。宏大的社会变迁投射在婚姻与家庭这样的个人空间之中，给婚姻和家庭所带来的影响表现出来便是个人婚姻观念、价值取向的变化。因此在梳理整合前人已有的研究成果的过程中，应将其与女性主义理论和个体化理论相结合，从而对离婚现象和后果进一步加以研究，并探索其背后的深层影响机制。

2. 关于离婚的因果阐释

布迪厄将每一次婚姻事务视为在实践中的"一个策略的结果"，都是在一系列物质和象征性交换中的一个时刻。[②] 在婚姻场域中，决策的高明与否

① 郭珊珊．父母离婚对青少年子女的影响及其制约因素的研究[J]．中华女子学院学报，2005(S1)：23－24．

② 徐佳．布迪厄"婚姻策略"概念评析：一种新的社会学理论视角[J]．长春理工大学学报(社会科学版)，2015，28(10)：63．

会影响婚姻的成败。因此，任何一项失误的决策都可能成为婚姻走向失败的导火索。布迪厄还认为，随着女性进入城市生活，乡村嫡长子继承制受到冲击。表现在婚姻上，则是乡村男性结婚难的问题日益突出；而进入城市生活的女性则更加愿意留在城市中择偶。甚至有已婚女性受城市生活、商业化因素的影响，愿意选择离婚开始新的生活。古德(Goode)则将离婚的原因分为申请离婚时的理由、事后被他人询问时给出的理由以及社会层面的离婚理由三类。① 可见，国内外关于离婚原因的研究囊括了不同的学科以及不同的理论视角。概括而言，包括了责任缺失、道德调节、价值取向、家庭伦理等个体性因素以及性别比例失衡、地区发展、人口流动、外部干预等社会因素方面。②

第一，外部干预。离婚率随着家庭与社会网络凝聚强度③、社会规范的约束减弱④而上升；同样作为重要外部干预因素的相关政策法律⑤、收入⑥等都是影响离婚率的重要因素；而社会网络凝聚力则能够很好地抑制夫妻关系破裂⑦。法律方面，正如我国 1980 年颁布的婚姻法奉行男女平等的原则，

① Goode W J. World Revolution and Family Patterns [M]. New York: Free Press, 1963.

② 付红梅，李湘妹. 当代中国的离婚态势分析和婚姻展望[J]. 西北人口，2008(2): 56-57.

③ 汪国华. 从熟人社会到陌生人社会：城市离婚率趋高的社会学透视[J]. 新疆社会科学，2006(5): 100.

④ Alamgir M. Famine in South Asia: Political economy of mass starvation [M]. Cambridge Mass.: Oelgeschlager, Gunn & Hain, 1980: 34-36.

⑤ Sen A. Poverty and Famines [M]. Oxford: Clarendon Press, 1980: 231-235.

⑥ Bobonis G J. Income transfers, marital dissolution and intra-household resource allocation: Evidence from rural Mexico [J]. Department of Economics, University of California at Berkeley, 2004(11): 15-17.

⑦ Boyle P J, Kulu H, Cooke T, et al. Moving and union dissolution [J]. Demography, 2008, 45(1): 209-222.

为离婚提供了宽松的法律环境。而2003年新修订的《婚姻登记条例》更是大大简化了离婚程序,降低了离婚成本,和以前相比,离婚变得容易、简单了很多。① 由此可见,女性地位的提高很清晰地体现在了法律法规的变化当中。除此以外,职业性质的改变和文化程度的提高也彰显了女性地位的提高。同时,我国离婚率的变化也受到了传统文化在婚姻生活中重要性日益下降这一外部因素的影响。传统婚姻中的夫妻因为婚姻中生儿育女、赡养老人、维护伦理道德等功能而紧紧联系在一起,而如今这维系婚姻稳定的力量伴随着文化的转型、时代的变迁而不断弱化。

第二,地区发展。离婚率与地区经济状态呈正相关关系,即经济萧条时离婚率下降,而经济繁荣和复苏时离婚率随之而上升。② 这一关联在20世纪30年代的上海体现得淋漓尽致。③ 城市化水平与离婚率的关联也十分紧密。④ 而社会结构变化,特别是城镇化、工业化的加剧导致了女性职业性质的改变以及家庭小型化。⑤ 女性地位的提高使得她们产生了敢于去结束不满意或不幸婚姻的勇气。空间社会学的研究表明,地区发展意味着经济布局出现了巨大变化,与之相伴的,包括婚姻生活在内的日常生活也受到全面影响。首先,在我国,改革开放在沿海地区率先全面推进。其后,伴随着西部大开发、中部崛起等战略的实施,改革开放的进程才全面扩展到全国。离

① 李萍. 当前我国农村离婚率趋高的社会学分析[J]. 中国青年研究,2011(5):19.

② Ehrbar H, Glick M. The labor theory of value and its critics [J]. Science and Society, 1986, 50(4): 464 - 478.

③ 陆华东. 经济危机时期的婚姻变动特征:以对20世纪30年代上海市民的结婚率、离婚率的分析为例[J]. 电子科技大学学报(社科版),2011,13(6):100 - 102.

④ 徐安琪,叶文振. 中国离婚率的地区差异分析[J]. 人口研究,2002(4):34.

⑤ 孟秋丽. 中国的离婚率与社会结构变化分析[J]. 人口学刊,2000(4):53 - 55.

婚率的变化也折射出了改革开放进程中空间开发的转移过程。当改革开放在沿海地区推进时，大量乡村家庭成员要面临分离的局面。学界公认，离婚因素也与劳动力在地区空间的转移紧密相关。其次，城市空间是动态扩展的。城市郊区、城市经济技术开发区的婚姻关系成为学界关注的问题。潘绥铭的实证研究证明了婚姻受城市空间动态扩展影响的存在。

第三，人口的流动与迁移。远距离频繁的迁移极易将家庭推向分崩离析的境地。① 有研究表明，女性若是有移民经历的话，对婚姻稳定性的破坏更强。本书后文论及的部分离婚案例便具有跨省婚姻、跨省异地工作等特征。婚姻选择的自由程度随着社会流动的增强而增强，同样也动摇着婚姻的稳定性。② 原本的社会关系网络、婚嫁环境、婚姻价值观等都随着流动和迁移而改变，给女性带来巨大影响的同时也给婚姻的稳定造成了不可忽视的负面影响。我国"闪婚闪离"、跨省婚姻等现象的增多便是其最好的佐证。③ 有学者调查发现，离婚率随着村庄中外出人口比例的增大而升高。④在个体层面，农村中非流动家庭的离婚率低于流动家庭。这些调查结果表明，农村离婚率的上升受到流动人口增加的影响。⑤

从流动方向来看，中国的人口流动主要是从农村流向城市。从国家卫

---

① Boyle P J, Kulu H, Cooke T, et al. Moving and union dissolution[J]. Demography, 2008, 45(1): 209 - 222.

② 李迎生. 现代社会中的离婚问题：成因与影响[J]. 人口研究，1997(1)：78.

③ 王会，欧阳静. "闪婚闪离"：打工经济背景下的农村婚姻变革：基于多省农村调研讨论[J]. 中国青年研究，2012(1)：56 - 61.

④ 高梦滔. 农村离婚率与外出就业：基于中国 2003～2009 年村庄面板数据的研究[J]. 世界经济，2011，34(10)：55.

⑤ 杜凤莲. 中国城乡劳动力流动对婚姻稳定性的影响[J]. 经济社会体制比较，2010(5)：111.

计委发布的《中国流动人口发展报告 2017》中的数据可知，截至 2016 年年底，我国的流动人口总量为 2.45 亿人。其中人口流动的家庭化趋势明显，拥有两人及以上流动人口的家庭占流动人口家庭总量的 81.1%以上。由此可见，农村的人口流动模式已经从最开始的以男性流动为主的夫妻单方流动方式，转变成以夫妻共同流动为主。不过，有学者基于 CHNS（中国健康与营养调查）的动态追踪数据，经过实证分析得出结论：在农村人口流动的过程中，夫妻单方流动模式和共同流动模式，都会对婚姻稳定性产生不利的影响。其中一个原因便是，农村人口一旦进入城市，即便发生离婚行为，由于脱离了原来的社会网络的约束，社会惩罚便会随之减少，导致婚姻的稳定性被弱化。①

无论是相关的理论研究，还是现实的大型调查都表明，人口流动是一种能够弱化成员间的联系和共识、诱发越轨行为的社会变动。同时，社会在人口流动时会在某种程度上形成一种隐秘的非人格化和匿名性的人际交往，减少了离婚可能带来的负面体验并提高了再婚的可能性。因此，人口流动率越高的地区，通常离婚率也越高。

第四，性别结构失衡。性别比例的失调导致男女双方重新选择配偶的可能性增大，婚姻市场原有的均衡被打破。② 例如，若是适龄的男性人数多于女性，那么会导致女性在对现有婚姻不满时，离婚的倾向和可能性都

① 莫玮俏，史晋川. 农村人口流动对离婚率的影响[J]. 中国人口科学，2015(5)：107－108.

② Becker G S. A treatise on the family [M]. Cambridge, Mass.: Harvard University Press, 1981: 79－83.

会增加。① 当然,持不同意见的学者则认为性别结构与婚姻的关联性是不能确定的。例如,在瑞士,性别比例与离婚率呈负相关关系,而到了美国却是呈正相关关系。可见这种关联性在区域之间表现出来的差异是无比巨大的。②

根据2010年第六次全国人口普查(以2010年11月1日零时为标准时点进行的普查)的数据可知,大陆31个省、自治区、直辖市和现役军人的人口截至当时为133 972万人,其中男性人口为68 685万人,女性人口为65 287万人,性别比(女=100)为105.20。而到了2016年,国家统计局抽样调查的数据显示:0~4岁性别比(女=100)为115.62,5~9岁性别比(女=100)为118.86,10~14岁性别比(女=100)为118.54,15~20岁性别比(女=100)为117.05,20~24岁性别比(女=100)为109.62。图1.2反映了2016年不同年龄段的性别比情况。

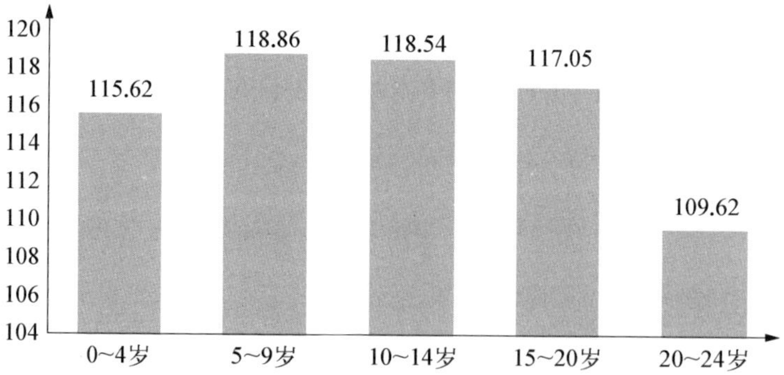

图1.2 2016年性别比(女=100)示意图

① 郭永昌,丁金宏. 中国离婚人口性别比:时期变化和空间差异[J]. 南方人口,2014,29(4):3-5.

② Lester D. Regional differences in divorce rates: A preliminary study [J]. Journal of Divorce & Remarriage, 1999, 30(3/4): 121-124.

根据这组数据不难预测，未来的10～20年，将要步入婚姻殿堂的适龄男性数量会远比适龄女性多。这一失衡现象短期内还难以扭转。第七次全国人口普查公报显示，男性占总人口的51.24%，女性占48.76%，总人口性别比（女＝100）为105.09，和第六次全国人口普查基本持平。但是，不能不看到，人口性别比（女＝100）在105至110之间的省份有9个，在110及以上的省份有3个。这样，失衡的性别比对于未来社会的婚姻市场和社会的稳定与和谐而言无疑是不利的。

第五，个体因素。在家庭伦理方面，传统婚姻观念改变和弱化，使婚姻不再只被视作"经济合作社"和"生育共同体"。婚姻观念在如今的时代中发生了巨大而全面的改变。娶妻生子、延续香火是传统婚姻缔结的目的。正如费孝通先生在《生育制度》中所强调的责任在婚姻里的重要性，他认为婚姻便是男女相约共同承担抚育子女的责任。① 但对浪漫爱情的追求和更注重个人情感体验的婚姻伴随着生产力的提高、避孕技术的改进以及西方更为开放的思想的传播在很大程度上慢慢取代了传统的婚姻观和婚姻模式。有研究表明，择偶时若遭遇父母反对，有64.4%的农村女性会选择争取婚姻的自主权。而且择偶标准也与传统的标准发生了很大的变化。许多农村女性在择偶时最看重的是人品和责任心；其次注重彼此的感情基础，是否互相吸引；排在第三位的是男性的外貌条件；排在第四位的是男性的个人能力；最后考虑的才是经济条件。② 从这个排序中可以看出，如今农村女性更加关注的是个人素质和双方感情。可见择偶观念不再是传统的"父母之命，媒妁

① 费孝通. 乡土中国 生育制度[M]. 北京：北京大学出版社，1998.
② 魏红梅. 新时代农村年轻女性婚恋观的调查与思考：基于陕西农村的抽样调查[J]. 理论导刊，2018(4)：59.

之言”，择偶的标准也不再只考虑“门当户对”。

随着经济发展，农村居民的生活水平快速上升。物质生活逐渐丰富，外界诱惑也随之增多。对家庭的责任感弱化与责任缺失导致婚姻中的越轨行为增多。社会舆论对离婚甚至婚外恋行为的宽容程度都在增大，阻力和代价都在减小，离婚率也在上升。2007 年，民政部门离婚登记的对数是 140.4 万。到 2020 年，离婚登记数据则为 373.3 万对。上升的绝对数量之大让人震惊。不可避免地，与之相关的家庭养老、儿童照顾都将面临挑战，需要社会工作的介入。

3. 关于农村离婚与价值观的研究

关于农村离婚和价值观变化的研究成果较为丰富。个体本位思想在家庭关系中的上升给夫妻关系的稳定带来了许多不利影响。① 陈讯在对黔南 S 乡的研究中发现，对于农村年轻女性而言，传统的养老育幼功能弱化，而在婚姻中幸福感的获得占据了更为重要的地位。这就佐证了婚姻正在走向个体化这一现象。② 农民放弃了贺雪峰在他的分析中所强调的价值观，即为传宗接代而甘心忍受苦难折磨的传统本体性价值观③，转而寻求能够为其带来情感慰藉和心灵依靠等个人幸福体验的家庭模式④，甚至为了追求个人的自由与幸福而不惜选择离婚来逃避责任与义务⑤。由此不难看出，如今农村青

① 刘燕舞. 从核心家庭本位迈向个体本位：关于农村夫妻关系与家庭结构变动的研究[J]. 中共青岛市委党校青岛行政学院学报，2009(6)：45 - 46.

② 陈讯. 抛夫弃子：理解农村年轻妇女追求美好生活的一个视角：基于黔南 S 乡的调查与分析[J]. 贵州社会科学，2014(9)：167.

③ 贺雪峰. 中国农民价值观的变迁及对乡村治理的影响：以辽宁大古村调查为例[J]. 学习与探索，2007(5)：12.

④ 郭俊霞. 农村社会转型中的婚姻关系与妇女自杀：鄂南崖村调查[J]. 开放时代，2013(6)：88.

⑤ 任义科，杨力荣，孟格兆. 解脱还是痛苦：从传统文化角度看农村离婚现象[J]. 山东女子学院学报，2015(3)：49 - 50.

年体现出更注重个人体验、期望享受爱情的甜蜜，为追求高质量的婚姻而尽量延迟承担责任的婚姻家庭观的特征。① 从以上研究结果来看，农村婚恋观的变化可谓翻天覆地。

农村青年从传统的农村来到开放的城市，随着生活空间的转换，城市中的媒体、教育以及工作经验都在向他们传播着城市文明和价值观②，他们原本的传统型生活方式、行为选择以及思想观念便随着这些影响的加深而转化为现代型。婚姻和家庭身处其中自然免不了被这种变化所影响。改革开放后，随着经济水平的提高和婚恋观的转变，原本在家庭中占首要地位的生育功能逐渐被弱化，精神层面的作用和消费等功能的地位开始上升。③ 传统的功利性和社会性的影响逐步从家庭中退出，情感体验和个人幸福程度在婚姻关系中的重要性日益凸显。④ 另外，当前农村社会在婚姻中出现了"贱农主义"，并且逐渐被"都市拜物教"、消费异化所影响⑤。农村青年关于婚姻的消费呈现出了非理性特征，如奢侈消费、炫耀性消费、超前消费等。⑥ 也就是说，消费主义深刻地影响着农村青年的择偶与婚姻。而备受关注的新生代农民工的婚姻家庭观尽管属于传统与现代之间的过渡型，但是他们的观

---

① 张华. 当代青年恋爱婚姻家庭发展的问题与对策[J]. 中国青年研究，2015(1)：68－70.

② [美] 阿列克斯·英克尔斯，戴维·H. 史密斯. 从传统人到现代人：六个发展中国家中的个人变化[M]. 顾昕，译. 北京：中国人民大学出版社，1992.

③ 苏珊. 改革开放和中国农村的婚姻家庭变化[J]. 西南科技大学学报(哲学社会科学版)，2005(1)：70.

④ 宋丽娜. "重返光棍"与农村婚姻市场的再变革[J]. 中国青年研究，2015(11)：90.

⑤ 刘燕舞. 婚姻中的贱农主义与城市拜物教：从农村光棍的社会风险谈起[J]. 社会建设，2015，2(6)：65.

⑥ 疏仁华. 当代青年农民婚姻消费的特点及原因探析：以铜陵市农村为例[J]. 消费经济，2006(4)：56－57.

念日益受到城市文化、虚拟文化的影响。① 越来越多的农村青年在传统与现代的婚恋观、婚恋模式的不断博弈之中而选择早婚晚育。② 婚姻和家庭都不再只是结婚双方为了满足养老育幼需求的工具，更多的感情需求融入其中。随着经济社会的发展，家庭工作的属性、范围、策略等都发生了变化；在社区内，家庭间的互惠式工作，如邻居间的儿童互惠式照顾也发生了变化。③

概括而言，农村青年的婚恋观和婚恋模式在社会转型的大背景下发生了与之相应的转变。在婚恋模式上出现的“闪婚”“闪离”现象的根本原因正是婚姻性质从家庭到个人的转变。④ 婚姻的缔结不再只是为了实现家庭传宗接代的生育功能，情感慰藉功能的重要性逐渐扩大。随着社会的发展和城市文明对农村的影响加深，婚姻和家庭的消费变得不再只是为了满足基本的需求，而是呈现出非理性特征。社会变迁对私人领域的深刻影响在农村婚姻观和婚姻模式的变化上得到了淋漓尽致的体现。

第三节 反贫困与亲密关系重构：研究对象与研究方法

习近平总书记非常重视婚姻家庭关系与贫困地区群众自我发展能力

① 许传新，高红莉. 徘徊于传统与现代之间：新生代农民工婚姻家庭观研究[J]. 理论导刊，2014(3)：73－74.

② 聂建亮. 早婚不早育：传统与现代博弈中的农村青年婚姻[J]. 中国青年研究，2009(4)：18－19.

③ [英] 德雷克·格利高里，约翰·厄里. 社会关系与空间结构[M]. 谢礼圣，吕增奎，等译. 北京：北京师范大学出版社，2011.

④ 李银河. 闪婚符合人性[J]. 现代交际，2005(8)：11.

之间的关联性。2016 年，他参加全国第一届文明家庭表彰大会时就指出，要努力动员社会各界广泛参与家庭文明建设，全力推动形成爱国爱家、相亲相爱、向上向善、共建共享的社会主义家庭文明新风尚。他提出，家庭和睦则社会安定，家庭幸福则社会祥和，家庭文明则社会文明。只有千家万户都好，国家才能好，民族才能好。国家富强，民族复兴，人民幸福，最终要体现在千千万万个家庭都幸福美满上，体现在亿万人民生活不断改善上。[①] 2017 年，他在全国深度贫困地区脱贫攻坚座谈会上强调，要发扬中华民族孝亲敬老的传统美德，引导人们自觉承担家庭责任、树立良好家风，强化家庭成员赡养、扶养老人的责任意识，促进家庭老少和顺[②]。由此可见，国风之本在家。和顺利家也与反贫困紧密相关，为此，社会工作者需要深入乡村家庭，以专业力量积极参与包括婚姻家庭在内的亲密关系调适。

一、经济发展、人口流动与亲密关系

改革开放以来，江西经济快速发展，赣鄱大地充满活力。政府财政有能力保障民生，推进社会建设。据国家统计局核算，到 2019 年，江西省人均国内生产总值达到 53 164 元，离发达省份尚有一定的距离。财政投入是保障民生的基本杠杆。近五年来，江西省财政收入绝对数据在增长，见图 1.3。

① 新华网，习近平：推动形成社会主义家庭文明新风尚[EB/OL]，http://www.xinhuanet.com/politics/2016-12/12/c_1120103506.htm.

② 中共中央党史和文献研究院．习近平扶贫论述摘编[M]．北京：中央文献出版社，2018：142.

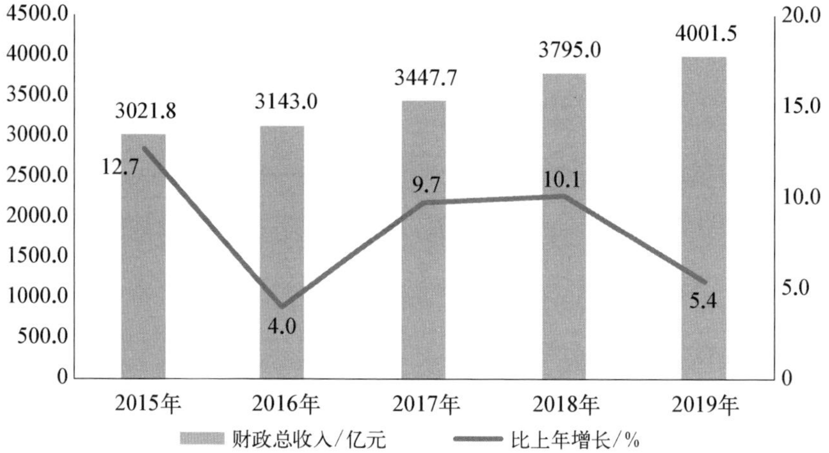

图 1.3 2015—2019 年财政总收入及其增长速度

经济的发展为全省就业创造了良好条件。从就业人口和城镇登记失业率来看，江西省基本面表现良好，登记失业率一直在 3.5%以下（见表 1.2）。稳定的就业为居民增收提供了良好支持。2015—2020 年，江西省城乡居民收入一直稳定增长，见图 1.4。

表 1.2 2015—2019 年江西省就业人口与城镇登记失业率

年份/年	江西省常住人口/万人	江西省就业人数/万人	江西省城镇登记失业率/%	全国城镇登记失业率/%
2015	4 565.6	2 615.8	3.35	4.05
2016	4 592.3	2 637.6	3.35	4.02
2017	4 622.1	2 645.6	3.34	3.90
2018	4 627.6	2 636.1	3.40	3.80
2019	4 666.1	2 632	2.90	3.62

数据来源：相关数据根据江西省国民经济与社会发展统计公报整理而成。全国城镇登记失业率数据根据人社部公开数据整理而成。

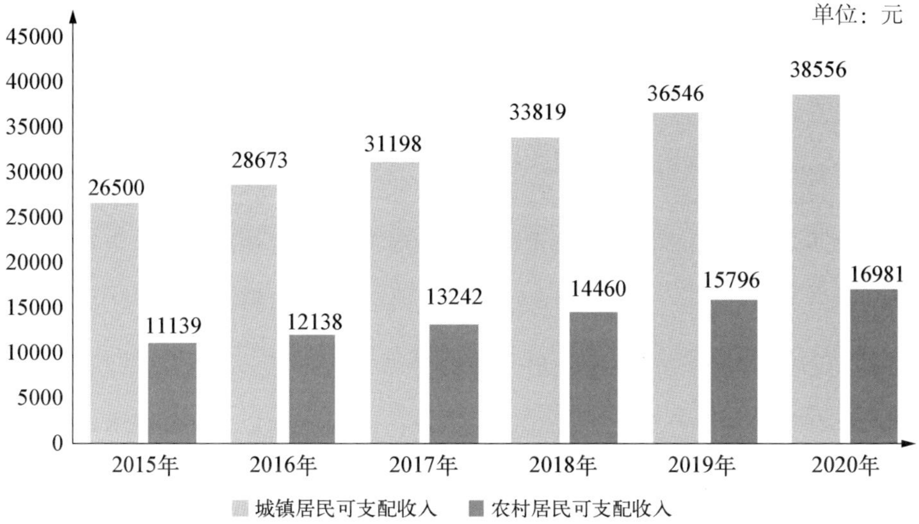

图 1.4　2015—2020 年江西省城乡居民收入情况

在江西省 100 个县(市、区)中，共有原中央苏区县 54 个，贫困县 25 个，罗霄山片区县 17 个，其他县 4 个。据统计，全省有“十三五”贫困村 3 058 个，其中，属于深度贫困村的共计 269 个。2013 年年底，全省建档立卡贫困人口为 346 万人，贫困发生率 9.21%。无疑，宏观经济的增长为江西省全省摆脱贫困提供了强有力的财政保障，为城乡居民稳定就业、可支配收入的增加提供了保障。到 2016 年，井冈山市在全国率先脱贫摘帽，截至本书完稿前，江西省的 25 个贫困县全部摘帽脱贫，与全国人民一起进入全面小康时代。

但是，进一步回顾起来，不能不看到：一方面，江西省城镇化速度加快，大量乡村人口向城市转移；另一方面，由于经济落差，江西省大量人口到省外务工。到 2019 年，城镇人口占比已经达到 57.4%。据统计，近五年来，江西省出省务工人员一直维持在 500 万人以上(见表 1.3)。多年来，保障农民工权益、推动农民工返乡创业一直是江西省推进社会建设和开展反贫困的重要内容之一。

表 1.3　2015—2019 年江西省外出就业或务工人口情况表

年份/年	外出就业或务工人口/万人	省外务工人口/万人
2015	842.0	561.0
2016	1 181.6	813.3
2017	878.0	588.0
2018	894.9	595.4
2019	908.6	599.0

数据来源：相关数据根据江西省国民经济与社会发展统计公报整理而成。

同时，进一步来看，大量人口在城乡之间、县市之间流动，在省内外流动，让许多家庭产生了流动性的恐惧。流动性恐惧是亲密关系面临的巨大挑战。2015 年，本团队在吉安市四县调查中就注意到一位卡车司机的爱人说："只要车的轰鸣不在门口熄火，我就难以入睡，我怕他哪一天回不来了。"在修水，一位卡车司机因车祸而永远离开了，留下了妻子和三个孩子。这是一个跨省婚姻家庭，妻子在村里很难得到系统的社会支持。在永新，一位在沿海地区工作的工人在工地从高楼上摔落，整个家庭跌入贫困的深渊，儿童照顾难以得到保障。多年来，本团队深入赣东北、赣南地区调查。本团队注意到一类现象，即离异家庭的亲密关系，尤其是儿童照顾遇到许多困难，如果处置不当，很可能加剧贫困的代际传递。针对这些现象，党和国家出台了大量政策，予以支持和解决，当地政府也积极努力解决相关问题。然而，从专业角度来看，以习近平家庭建设观为指导，把反贫困社会工作推进到更为深层的微观层面，还有许多值得优化的空间。

二、完善家庭建设观：幸福美满生活需要心灵的归属感

本书中的亲密关系是指以家庭为中心，以择偶、婚姻、儿童照顾、代际关系为主要内容的互动式关系网络。马克思主义的家庭社会学理论非常重视生活资料的生产与人自身的生产的统一性。家庭具有客观实在性，家庭发展受到社会生产力的影响。社会生产力本身和时空运动紧密相关。不同的时空条件，生产力水平也存在差异。受此影响，人口迁移的出现便是必然现象，而人口迁移本身自然会对大量家庭产生或直接或间接的影响。但是，马克思主义的家庭社会学并没有因为这种差异与影响而忽视人的解放。可以说，把人的解放作为家庭发展的价值诉求是马克思主义家庭观的重要内容。因此，马克思主义家庭观重视在追求人的解放过程中释放人的自主自觉，释放人的能动性和创造性。这里的释放，既包括男性，也包括女性；既包括老人，也包括儿童。需要强调的是，马克思非常重视释放妇女自主性、能动性的价值。他在写给路德维希·库格曼的信中说："每一个了解历史的人也都知道，没有妇女的解放就不可能有伟大的社会变革。社会的进步可以用女性的社会地位来精准衡量。"①列宁也说，新的社会形态是家庭进步的阶梯。他强调，只有建立在男女平等的基础上，只有在妇女摆脱了这种琐碎的、非

① 中共中央马克思恩格斯列宁斯大林著作编译局. 马克思恩格斯文集(第十卷)[M]. 北京：人民出版社，2009：299.

生产性的工作后，社会建设才能得到有效推进。[①] 列宁阐述清楚了一个重要的道理，即家庭进步需要重视男女平等。从家庭的组建，到家庭关系的优化、家庭结构的调整，再到家庭功能的有效发挥，都需要实现男女平等。社会建设需要以婚姻家庭为中心的亲密关系来建构行动。脱贫攻坚是一场伟大的社会变革性行动，因此需要从婚姻家庭、亲密关系的角度来调查研究，并采取实务性行动的方式来加以理解，才能从中发现追求进步的发展空间。

习近平总书记关于完善家庭建设的论述是对经典马克思主义理论的继承与创新，由此构成了一个完整的体系。大体而言，要理解这些论述，至少需要从以下五个维度认识家庭建设在扶贫中的地位与作用：

第一，从认识论层面提出“三个注重”，即注重家庭、注重家教、注重家风。“三个注重”具有浓厚的中国风格。中国是一个重视家庭文化的国家。邓小平说，家庭是好东西，忽视不得。在中国传统文化当中，非常重视把家庭放在国家与社会关系的角度进行系统思考，强调家庭是国家发展、民族进步与社会和谐的基点，是天下之根本。因此，“家和万事兴”是中华民族生生不息、薪火相传的重要精神力量，是家庭文明的宝贵精神财富。[②] 扶贫扶志无疑需要重视这一精神力量。

第二，从功能论的角度清晰地论述家庭具有的“三个不可替代”的作用。在生计方面，家庭的生活依托功能不可被替代；在社会方面，家庭的社会功能不可被替代；在传承方面，家庭发挥精神文明建设的作用不可被替代。只

① 中共中央马克思恩格斯列宁斯大林著作编译局. 列宁全集(第 37 卷)[M]. 2 版. 北京：人民出版社，1986：192.

② 习近平. 习近平谈治国理政[M]. 北京：外文出版社，2017：353.

有维护并发挥好了“三个不可替代”的作用,才能让家庭成为梦想起航的地方。从这个角度来看,只有围绕家庭功能的优化,才能深入而持久地建构优质的亲密关系。

第三,从宏观战略层面提出爱国爱家、相亲相爱、向上向善、共建共享的社会主义家庭文明新风尚。在社会主义家庭文明新风尚当中,相亲相爱、共建共享无疑是其重要内容。两者逻辑一体,不可或缺。如果做不到相亲相爱,就无法达到共建共享。实事求是地说,从择偶到婚姻关系的优化,再到儿童照顾,都需要一种亲密的相亲相爱关系,否则家难建、姻难亲、童有难,自然也难以兴家兴业,甚至有陷入贫困的危险。

第四,从两性平等的角度清晰地论述妇女的地位。2013 年,习近平总书记明确强调了妇女在中国人民追求幸福美好生活中的地位,他说,“在中国人民追求美好幸福生活的过程中,每一位妇女都有人生出彩和梦想成真的机会”,确保妇女平等分享发展成果是治国理政的基本内容之一。为此,要帮助妇女处理好家庭和工作的关系,帮助妇女做到自尊、自信、自立、自强。

第五,从代际平等的角度清晰地阐述儿童照顾与家教。习近平总书记引述中国古代传统家庭故事,强调家长特别是父母对子女的重大影响,他认为父母甚至会“影响一个人的一生”。习近平总书记说:“作为父母和家长,应该把美好的道德观念从小就传递给孩子,引导他们做人的气节和骨气,帮助他们形成美好心灵,促使他们健康成长,长大后成为对国家和人民有用的人。”①老人是代际关系的重要组成部分,尤其在老龄化时代。习近平总书记强调,要让所有老年人有一个幸福美满的晚年。他非常关注贫困地区老人

① 习近平. 习近平谈治国理政[M]. 北京:外文出版社,2017:355.

的养老问题，他曾经用“两高、一低、一差、三重”来高度概括深度贫困的特征。其中，“三重”即低保五保贫困人口脱贫任务重、因病致贫返贫人口脱贫任务重、贫困老人脱贫任务重。

三、多维一体的社会工作介入：关于以婚姻家庭为中心的亲密关系调适

从上述对习近平关于家庭建设的简略概述中我们可以看到，以家庭为中心的亲密关系优化在反贫困社会工作中具有重要地位。

首先，家庭是一个与社会变革紧密相关的关键结构。王跃生曾经以20世纪30年代到90年代的冀南农村为例，着力分析了农民婚姻家庭变动与社会变革的关系。他注意到制度变革通过基层约束与引导深刻地影响着农民婚姻家庭行为的选择。这种刚性约束涉及土地制度、平等观念与权利意识。也就是说，人们综合所有制变革、家长权力变动、个体自由选择空间来思考婚姻家庭问题。[①] 也正是本着历史唯物主义的思考，习近平总书记清醒地认识到，随着改革开放的不断发展，“城乡家庭的结构和生活方式发生了新变化”[②]。反贫困社会工作无疑要充分理解这种新变化在日常生活中的呈现方式，进而做出里士满所说的正确的家庭诊断。这样，在一个流动性甚强的变革中，人与人之间才能少一些心理创伤，多一些和谐相处。大卫·里秋在《亲密关系的重建：如何在相处中做一个成熟的人》中说：“我们天生就有与人一起跳舞的能力，只是没有得到必

① 王跃生. 社会变革与婚姻家庭变动：20世纪30—90年代的冀南农村[M]. 北京：生活·读书·新知三联书店，2006：464.
② 习近平. 习近平谈治国理政[M]. 北京：外文出版社，2017：355.

要的训练。”[1]社会工作者是一个社会变革系统中的学习者,也是伴舞者。

其次,家庭是与生命历程紧密相关的社会系统。家庭是一定个体共同取暖之所,是一个个体从出生到成年、终老,从择偶到步入婚姻的行动空间。这是一个牵涉到生产与消费、人口与经济、情感与理性的多层次交错空间和强调互惠性的互动空间。[2] 同时,它是一个与生命历程紧密相关的交错空间。个体发育时间、代际时间、社会时间并存其间,并在个体积极行动下不断变化。[3] 在这样一个时空交错的系统当中,家庭成员或者家庭结构中的子系统不是单一存在且缺乏互动的,而是相互基于一定的情境,在变化与稳定之间寻求一种平衡,在平衡中试图改变适应不良的处境,追寻幸福美满的生活。[4] 这一系统往往与一定的社会环境互动,这一互动的时空背景围绕资源与策略而展开,非常灵动。本研究团队调查了杜村贫困家庭,发现当地村民仅从周边很难再获得择偶机会,于是通过市场空间,选择跨境婚姻。

最后,家庭是优化社会交往关系的资源体系。家庭是人生的第一课堂。这是一个与社会紧密联系的课堂。因此,家庭是社会交往密集的空间,也是资源密集的空间。正因为这样,里士满非常重视家庭社会交往关系中的资源配置情况。里士满认为对亲属资源的调查非常重要。[5] 这些资源包括在

---

① [美] 大卫·里秋. 亲密关系的重建:如何在相处中做一个成熟的人[M]. 王伟平,译. 北京:北京联合出版公司,2019:3.

② [加] 唐纳德·柯林斯,[美] 凯瑟琳·乔登,[加] 希瑟·科尔曼. 家庭社会工作[M]. 4版. 刘梦,译. 北京:中国人民大学出版社,2018:71.

③ 杨善华. 家庭社会学[M]. 北京:高等教育出版社,2006:133.

④ [美] 大卫·里秋. 亲密关系的重建:如何在相处中做一个成熟的人[M]. 王伟平,译. 北京:北京联合出版公司,2019:79-81.

⑤ [美] Mary E Richmood. 社会诊断[M]. 刘振,译. 上海:华东理工大学出版社,2018:173-277.

交往关系中所秉持的态度、意见，包括对家庭及个体人生史的了解等。例如，在亲子关系中的疏远、依赖，夫妻关系中的包容与亲和等情况。同时，每一个家庭还有一定的外部资源，如邻居、朋友、儿童照顾与教育机构、学校与医疗资源等。无论是内部的亲属资源，还是外部资源，信息都是非常重要且颇具伦理色彩的资源。在分析这些与交往紧密相关的资源时，里士满非常重视社会工作者与案主之间的沟通。在她看来，与沟通相关的社会诊断非常重要，尽管她未单独辟出一章来专门论述这一问题。正是考虑到这一点，本书在玉县儿童的实务介入中把介入的重点放在沟通阻滞方面。

家庭在亲密关系调适中具有如此重要的地位，因此需要多维一体地开展交叉研究。为此，在选择研究对象时，本书主要考察了三种类型的社会事实：一是贫困县的乡村择偶问题。为了研究该问题，本书重点聚焦于男性婚姻挤压现象。二是乡村的女性离异现象。三是跨地域婚姻状态下的儿童照顾问题。这三种类型的社会事实构成了本书的研究对象。但是，三者之间并不是孤立的。至少，从生命历程来看，择偶—婚姻—儿童照顾构成了一个有机联动的逻辑序列。这一逻辑序列对于反贫困社会工作能否在婚姻家庭等亲密关系中起到应有的效用影响甚大。例如，一方面，乡村男性婚姻挤压现象使得女性在婚姻市场中的地位提高了，女性更敢于自主选择了；另一方面，在乡村社会中，男性的主导地位并未从根本上发生改变，尤其是通过跨省创业富裕起来的家庭，却不得不迎来离异困局。在困局中，女性往往要么选择与孩子在一起，要么因为没有孩子而在离婚中更为果决。

为了深入研究婚姻家庭、亲密关系与反贫困的联动性，本书在研究思路上采取调查与实务相结合的方式。江西反贫困的重点是革命老区和集中连片的边远山区。为此，在择偶与婚姻关系方面，我们分别选择了在鄱阳湖边的杜村、在赣东北山区的瑶川镇开展调查，以利于深入分析社会变革对家庭组建、维系过程的影响。同时，综合反贫困社会工作、儿童社会工作、家庭社会工作等领域的元素，我们选择赣东北山区的枫村儿童以及赣南玉县的隔代抚养儿童进行社会工作实务介入。枫村的案例是单一家庭的儿童由老人抚养，玉县的案例则是一个老人抚养三个家庭的儿童。

在方法论上，本书主要采取参与观察法、访谈法和问卷研究法。在杜村，以本团队成员吴晓丹在民政系统实习开展调查。在瑶川镇，本团队成员何梦兰则与当地妇联合作开展访谈。在枫村和玉县，则由俞梅容和曾璐瑶分别开展实务工作，她们在实务中观察婚姻家庭关系对留守儿童的影响。同时，她们也观察留守儿童的交往关系，如玉县儿童东东与奶奶之间长期得不到解决的误解，与哥哥之间的暴力沟通等。通过实务，她们对东东的交往关系进行了优化。由于项目资金有限等原因，这些实务很难得到长期的动态跟踪。因此，只能进行简单呈现。通过这些专题式的研究，我们可以发现，乡村社会的亲密关系发生了巨大变化。这些变化对于贫困家庭而言是一个巨大的挑战。当本书的写作临近尾声时，党和国家明确强调了脱贫攻坚应与乡村振兴相衔接。这为学界提出了一系列重大问题：在何处衔接？如何衔接？以家庭为中心的择偶关系、婚姻关系、亲子关系无疑是亲密关系中的长期主题。这些主题也必然与乡村振兴紧密相关。习近平总书记说，脱贫攻坚要有绣花精神。同样，乡村振兴也需要绣花精神。据此而言，让亲密关系开满幸福美满之花，是每一个学者的责任。本书就是在这方面进行的较为粗糙的探索。

本章参考文献

[1] [法] 阿兰·佩雷菲特. 信任社会：论发展之缘起[M]. 邱海婴，译. 北京：商务印书馆，2005.

[2] [美] 阿列克斯·英克尔斯，戴维·H. 史密斯. 从传统人到现代人：六个发展中国家中的个人变化[M]. 顾昕，译. 北京：中国人民大学出版社，1992.

[3] [法] 安德烈·比尔基埃，克里斯蒂亚娜·克拉比什-朱伯尔，马尔蒂娜·雪伽兰，等. 家庭史：现代化的冲击[M]. 袁树仁，赵克非，邵济源，等译. 北京：生活·读书·新知三联书店，1998.

[4] [英] 安东尼·吉登斯. 亲密关系的变革：现代社会中的性、爱和爱欲[M]. 陈永国，汪民安，等译. 北京：社会科学文献出版社，2001.

[5] 陈讯. 抛夫弃子：理解农村年轻妇女追求美好生活的一个视角：基于黔南S乡的调查与分析[J]. 贵州社会科学，2014(9)：165-168.

[6] 崔梦丽. 恩格斯婚姻家庭观对新时代家风建设的借鉴价值[J]. 现代交际，2018(16)：234-236.

[7] [英] David Howe. 依恋理论与社会工作实践[M]. 章淼榕，译. 上海：华东理工大学出版社，2013.

[8] [美] 大卫·斯杜普，简·斯杜普. 亲密关系心理学[M]. 张文龙，译. 北京：台海出版社，2018.

[9] 丁金宏. 梯度模式："婚姻剩余"的焦虑[J]. 探索与争鸣，2013(5)：

24 - 25.

[10] 杜凤莲. 中国城乡劳动力流动对婚姻稳定性的影响[J]. 经济社会体制比较,2010(5): 105 - 112.

[11] [美] 杜赞奇. 文化、权力与国家: 1900—1942 年的华北农村[M]. 王福明,译. 南京: 江苏人民出版社,2003.

[12] 费孝通. 江村经济[M]. 上海: 上海人民出版社,2006.

[13] 费孝通. 乡土中国[M]. 北京: 中华书局,2013.

[14] 费孝通. 乡土中国 生育制度[M]. 北京: 北京大学出版社,1998.

[15] 风笑天. 谁和谁结婚: 大城市青年的婚配模式及其理论解释[J]. 广西民族大学学报(哲学社会科学版),2014,36(4): 27 - 34.

[16] [荷] 弗朗斯·德瓦尔. 共情时代: 一种机制让"我"成为"我们"[M]. 刘旸,译. 长沙: 湖南科学技术出版社,2014.

[17] 付红梅,李湘妹. 当代中国的离婚态势分析和婚姻展望[J]. 西北人口,2008(2): 55 - 58,62.

[18] 高梦滔. 农村离婚率与外出就业: 基于中国 2003～2009 年村庄面板数据的研究[J]. 世界经济,2011,34(10): 55 - 59.

[19] 桂华,余练. 婚姻市场要价: 理解农村婚姻交换现象的一个框架[J]. 青年研究,2010(3): 24 - 36,94 - 95.

[20] 郭俊霞. 农村社会转型中的婚姻关系与妇女自杀: 鄂南崖村调查[J]. 开放时代,2013(6): 82 - 97.

[21] 郭珊珊. 父母离婚对青少年子女的影响及其制约因素的研究[J]. 中华女子学院学报,2005(S1): 22 - 26.

[22] 郭永昌，丁金宏. 中国离婚人口性别比：时期变化与空间差异[J]. 南方人口，2014，29(4)：1－9.

[23] 郭宇宽. 婚姻支付的逻辑[J]. 社会学家茶座，2011(1)：91－98.

[24] 贺雪峰. 中国农民价值观的变迁及对乡村治理的影响：以辽宁大古村调查为例[J]. 学习与探索，2007(5)：12－14.

[25] 吉国秀. 婚姻支付的变迁：一个姻亲关系的视角[J]. 民间文化论坛，2006(1)：17－21.

[26] 金一虹. 当今我国家庭稳定性变化的心理因素分析[J]. 学海，1994(2)：45－49.

[27] [美] 卡伦・迈尔斯. 爱的教育法则：关爱管教的力量[M]. 赵莉莉，等译. 上海：学林出版社，2008.

[28] [加] 克里斯多福・孟. 亲密关系：通往灵魂的桥梁[M]. 张德芬，余蕙玲，译. 长沙：湖南文艺出版社，2015.

[29] [英] 劳伦斯・斯通. 英国的家庭、性与婚姻：1500—1800[M]. 刁筱华，译. 北京：商务印书馆，2014.

[30] 李萍. 当前我国农村离婚率趋高的社会学分析[J]. 中国青年研究，2011(5)：17－20.

[31] 李银河. 闪婚符合人性[J]. 现代交际，2005(8)：11.

[32] 李银河. 中国人的性爱与婚姻[M]. 北京：中国友谊出版公司，2002.

[33] 李迎生. 现代社会中的离婚问题：成因与影响[J]. 人口研究，1997(1)：78.

[34] 栗志强. 性别比失衡背景下的农村男方婚姻支付：对豫北 H 镇的调查

[M]. 北京：中国社会出版社，2013.
[35] 刘燕舞. 从核心家庭本位迈向个体本位：关于农村夫妻关系与家庭结构变动的研究[J]. 中共青岛市委党校青岛行政学院学报，2009(6)：42－46.
[36] 刘燕舞. 婚姻中的贱农主义与城市拜物教：从农村光棍的社会风险谈起[J]. 社会建设，2015，2(6)：53－69.
[37] 陆华东. 经济危机时期的婚姻变动特征：以对 20 世纪 30 年代上海市民的结婚率、离婚率的分析为例[J]. 电子科技大学学报(社科版)，2011，13(6)：99－103.
[38] [美] 罗兰·米勒. 亲密关系[M]. 6 版. 王伟平，译. 北京：人民邮电出版社，2015.
[39] 马磊. 同类婚还是异质婚？当前中国婚姻匹配模式的分析[J]. 人口与发展，2015，21(3)：29－36.
[40] 孟秋丽. 中国的离婚率与社会结构变化分析[J]. 人口学刊，2000(4)：52－54，58.
[41] 莫玮俏，史晋川. 农村人口流动对离婚率的影响[J]. 中国人口科学，2015(5)：104－112，128.
[42] [德] 尼古拉斯·卢曼. 作为激情的爱情：关于亲密性编码[M]. 范劲，译. 上海：华东师范大学出版社，2019.
[43] 聂建亮. 早婚不早育：传统与现代博弈中的农村青年婚姻[J]. 中国青年研究，2009(4)：17－20.
[44] [法] 皮埃尔·布迪厄. 单身者舞会[M]. 姜志辉，译. 上海：上海译文

出版社，2009.

[45] 齐亚强，牛建林. 新中国成立以来我国婚姻匹配模式的变迁[J]. 社会学研究，2012，27(1)：106－129，244.

[46] 任义科，杨力荣，孟格兆. 解脱还是痛苦：从传统文化角度看农村离婚现象[J]. 山东女子学院学报，2015(3)：49－55.

[47] 沈崇麟，杨善华. 当代中国城市家庭研究：七城市调查报告和资料汇编[M]. 北京：中国社会科学出版社，1995.

[48] [美] 施坚雅. 中国农村的市场和社会结构[M]. 史建云，徐秀丽，译. 北京：中国社会科学出版社，1998.

[49] 疏仁华. 当代青年农民婚姻消费的特点及原因探析：以铜陵市农村为例[J]. 消费经济，2006(4)：55－58.

[50] 宋丽娜. “重返光棍”与农村婚姻市场的再变革[J]. 中国青年研究，2015(11)：84－90，108.

[51] 宋月萍，张龙龙，段成荣. 传统、冲击与嬗变：新生代农民工婚育行为探析[J]. 人口与经济，2012(6)：8－15.

[52] 宋智勇. “离婚率上升”现象的社会心理分析[J]. 江西社会科学，1998(7)：89－91.

[53] 苏珊. 改革开放和中国农村的婚姻家庭变化[J]. 西南科技大学学报(哲学社会科学版)，2005(1)：11－13，70.

[54] 田华. 西南农村妇女东迁婚配态势探析[J]. 南方人口，1991(1)：39－42.

[55] 佟新. 全球化下的国际人口迁移[J]. 中国人口科学，2000(5)：53－58.

[56] 汪国华. 从熟人社会到陌生人社会：城市离婚率趋高的社会学透视[J]. 新疆社会科学，2006(5)：99-104.

[57] 王会，欧阳静. “闪婚闪离”打工经济背景下的农村婚姻变革：基于多省农村调研的讨论[J]. 中国青年研究，2012(1)：56-61.

[58] 魏红梅. 新时代农村年轻女性婚恋观的调查与思考：基于陕西农村的抽样调查[J]. 理论导刊，2018(4)：58-63.

[59] 吴新慧. 传统与现代之间：新生代农民工的恋爱与婚姻[J]. 中国青年研究，2011(1)：15-18，77.

[60] 夏吟兰. 对离婚率上升的社会成本分析[J]. 甘肃社会科学，2008(1)：23-27.

[61] 熊凤水. 婚姻支付实践变迁与农村家庭代际关系转型[J]. 重庆社会科学，2008(11)：108-111.

[62] 熊凤水，慕良泽. 婚姻偿付・婚姻资助・姻亲互惠：对农村婚姻支付实践的尝试性解读[J]. 新疆社会科学，2009(1)：101-105，130.

[63] 徐安琪，叶文振. 中国离婚率的地区差异分析[J]. 人口研究，2002(4)：28-35.

[64] 徐佳. 布迪厄“婚姻策略”概念评析：一种新的社会学理论视角[J]. 长春理工大学学报(社会科学版)，2015，28(10)：61-66，92.

[65] 许传新，高红莉. 徘徊于传统与现代之间：新生代农民工婚姻家庭观研究[J]. 理论导刊，2014(3)：73-77.

[66] [美] 亚瑟・乔拉米卡利，凯瑟琳・柯茜. 共情的力量[M]. 王春光，译. 北京：中国致公出版社，2019.

[67] 阎云翔. 礼物的流动：一个中国村庄中的互惠原则与社会网络[M]. 李放春，刘瑜，译. 上海：上海人民出版社，2000.

[68] 易松国. 离婚原因、后果及社会支持：深圳离婚女性的实证研究[J]. 深圳大学学报（人文社会科学版），2005(4)：12－16.

[69] 余练. 农民分化与通婚圈结构变迁：基于皖中大鼓村婚姻市场的考察[J]. 华中科技大学学报（社会科学版），2013，27(1)：114－121.

[70] [英] 约翰·鲍尔比. 依恋[M]. 汪智艳，王婷婷，译. 北京：世界图书出版公司，2017.

[71] 张华. 当代青年恋爱婚姻家庭发展的问题与对策[J]. 中国青年研究，2015(1)：65－70，96.

[72] 张翼. 中国阶层内婚制的延续[J]. 中国人口科学，2003(4)：39－47.

[73] 章志光. 社会心理学[M]. 北京：人民教育出版社，1996.

[74] 郑杭生. 社会学概论新修[M]. 北京：中国人民大学出版社，2003.

[75] 郑也夫. 信任论[M]. 2版. 北京：中国广播电视出版社，2006.

[76] 中共中央党史和文献研究院. 习近平扶贫论述摘编[M]. 北京：中央文献出版社，2018.

[77] 中国社会科学院语言研究所词典编辑室. 现代汉语词典[Z]. 5版. 北京：商务印书馆，2005.

[78] Alamgir M. Famine in South Asia: Political economy of mass starvation[M]. Cambridge, Mass.: Oelgeschlager, Gunn & Hain, 1980.

[79] Bahr S J. Social science research on family dissolution: What it shows

and how it might be of interest to family law reformers[J]. Journal of Law & Family Studies, 2004(4): 21 - 24.

[80] Becker G S. A treatise on the family [M]. Cambridge, Mass.: Harvard University Press, 1981.

[81] Bernard J. The future of marriage[M]. New Haven: Yale University Press, 1982.

[82] Bobonis G J. Income transfers, marital dissolution and intra-household resource allocation: Evidence from rural Mexico [J]. Department of Economics, Universtiy of California at Berkeley, 2004 (11): 15 - 17.

[83] Boyle P J, Kulu H, Cooke T, et al. Moving and union dissolution [J]. Demography, 2008, 45(1): 209 - 222.

[84] Cohen M L. House united, house divided: The Chinese family in Taiwan[M]. New York: Columbia University Press, 1976.

[85] Ehrbar H, Glick M. The labor theory of value and its critics[J]. Science & Society, 1986, 50(4): 464 - 478.

[86] Freedman M, Skinner G W. The study of Chinese society: Essays [M]. Stanford, Calif.: Stanford University Press, 1979.

[87] Goode W J. World revolution and family patterns[M]. New York: Free Press, 1963.

[88] Lester D. Regional differences in divorce rates: A Preliminary Study [J]. Journal of Divorce & Remarriage, 1999, 30(3/4): 121 - 124.

[89] Schwartz C R. Trends and variation in assortative mating：Causes and consequences[J]. Annual Review of Sociology，2013(39)：451 - 470.

[90] Sen A. Poverty and Famines[M]. Oxford：Clarendon Press，1980.

[91] Spiro M E. Marriage payments：A paradigm from the Burmese perspective[J]. Journal of Anthropological Research，1975，31(2)：89 - 115.

[92] Wolf M. Revolution postponed：Women in contemporary China[M]. Stanford，Calif.：Stanford University Press，1985.

第二章　杜村男性婚姻消费

收支状况是观察一个家庭是否陷入贫困或正处于贫困状态的一个关键切入点。一方面，婚姻消费的策略对于家庭收支影响很大，对于家庭稳定性的影响也较大；另一方面，一个家庭的收支状况和对孩子的投资策略、投资偏好(如性别偏好)结合在一起，影响着儿童照顾的质量。① 本章重点分析婚姻消费。婚姻消费策略又与城乡空间关系建构紧密相关。通过调查，我们可以发现，在是否选择返乡结婚时，男性选择"是"的比例偏高。对此，人们往往从男性在财产权继承上的优先权、养儿防老等角度进行解释。但是，由于人口和家庭结构的变化，比如"90后"已经进入而立之年，部分地区甚至已经出现了旨在照顾两边老人的两头婚现象。同时，调查还表明，贫困地区还出现了跨国婚姻现象。从地理通婚圈来看，鄱阳湖畔的杜村已经国际化了。在乡村社会建设家庭文明面临不少挑战，所以需要基于更加广阔的空间视野对婚姻消费进行阐释。可见，过往的解释视角需要得到进一步丰富和修正。

① [美]加里·S·贝克尔. 家庭经济分析[M]. 彭松健，译. 北京：华夏出版社，1987：128.

第一节　婚嫁习俗与男性婚姻消费的变迁

一、杜村概况

杜村隶属于江西省上饶市鄱阳县。鄱阳县古称番邑，公元前 221 年番县成立，到了西汉，其以在番水之北而名为番阳，东汉时改称鄱阳。中华人民共和国成立后，1952 年设立上饶专区，鄱阳为其首县。鄱阳县位于江西省东北部、鄱阳湖东面，西北同九江市都昌县山水相连，东与景德镇市昌江区、乐平市为邻，南同余干县、万年县接壤，北与九江市彭泽县和安徽东至县交界。鄱阳县系人口与国土大县，总面积为 4 215 平方千米，其中水域面积为 948.7 平方千米，占鄱阳县总面积的 22.5%。由于鄱阳湖是中国最大的淡水湖，每年都要迎接来自世界各地的候鸟，从绿色社会工作生态与生计的统筹角度来看，防止贫困，加强社区动员，提升县域内的幸福感也有助于生态环境的保护。①

鄱阳县素有“江西省人口第一大县”之称。2015 年，鄱阳县下辖 1 个街道、14 个镇、15 个乡，其总人口约 159.43 万（2014 年），其中农业人口 110 万，约占总人口的 70%。1986 年，鄱阳县被列为贫困县。在全国 584 个（2019 年 1 月数据）国家级贫困县中，鄱阳县是江西省 13 个贫困县中贫困人口最多的一个，也是脱贫任务最重的一个。2020 年，鄱阳县的 31 个乡镇（街道、农科所）的 162 个“十三五”贫困村全部实现了脱贫。贫困发生率由 2014

① ［英］莉娜·多米内利. 绿色社会工作：从环境危机到环境正义［M］. 王景迁，齐文华，吴玥，译. 北京：社科文献出版社，2019：8.

年的12.58%下降到2019年年底的2%以下。①

一直以来,鄱阳县交通基础设施建设滞后,严重制约了当地经济的发展速度。2000年12月,九景高速(九江—景德镇)建成,但无法直通鄱阳县城。2007年11月28日,景鹰高速公路(见图2.1)正式通车,改变了江西鄱阳、余干、万年等县市无高速公路通车的现状;10年后,2017年12月28日,九景衢铁路全线通车,鄱阳才结束了没有铁路的历史。

图2.1　景鹰高速公路位置

鄱阳县内分布着四条水系。其中,昌江由景德镇入境,流经杜村所属的H镇。H镇位于鄱阳县东部,北与景德镇接壤,东与乐平毗邻。H镇辖32个行政村,总人口8.3万左右,总面积232平方千米,其中山地面积约占总面积的60%。杜村是H镇的一个自然村,位于昌江中游东南岸,距离H镇12千米,距离县城42千米,距离乐平市24千米,距离景德镇市约42

① 吴蓓.春风一拂千山绿:鄱阳坚决打赢脱贫攻坚战记实[EB/OL].https://baijiahao.baidu.com/s?id=1665539526032121793&wfr=spider&for=pc.

千米，距离省城则近 155 千米。

杜村虽远离市区，却也并非人迹罕至的山区，其与某中学仅相距 1.5 千米。该中学位于杜村的邻村——李村，已成为 H 镇最好的中学，每年往鄱阳县中学输送的高中生达 200 多名，镇里的村民都愿意将孩子送到该校就读。在该中学的正门口，有一条乡间公路，通往景德镇、乐平、县城和南昌的巴士都由此经过。李村凭借学校优势和地理区位优势，在公路两边做起了生意。

与李村不同，杜村的经济社会发展空间特征既非商业中心，也非农业重地。杜村虽地处平原高地，是 H 镇唯一不容易受洪水肆虐的村落，却因耕地面积有限，不适合大规模种植农作物。杜村居民的收入来源以打工经济为主，打工者多流向粤、浙、沪一带的城市，以汕头、深圳、杭州、宁波等东部沿海城市居多。其次是以家庭为单位的个体工商户，主要从事零售、建筑和动物养殖，个体工商户有逐年增多的趋势。最后是农业，以水稻、花生、芝麻、红薯为主要农作物。可见，杜村人口分布特征和现代化的空间延展紧密相关。

随着城市化进程的加快，杜村青壮年劳动力不断流失。2017 年 3 月的调查数据显示，杜村居民共计 200 多户，人口 1 100 余人，常住居民达 650 余人，“60 后”“70 后”成了杜村的中流砥柱，“80 后”“90 后”流向了大城市，一些“80 后”男性既无法成为村内的精英，又无法涌入大城市，转而成为村里的新弱势群体——在婚姻市场中“被剩下”。婚姻市场中的消费行为往往和具体时空条件的非正式制度紧密相关。而习俗正是非正式制度的重要内容之一。习俗内容与形式的变化又与消费主体的时空环境有关。

二、杜村的婚嫁习俗及消费构成

（一）婚姻程序：从“说媒”到“摆酒”

杜村以吴姓、方姓居民为主。其中，吴姓居民占比80%左右，方姓居民占比近13%。据访谈对象介绍，吴氏家族于光绪年间来到杜村，已经生活了一百二十多年，是杜村历史最久的住民。方姓家族始于一位上门女婿，很多年以后才出现。从古至今，吴姓与方姓居民都沿用同一套婚俗仪式，这套仪式已经传承了五十多年，具有浓浓的地方特色，每一个在杜村出嫁的女子或者婚娶的男子都会在长辈的引领下走一遍结婚程序(见图2.2)。

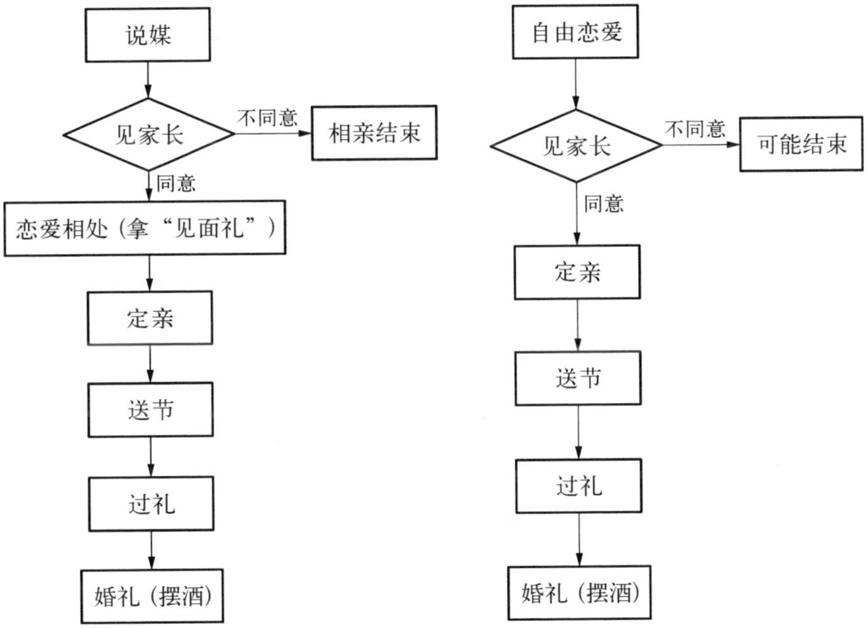

图2.2　婚姻程序图

资料来源：根据访谈资料整理。

由图 2.2 可以看出，程序性婚姻消费是杜村男性必须面对的基本社会事实。这些复杂的程序都需要以一定的经济交换内容为支撑。这些交换必然产生一定的经济成本。反贫困社会工作要面对的移风易俗问题实际上要解决的是如何面对并优化这种复杂的程序性消费，降低婚姻消费成本。为此，有必要对每一个程序所需要的日常活动和经济投入作简略介绍。

1. 说媒

《礼记·曲礼》记载，“男女无媒不交”。它指的是西周时，男女双方缔结婚姻关系的前提是父母之命、媒妁之言。古代自由恋爱的例子很少，年轻男女需要通过媒人“说媒”才能走到一起。这种风俗并没有随着个体主义的盛行而消亡，杜村就一直保持着这种传统。甚至这一传统成为家庭之间的仪式性交往的必备内容，而仪式性的程序也成为女性获得尊重的场域。

“说媒”通常有以下几种情形。一是男女到了适婚年龄，亲戚朋友和乡邻们会谈及对象，其中比较活络的亲友会摇身一变为“媒人”，为其推荐各种才子佳人；二是男方或者男方父母对某家的女子有好感，会邀请媒人去女方家说媒；三是男方或女方父母找到媒人，请媒人推荐与自己女儿或儿子年龄相仿的异性，撮合说媒。说媒是否启动，一方面和交往双方的关系进度有关，也和对个体人品、能力以及婚姻支付的成本担负能力等评估状况有关。可见，说媒是一个系统的沟通工程。它包含了关系网络的整合、事物发展进程的评估、行为选择是否理性、形象展演的视角选择、社会交换中的权力运用策略等丰富的内容。

一般而言，说媒的过程通常是男方家主动，而媒人多是熟悉的邻居或者亲戚朋友。也就是说，说媒带有一定家族亲密关系的舆论动员性质，在这一过程当中，充满着对交往关系的互惠性衡量。媒人初次到女方家说媒时，一般不会带男方前往，待到女方父母许可，才会进入正式相亲的阶段——见家长——带男方见女方家长。媒人撮合成功后，男方父母通常需要给媒人送红包或礼物以示感谢，红包金额和礼物轻重则因人而异。从技术层面来看，随着手机的普及，媒人往往会要求双方建立网络联系，加强沟通。媒人甚至会向相亲的男方传授一些沟通技巧和沟通中应该注意的问题。从形象传播的角度来看，媒人说媒时，通常都是夸对方，对优点大肆渲染，对缺点避重就轻。换言之，媒人是优势视角的运用者，他们必须深谙其道。媒人的角色很关键，但更重要的是见家长的环节，因为这是相关主体进行评估的关键环节。图 2.2 表明，无论说媒，还是自由恋爱，见家长都是必不可少的，除非出现大矛盾。

2. 见家长

一般而言，见家长环节可以分为两种情形：一种是相亲，男方拜访女方父母；另外一种是自由恋爱，男女拜访双方父母。在此，我们仅讨论第一种情形。

在相亲婚中，经过媒人的介绍，倘若女方家对男方有好感，则会安排一次见面，创造了解和考察男方的机会。这次见面是男方单独前往女方家拜访，男方不需要父母或亲朋好友的陪同，也无须准备红包和贵重礼物。

拜访当天，女方家会请亲戚过来，一同考察男方的举止谈吐和为人处世等。男方为表示对女方父母的尊敬，通常会携带礼物前来拜访。女方父母则会留男方在家里吃一顿午饭，席间询问男方的家庭和工作等情况，主要考察男方的为人、沟通能力和家庭经济条件。

饭毕，若女方家接受了男方带来的礼物，则表示女方家对男方满意，女方愿意与男方进行深入的交往；若女方家没有接受礼物，则几乎可以确定男方没有通过此次考察，也有可能女方家尚在考虑，暂时还不能给出明确答复。如果女方家因为没有考虑清楚而没接受礼物，媒人事后会告诉男方家。可见，礼物交换的过程是一种信息传递现象，也是一种评估与选择策略的组合。

随着 QQ 和微信等即时通信工具的出现，这一传递机制出现了新情况。通常，男方在见女方前已经通过父母取得了女方的联系方式，所以这次见面，女方父母的意见起着非常重要甚至是决定性的作用。在自由恋爱的情形下，倘若女方父母对男方不满意，女方大多会违抗父母的意愿，而在相亲婚中，女方则更多地表现为某种顺从态度。

总体来看，见家长是一种评估性确认。这种确认和不同家庭的整体判断紧密相关。有的侧重于人品，有的侧重于经济基础与社会地位，有的则较为客观地进行综合考察。“见”的过程中充满了理性判断、理性诱导，也充满了情感动员。见家长的过程意味着“考察”。考察者基于某些角度的预期、预判决定是否接纳。此时的接纳对于婚姻的未来发展影响较大。

同时，需要注意的是，从见家长开始，男女双方的社会资本交换与构建也开始了。比如，“亲上加亲”就是指原本两个家族就有姻亲关系，男女即将缔结婚姻则意味着家族间的姻亲关系得到巩固。杜村靠近鄱阳湖，调研团队在杜村邻县（也是鄱阳湖畔的农渔业大县）香溪村调查时说起这一现象，香溪人们往往会高兴地说，结老亲的好处就像以前我们两家就在一条船上，现在，我们得把小舢板换成铁壳大船了。“船大能压浪。”他们形象地说，至少一起拉网的人多起来了。这种说法表明，在农渔业乡村，之所以缔结婚姻，就是为了加强社会资本的生计功能，加强家族的风险防范能力。然而，当下，很多人开始抱有疑问：婚姻之船真的能够压住风浪吗？这也是本书后文在瑶川调查中要思考的问题。

3. 拿“见面礼”

若男方通过了考察，男方父母会择日与儿子共同前往女方家拜访，借此机会观察女方的举止谈吐和外形。女方家考察男方时更多关注对方的为人和家庭经济条件，男方家考察女方时则更多关注女方的外形和性情。性情好、能干、顾家，通常是公婆眼里好儿媳的标准。可见，见面不仅仅是一种家庭建立前的经济条件的考察，也是一种伦理评价的过程，是民间家风建设的重要一环。

通过了“见家长”和双向考察环节，男女双方的亲事开始进入议程。首先是“拿见面礼”，需男方父母择一良辰吉日。需要说明的是，选择吉日的过程包含了对人际良性互动、未来家庭运势与宇宙空间嵌合等内容的考量。然后，派儿子带着“见面礼”上门拜访女方父母。根据调查，杜村的“见面礼”包括“爱情包”和六种礼品，“爱情包”相当于现金红包，里面装了 800 元、2 000 元、10 000 元……不同数目的现金，六种礼品包括糖果、桂圆、红枣、肉、鸡蛋和一种食品，通常是蜜饯或者其他零嘴食品。这些食品带有对美好生活的预祝的符号象征意义，如糖果代表甜甜蜜蜜。从社会工作的角度来看，这些符号象征意义实际上具有一种优势视角的内在动力催化作用。

“爱情包”是“60 后”受访村民谈话间使用的词语。于笔者而言，非常吃惊。从“60 后”口中听到“爱情”，非常浪漫、美好，令人遐想。二十岁是内心萌动的花季，他们遇见了谁？又发生了怎样的故事？值得注意的是，“60后”结婚之时恰值我国经济尚不繁荣之时。彼时，贫困与否对男性的压力并不是太大。因为从宏观经济角度来看，彼时收入差距并不是太大。这表明，在社会整体还比较贫困的状态下，人们在择偶策略与婚姻家庭生活中还保持着比较好的社会心理状态，与相对剥夺感驱动下的认知并不相同。

4. 定亲

拿过了“见面礼”，接下来就要定亲了。定亲日是确定婚期的日子，相当于订婚。杜村村民喜欢将定亲日定在年末或年初，在热闹中提前把姻亲关系嵌入乡村社会关系。

定亲之日，男方家需要带上礼金、礼品和准新郎的鞋样(俗称“定亲三件套”)到女方家定亲。当天，男方带到女方家的礼金用于支付请鞋样和裁衣裳的花费，即买鞋子和衣服的开支。

相传，旧时请鞋样，女方家只会送男方一双鞋，象征“从一而终”“相互合适”，是一种爱情誓言的物化表达。演变至今，请鞋样的习俗仍然留存，但对数量没了严格的要求。不仅如此，旧时纳鞋是女方的事，由于会女红的年轻女子已经基本消失了，所以大都交给了女方母亲。男方携带的礼品包括食品和一些生活用品，包括糖、肉类、鸡蛋等食品，以及洗浴用品和家具等生活用品，属于礼节性开支。可见，虽然物质形式发生了变化，但是象征意义这一内核依然没有改变。比如，合不合适，鞋穿上就知道。而反对者则会说“穿上了，就难以脱下了，选择要谨慎”。

定亲日当天，女方家需要置办酒席，宴请男方家来的客人和女方的叔伯等内亲。定亲宴在女方家举办，由女方父母主厨，两家人坐在一起，相互斟酒，其乐融融。酒毕，女方跟着男方回家，俗称“过门”。“过门”是女方第一次拜见男方父母，需要在男方家住一晚，第二天再回到自己的家里。

由此观之，定亲仪式包含着中国人民日常生活中的契约取向。也就是说，定亲仪式实际上就是对亲密关系的仪式性确认。同时，定亲仪式也是从习俗上对双方爱情合理性的仪式性宣扬。这种宣扬性仪式也是习惯法中的事实婚姻进程的重要组成部分。这个环节也意味着代际关系交往的进一步建构以及双方父母交往深度的加强。同时，不能不注意的是，仪式的物质形式转变也使得社会意义与物质乃至货币流动性紧密结合在一起。由此，仪式—交换—经济压力构成了系统性的显性压力。这种显性压力在浓厚的商业社会中必然带来拜物性后果。其后的仪式也具有上述特征。

定亲日顺延一年，便是大婚之日。

5. 送节

订完亲，接下来的一年里，端午节、中秋节以及春节，男方都要携带礼品亲自拜访女方父母。杜村将这一仪式称为“送节”。

送节时，男方携女方亲自拜访丈人比礼物的轻重更重要。21 世纪以来，在市场经济的冲击下，传统文化习俗逐渐走向消亡。农村里的年轻人大都流向了城市，地理上的距离客观上造成了“送节”被淡忘的结果。

受访对象 HQ，2009 年从杜村嫁到邻村。她说：“过完了年，我们（她和与自己定了亲的男子）就要去外地打工。一年到头两个人都在外面打工，送节很不方便。假期很短，加上路费又贵，回一趟家很不划算。我们更愿意年底回家的时候把送节费补上。”送节的形式实际上锤炼着即将组建家庭的年轻人，他们需要主动建构责任意识。随着交通通信技术的变革，年轻人展现经济理性和伦理取向的交往空间也随之发生变化。这样，在职业分布空间条件下，主体间的理性认知改变了礼仪的呈现方式。进一步来说，礼品折现行为表明，“送节”演变为一种经济行为。这反映了人口流动、市场经济加剧了对传统婚俗的冲击。在时代风潮的冲击下，人们的观念和行为随之发生了分化：一些父母愿意接受折现，认为现金比礼物好，很多礼品只是浪费；一些父母则接受不了，认为当下年轻人不懂礼数，既不尊重自己也不尊重礼俗文化，组建家庭前后的矛盾也往往由此产生。

近几年来，随着电子商务的兴起，在外工作的年轻人送节时往往在网上购买好，由快递小哥送上门。略知礼数者，则会在快递即将到货时和女方父母进行视频通话。在杜村邻县的香溪村调研时，一位老人既幽默又落寞地说：“我的女儿嫁给了很多快递小哥！”显然，老人话里有话。尽管有怨气，但一般而言，老人也不会阻挠程序的继续。充其量，在结婚前，借礼数之名来敲打一下未来的女婿。

6. 过礼

过礼，也被称为“拿八字过礼”。“八字”是指生辰八字，与一定时空条件下的个体与家庭的运势紧密相关。“八字”的选择反映了人们对现实与未来的一种预期。这一预期往往受某种程度的功利性实践理性影响。女方的“八字”拿到男方家这一环节本身就象征女方成了男方家的人，是一种身份的过渡，是个体的归属改变的表现，反映了个体在一个家庭的适应可能性。过礼往往发生在婚前两个月，这天，男方家及其亲友携带喜饼、聘礼以及彩礼钱到女方家求娶新娘。

喜饼由乡里人手工制作，每个喜饼中央都会点一个红色的“喜”字。喜饼呈圆形，味甜，像大大的馒头，小喜饼直径有8厘米，大喜饼则同箩筐口径一般大。“按照老一辈传下来的规矩，‘过礼’当天，男方家要挑3 600个小喜饼和4个大喜饼到女方家。小喜饼分给女方家亲戚，大喜饼留给女方父母和男方父母，每家各2个。”受访村民NR告诉笔者，“小喜饼主要分发给女方的叔伯、堂爷爷及其子女。”可见，喜饼的发放仪式具有现实主义考虑，发放的过程是一种乡村亲密关系背景下的口头舆论上的告知行为，表明双方通过向亲属分享喜饼的方式逐渐融入对方的关系网络，进而获得乡村社会的习惯力量的支持。同时，从发放的对象来看，具有一种普惠性与差序格局相结合的特征。

聘礼主要包括新娘的婚服、新鞋以及首饰。旧时，新娘的婚服由裁缝量身定做，当下年轻人选择在网上淘宝或者租借。网上的婚服有凤冠霞帔的中式旗袍，也有纯白飘逸的西式婚纱，符合年轻人的个性化需求。所以婚服、新鞋等通常也采取折现的方式，交由女方家购买。

此外，彩礼也会被拿出大部分，在过礼当天由男方父母给到女方父母。大部分彩礼用于置办嫁妆，操办婚事；多余的彩礼将于结婚日，随新娘一起前往新婚家庭。和定亲一样，过礼当天女方家也需要置办酒席，宴请来客。随着人口结构的变化，也有把部分彩礼作为女方父母养老基金的做法。如果女方家经济状况良好，女方家长则会在彩礼的基础上增加一些资金或多购买一些嫁妆，以利于降低新组建家庭的经济压力。可见，对于彩礼现象，要客观评估，不能简单地把它看作不良风俗。

7. 摆酒

摆酒即婚宴，是婚姻仪式的最后一个环节。领结婚证是法律意义上的许可，举办婚宴才是内心层面的认同。换句话说，在杜村村民的观念中，只有办了酒席，宴请了亲戚朋友和乡邻，才算是真正完婚了。这就是阿诺德于1909年提出的“过渡仪式”，人们被给予新的身份而不用改变社会结构。

摆酒的文化元素也反映了社会开放的程度。当下，杜村婚礼被融入了一些西方元素，如婚纱、个性化装饰等，但是依然保持杜村的程序和禁忌。比如，迎亲队伍，尤其是新郎，要赶早到达女方家接新娘；新娘的母亲送走女儿前都会哭嫁；新娘上迎亲车前，由叔伯背到车上，下车后，由新郎抱回家。新娘需将压箱钱（即彩礼）和父母购置的嫁妆带去新婚家庭。这样，压箱钱实际上反映了金钱的社会交换互惠性。思考彩礼与贫困的关系时必须关注这一属性。对于贫困家庭而言，压箱钱具有一种悖论性压力。一方面，压箱钱具有筹集资金的功能，有利于缓解新组建家庭的经济压力；另一方面，当压箱钱超出双方家庭的承受能力时，就会导致结婚率下降或者婚后的债务压力，甚至会导致新组建家庭因婚姻债务而陷入贫困生活当中。

纵向来看，婚俗的演变也是时代发展使然。生产工具的不断升级，决定了步行迎亲、抬轿迎亲、手推独轮车迎亲、骑马迎亲、骑摩托车迎亲等方式退出了历史舞台。每个时代的生活方式都会因生产力的发展变化而升级，也会留存一些旧习俗。

就拿酒宴来说，城市的婚礼往往在酒店举办，由婚庆公司策划；传统的农村婚礼则由村民自己张罗，靠人情往来维系，即今天你家有喜事，我去帮忙，明天我家有喜事，你来帮忙，谁都不会轻易破坏这种规则。概而言之，这是乡村社会的互惠性家庭工作。杜村的这种互惠性婚姻劳动实践诠释了人情社会的办事规则。翟学伟说，中国社会是一个讲人情面子的社会，情理社会的人虽不直接追求利益的最大化，但其过程的委婉和迂回可能使人情的施与者获得的利益比预想结果更大。① 值得注意的是，处理好人情面子也是优化婚姻支付结构的重要方式。处理不当也会增加经济负担，甚至因为高额债务导致刚组建的家庭陷入困窘的生活。在调查过程中，本团队也发现杜村的少部分家庭在县城摆酒，尽管乡村有红白理事会，但是它的约束性较弱，婚礼又属于私域事务，难以进行过度的干预。

（二）杜村男性婚姻消费构成

如前所述，婚姻消费又称“婚姻支付”，指婚姻缔结过程中现金形式和实物形式的投入。② 在婚姻缔结过程中，即从说媒到完婚的整个婚姻流程中，男女双方家庭都有各种形式的经济投入，其中男方家庭在婚姻缔结过程中产生的支出被称为“男性婚姻消费”。在本书的研究中，没有将房子列入男性婚姻消费清单中。在研究中，笔者采访了32位村民，通过“拉家常”式的交谈了解到杜村当地婚姻消费的内容和不同历史阶段的特点，再总结出杜村男性的婚姻消费清单，见表2.1。

表2.1 杜村男性的婚姻消费清单

序号	流程	开支项目	消费清单
1	说媒	无	无
2	见家长	见面礼物	烟、酒等，因人而异
3	拿“见面礼”	“爱情包”和六种礼品	爱情包：800元、2 000元、10 000元……不同数目； 六种礼品：糖果、桂圆、红枣、肉、鸡蛋和一种食品

① 翟学伟. 人情、面子与权力的再生产[M]. 北京：北京大学出版社，2005：211.
② 李银河. 当代中国人的择偶标准[J]. 中国社会科学，1989(4)：61－74.

续 表

序号	流程	开支项目	消 费 清 单
4	定亲	礼金、礼品	礼金：8 000、10 000、80 000、100 000……不同数目； 礼品：喜糖、肉类、酒水、生活用品(洗漱用品)等
5	送节	礼品、现金	节日性礼品：粽子、月饼、烟、酒等； 现金：数目因人而异
6	过礼	喜饼、聘礼、彩礼	喜饼：3 600 个小喜饼和 4 个大喜饼； 聘礼：新娘的婚服、新鞋及“五金”(当下，男方将婚服、新鞋折现给到女方家) 彩礼：数目因人而异(拿出大部分在过礼当天给到女方父母)
7	摆酒	彩礼、婚宴开支	彩礼：几万到几十万不等； 酒宴开支：现金(两家若距离近，男方家会送酒宴上用的酒、肉、菜)

资料来源：根据访谈资料整理。

根据访谈可知，彩礼是男性婚姻消费中最大的经济投入。彩礼，是聘娶婚制的产物，起源于西周。《礼记》有云，西周结婚要“六礼”，纳采、问名、纳吉、纳征、请期和亲迎，其中的“纳征”演化为当下的“彩礼”。在我国古代，“男女无媒不交，无帛不相见”。“帛”是指古代的丝织物，象征彩礼，是婚姻中男方家庭的消费。“征，成也，纳此则昏礼成，故云‘征’也。”男方家为了表求亲诚意而向女方家送财物，若是女方家收下财物则表示订婚完成。[①] 可见，整个过程具有一定程度的协商精神。

历史上，国家曾多次对彩礼进行规范。我国第一部正式的民法典《中华民国民法》，明文规定“订婚仪式须有媒妁之婚书或收受聘财方为有效”。到了后来，收受彩礼被视为“买卖婚姻”的手段，彩礼在法律上被明文予以废

① 李霞．民间习俗中的彩礼及其演变[J]．民俗研究，2008(3)：253.

止。自《中华人民共和国婚姻法》出台,“彩礼”正式在国家法中消失,自此,彩礼演变成了一种民间习俗。

赣东北地区一直传承着彩礼这一习俗,即便在被国家强力废止的几十年内,彩礼仍然存在。从旧社会演变至今,彩礼的形式、实质内容都发生了很大的变化。但通常情况下,彩礼第一次发生在“过礼”时,以聘礼的形式出现,用于置办新娘婚服;另一次发生在“摆酒”时,以“压箱钱”的形式出现在新组建家庭中。杰克·古迪曾说,彩礼相当于“间接嫁妆”,从男方家流出去,最后再回到男方家。也就是说,在这个过程中,彩礼本身带有互惠性资金的流动属性。不同的是,杜村的彩礼最终流向年轻男女新组建的“小家”。这样,彩礼又具备了代际关系属性,意味着长辈对新组建家庭的资助。

目前,“五金”也是男性婚姻消费中的重要经济支出,“五金”包括金戒指、金项链、金耳环、金手镯、金脚链。在杜村的传统婚俗中,金戒指、金项链和金耳环是必不可少的聘礼,过礼环节中男方需要赠送给女方这些首饰。根据当地文化,女人戴金是有身份的象征,用村民的话讲,是“一件有面子的事情”。但是,对贫困家庭而言,订制“五金”所带来的经济压力也不小。据此而言,通过移风易俗来解决相关问题,对于反贫困的确具有重要价值。

笔者从与村民的交谈过程中了解了一些婚俗概念,如“查家室”“裁鞋样”和“裁衣裳”等具有浓厚地方性文化色彩的词语。在《现代汉语词典》里,“家室”有房室、住宅的含义。① “查家室”指检查新婚住宅里缺什么物件,然

① 中国社会科学院语言研究所词典编辑室. 现代汉语词典[Z]. 5 版. 北京:商务印书馆,2005:654.

后置办，包括家具、电器、日常物品等；“裁鞋样”是指为新娘置办新鞋；“裁衣裳”是指为新娘置办婚服。由于旧时置办衣服需要找裁缝定做，穿新鞋需要纳鞋底、裁鞋面，所以置办这些物什用“裁”一字。这些习俗能够反映经济产业结构的变迁，反映乡村社会生计方式的变化。以往，裁缝是手工业的重要领域。随着服饰业的发展，人们不再选择手工剪裁了，而是直接从市场当中选购。电子商务时代的到来，则使得年轻人更愿意在一起讨论后在网络上选购。从审美角度来说，价值取向具有一定的延续性。以往绣在鞋垫上的并蒂莲等花样的喻义被转化为情侣概念，如情侣装等。

事实上，上述概念的内涵与外延随不同的时代也发生了变化。访谈中，年过 60 岁（在改革开放以前结婚）的受访村民表示，“过礼”时的聘礼包括“查家室”“裁鞋样”和“裁衣裳”；不足 60 岁（在改革开放以后结婚）的受访村民，尤其是 50 多岁的村民反映，聘礼中增加了一项——首饰。自 20 世纪 90 年代以来，首饰成了聘礼中必不可少的一项，只有极少数家庭不给新娘置办首饰。选购首饰往往成为时尚品消费的一部分。这样，消费社会的压力也逐步成为贫困家庭择偶的现实挑战。

20～30 岁的年轻人对婚姻流程和彩礼内容的认识非常模糊。有人认为“过礼”时的聘礼内容是“3X”，即“查家室”“裁鞋样”和“裁衣裳”；也有人认为是“4Y”，即在“3X”的基础上增加首饰；还有人说是“5Z”，即在“4Y”的基础上增加酒水开支……可见，随着物质生活丰裕和村民经济水平提高，婚姻消费也在不断升级。

另外，从字面上来看，“见面礼物”与“见面礼”两个词容易混淆。“见面礼物”是男方首次拜访女方父母时带的礼物，而“见面礼”是男方为通过女方家庭考察而送给女方家的礼物，包括“爱情包”和六种礼品。“见面礼物”发生在“见家长”环节，“见面礼”发生在拿“见面礼”环节。

三、杜村男性婚姻消费的历史演变

婚姻消费是指婚姻缔结过程中现金形式和实物形式的投入。① 在本书中，尚没有将住房列入男性婚姻消费清单中。但事实上，人们在结婚时已经考虑了购房因素。因婚购房也成为所谓的刚需之一。这一因素进一步挤压了贫困家庭男性的择偶空间。

彩礼是婚姻消费内容之一，可作为男性婚姻消费历史研究的切入点。通过对彩礼金额以及为结婚而置办的物品进行纵向分析，我们可以了解不同阶段杜村的经济水平、消费能力。彩礼映射出消费水平对婚俗文化的影响，市场经济对乡村社会结构的冲击，以及社会结构变迁对杜村村民思想观念的影响。本部分将根据对 32 位村民的访谈记录，描述杜村男性从计划经济解体到改革开放 40 年来婚姻消费的演变历程。

（一）集体化时期杜村男性的婚姻消费

鉴于集体化时期的婚姻同质化程度很高，访员只选取了 5 位老人作为访谈对象，其中 4 位来自杜村，1 位来自李村②。这里的资料来源以杜村村民的访谈为主体，李村村民的访谈资料作为参照，通过对比分析和总结，我们整理出集体化时期杜村男性整体婚姻消费水平的基本情况。访谈在 2016 年 6 月初进行，表 2.2 是根据访谈记录整理出来的消费清单。

① 李银河. 当代中国人的择偶标准[J]. 中国社会科学，1989(4)：61 - 74.
② 李村是杜村的邻村，步行距离 10 分钟左右。

表 2.2　集体化时期杜村男性的婚姻消费清单

序号	姓名	性别	结婚年份/年	职业	收入/元	家庭住址	彩礼/元	结婚物品	
								男方置办	女方置办(嫁妆)
1	HQ	男	1969	铁匠	385	杜村	200	木床(1)、八仙桌(1)	木箱(2)、脸盆(1)、脚盆(1)、衣裳(若干套)、被子(1)、蚊帐(1)
2	YB	男	1971	会计	350	李村	300	木床(1)、八仙桌(1)、办公桌(1)	木箱(2)、托橱(1)、脸盆(1)、脚盆(1)、衣裳(若干套)、被子(1)、蚊帐(1)
3	WF	男	1972	木匠	321	杜村	200	木床(1)、办公桌(1)、托橱(1)	木箱(1)、脸盆(1)、脚盆(1)、衣裳(若干套)、被子(2)、蚊帐(1)
4	PZ	女	1977	社员	180	杜村	200	木床(1)、托橱(1)	木箱(2)、八仙桌(1)、脸盆(1)、脚盆(1)、收音机(1)、衣裳(若干套)、被子(2)、蚊帐(1)
5	HF	男	1977	社员	300	杜村	200	木床(1)、八仙桌(1)、托橱(1)	木箱(2)、脸盆(1)、脚盆(1)、收音机(1)、衣裳(若干套)、被子(2)、蚊帐(1)

资料来源：根据访谈资料整理。

表 2.2 清晰地表明，乡村社会对于男方、女方的经济责任分割得非常清晰。同时，从物品来看，也主要以日常生活用品为主。这些物品多与传统手工业有关。在集体化时期，杜村生产力低下，物质贫乏，村民生活水平低，连温饱都是个问题。据访谈对象说，清单中出现的收音机已经是奢侈品了。访谈对象说，反贫困还是需要好的政策，好的政策可以让乡村整体上脱贫。

访谈还表明，即便在集体经济时期，村民的金融意识也是很浓厚的，经济理性一直存在。村民说，那时的一元人民币至少相当于今天的一百元。村民的经济来源是农业生产，老少劳动力都要到田地里干活。这一时期，第一部婚姻法已出台，“包办婚姻”丧失了合法性基础，封建家长制开始动摇，年轻人的婚姻自主权逐渐受到保护。

经济理性还表现在村民对于职业状况的评价上。拥有一门手艺的村民，如木匠、铁匠、石匠，是最受欢迎的群体，因为他们的经济收入在村里最高。所以，在杜村，学习一门手艺是安身立命的关键选择。根据访谈记录，木匠平均每天有 1 元收入，铁匠平均每天有 1.2～1.3 元收入。访谈对象 1 和 3 的陈述反映了这种情况。

访谈对象 1

HQ，一名老铁匠，已结婚 37 年，是杜村里最早富起来的人，靠着手艺在三十年前轻松地盖起了一栋楼。他与妻子通过说媒认识，结婚时给了女方家 200 元彩礼，还包括置办家具（木匠手工制作）、新衣（裁缝裁制）、酒宴。

那一时期，女性社会地位虽然低，但是婚姻自主权明显增强。“女子婚嫁酒，一般包（红包）1.5 元；男子婚娶酒，一般包 2 元或 2.5 元，”HQ 说道，“结婚都要到镇上打证（登记结婚、领证）。以前我们去镇上领证，有一名女子是被家里逼迫的，最后没给登记。”

访谈对象 2

YB，李村（杜村邻村）人，已结婚 35 年。YB 是会计，结婚彩礼数额达到了300元，是那个年代最多的。笔者询问了杜村和李村的多位村民后了解到，生产队时期李村比杜村“红火”，即土地产量更多，相对而言分成也更多。此外，YB是会计兼农民，挣工分的同时还可以领到薪水。

访谈对象3

WF，一名木匠，已结婚34年。在村民眼里，WF是个“智者”，会做木工，会“看日子”①，会谈天说地，而且记忆力非常好，社会声望高。但是，WF的婚姻消费水平与HQ相当，也是200元左右。

经历过艰苦岁月的WF，流露出对当下生活的满足：“集体时代不允许搞副业，连卖鸡蛋都不行。那时烟贩子卖包烟都要偷偷摸摸的，牛贩子也不敢养牛。哪像现在，还可以做生意，那时大家身上都没钱，人的肚子都饿空了，觉得什么都好吃，地里的红薯和萝卜都是个宝！”

“我结婚时摆了八桌酒，每桌有六个菜，包括青菜、豆干、猪肉等，都是一些家常菜。办喜酒时我家买了五六十斤猪肉，打了八斤白酒。那时的肉价是七毛二一斤，后来更便宜，一斤只要五毛钱。”他停顿了片刻，“跟今天的人比不了，现在大家吃肉都吃腻了，我们那时一个月才能吃上一次肉。”

集体化时期的生活很艰难，200元对于普通村民来说是个高昂的金额。在这一阶段，货币短缺、物价低，婚宴简单朴素，陪嫁品一般只有衣物和木制家具。直到20世纪70年代后期，新婚物品中才出现了简单的电器——收音机。若是谁家有收音机，那一定是非常有面子、非常风光的事情。

① “看日子”是指挑选吉日，乡下人办婚丧嫁娶等事情都要“看日子”。

访谈对象 4

PZ，女性，嫁到杜村 29 年。她的陪嫁品中有一台收音机。这台收音机是“红星牌”的，价格 40 元，要到镇里的供销社购买，据说当时杜村一共才 3 台。

“红星牌”电子管收音机在 1958 年投放市场，最早出现在上海、北京等大城市，随着商品的流通逐渐进入农村市场。20 世纪 70 年代后期，收音机才流入杜村市场，而且限量。可见，物质消费本身也反映了市场空间扩张的梯度性。

清单还显示，集体化时期杜村村民的婚姻消费水平和消费类型具有高度一致性。1969—1977 年，杜村的彩礼数额一直维持在 200 元左右。那一时期，男方到女方家接亲都是步行，因为没有现代化的陆地交通工具，连一辆自行车都没有。

由此可知，集体化时期的彩礼数额受制于当地的经济水平，它与个体村民的收入水平有关，更与集体收入有关。手工业者的收入虽然比普通社员高，但他们的年收入均为 300～400 元，相对而言比较平均。典型的是，访谈对象 4 PZ 与访谈对象 5 HF 的情况相似。另外，彩礼数额与男性的年收入往往持平。在村民收入差距不大的前提下，贫富状况对于亲密关系的冲击相对较小。由于就业空间较小，婚姻消费空间也很小，家庭关系仍然以熟人社会为特征。同时，值得注意的是，即便在生产队体制下村民的收入来源非常单一，但也并非所有渠道都被堵上了。比如 YB，一方面其基层体制内的收入来源于兼职，另一方面是除挣工分之外，他还有家庭内部劳动所得。但是，改革开放之后，人们的就业空间迅速扩大，经济收入差距随之增大。这样，亲密关系开始遭遇新情况、新挑战。也就是说，亲密关系必须面对更大尺度空间中的不确定性。

（二）改革开放后杜村男性的婚姻消费

改革开放后，杜村男性婚姻消费更加多样，相应的诉求也更为复杂。张翼将改革开放后的现代化阶段分为社会经济市场化初步发展阶段（1978—1991 年）和市场化与现代化深入发展阶段（1992 年至今）。[①] 借鉴这一划分法，本书将 1992 年作为改革开放初期与改革开放深化期的分界点。

1. 改革开放初期杜村男性的婚姻消费

改革开放初期，农村经济体制发生了根本性变革。人民公社逐步废除，家庭联产承包责任制开始实行，农民又回归了以家庭为单位的生产经营模式。这一回归使得家庭及其亲密关系的建构与优化受生产性空间的影响较大。访员选取了 5 位村民作为访谈对象，其婚姻消费情况见表 2.3。

表 2.3　改革开放初期杜村的婚姻消费清单

序号	姓名	性别	结婚年份/年	学历	职业	家庭住址	彩礼/元	结婚物品	
								男方置办	女方置办（嫁妆）
6	WT	男	1979	小学	务农	杜村	300	木床（1）、托橱（1）	木箱（2）、收音机（1）、衣服（8 套）、被子（1）、蚊帐（1）
7	WG	男	1983	高中	乡村医生	杜村	1 800	木床（1）、托橱（1）、首饰（金耳环）	木箱（2）、办公桌（1）、自行车（1）、收音机（1）、手表（1）、衣裳（若干套）、被子（2）、蚊帐（1）

① 张翼. 中国阶层内婚制的延续[J]. 中国人口科学，2003(4)：45.

续　表

序号	姓名	性别	结婚年份/年	学历	职业	家庭住址	彩礼/元	结婚物品	
								男方置办	女方置办(嫁妆)
8	WH	男	1986	师专	教师	杜村	1 800	被子(2)、蚊帐(1)	黑白电视机(1)、自行车(1)
9	NR	男	1988	初中	经商	杜村	2 400	木床(1)、八仙桌(1)、托橱(1)、挂橱(1)、书橱(1)、自行车(1)	收音机(1)、木箱(2)、银橱①(1)、办公桌(1)、衣裳(若干套)、被子(2)、蚊帐(1)
10	HF	男	1989	初中	务工	李村	3 000	木床(1)、托橱(1)、首饰(金耳环)	木箱(2)、办公桌(1)、自行车(1)、衣裳(若干套)、被子(2)、蚊帐(1)

资料来源：根据访谈资料整理。

表 2.3 表明，无论是男方还是女方，他们置办的结婚物品都比改革开放时期要求更高。这表明，国家经济体制的变化从整体上使得人民群众逐步走向富裕。回顾起来，按劳分配的经营体制激发了农民的生产积极性，促进了全国各地农业经济的增长。根据国家统计年鉴，1966 年我国农民的人均收入是 106 元，1976 年是 125 元。② 1978 年我国农村居民的人均纯收入是 134 元，1985 年达到了 398 元，翻了将近三番。③ 访谈资料中的彩礼、消费品购置等内容也同样证明了这一点。

---

① 杜村有种说法叫“银橱托箱”，指的是银橱托着木箱，银橱用于放置新鞋，木箱用于放衣物。银橱、挂橱和书橱都是木质家具。

② 国家统计局. 中国统计年鉴- 1993[M]. 北京：中国统计出版社，1993：57.

③ 国家统计局：《光辉的历程 宏伟的篇章——新中国成立 60 周年经济社会发展成就回顾系列报告之一》，图 22 1978—2008 年农村居民人均纯收入. http://www.stats.gov.cn/zt-18555/ztfx/qzxzgcl60zn/202303/t20230301-1920380.html.

访谈对象 6

WT，农民，1979 年成婚。WT 是一位老实本分的庄稼人，从来没有离开过田地去城市打工。WT 的结婚彩礼是 300 元，维持集体化时期末的消费水平。WT 与妻子育有一儿一女，儿女均已成婚，他的儿子也是本书的访谈对象 NG(序号 20)。

访谈对象 7

WG，一名乡村医生，1983 年成婚，幼年时因腿疾落下了跛脚的毛病，高中毕业后开始学医。WG 目前是一名执业医生，在杜村拥有自己开办的诊所，以及三栋高楼(三层、已装修)和一辆汽车。WG 也育有一儿一女，均已婚已育。据村民说，他当医生的这些年积累了很多财富，他儿子的儿女都由他养育。最后，WG 的结婚彩礼为 1 800 元，是 WT 彩礼的 6 倍。

访谈对象 8

WH，一名中学教师，1986 年成婚，毕业于上饶师范专科学校，后分配到了家乡中学(初中)执教。根据访谈记录，WH 初执教时的月薪仅有 40 元。WH 的结婚彩礼是 1 800 元，相当于执教后 45 个月的工资，接近四年的薪水。

WH 也育有一儿一女，目前儿子已婚已育，女儿尚未婚配。

访谈对象 9

NR，一名生意人，1988 年成婚。NR 有 1 个大姐、3 个兄弟，在家中排行老二。由于家庭经济条件不允许，NR 中学肄业，20 世纪 80 年代末到城里务工,90 年代初回乡创业,此后一直留在杜村。NR 及其兄弟姐妹 5 人中有 4 人留在杜村,其中老三是唯一因读书而走出农村的人。

NR 的彩礼是 2 400 元,婚后与妻子育有 2 女 1 子,NR 的大女儿已婚,小女儿和儿子尚未婚配。

整体来看,村民们的职业结构更加多样了,其活动空间更加宽广。将上述杜村村民的实际收入与国家统计数据进行对比分析后可发现:第一,杜村村民的收入水平高于全国农民收入的平均水平;第二,改革开放后的前五年,农民收入实现了大幅增长。这也解释了为何短短 4 年内 WG 的彩礼增至 WT 的 6 倍。同时,访谈资料也表明,彼时的家庭多是多子女家庭。多子女家庭在彩礼支付方面往往更为复杂,此不详论。

值得注意的是,彩礼数额并非与职业收入完全成正比。访谈对象 9 的收入源自经商,但是其彩礼金额为 2 400 元,比访谈对象 10 的彩礼金额低了 600 元,而访谈对象 10 一直在家务工。

20 世纪 80 年代中后期,彩礼数额在增加,但增长幅度却呈现下降趋势。这一时期,第二产业经济开始飞速增长,受工业发展与农业贫困化的双重影响,农村劳动力开始涌向城市,杜村随之兴起打工经济。与此同时,一小部分人开始自己创业。表 2.3 中的 NR 是杜村最早的创业者之一,他赶上了民工潮,曾随务工群体涌入城市,但几年后又回到了杜村。回乡后的 NR 开始经商,经历了多次失败后才成功。几年后,随着商业经济的快速发展,杜村村民的经济收入出现了分化,集体化时期的平均主义彻底成为历史。

从结婚物品来看,20 世纪 70 年代末 80 年代初,杜村的婚姻市场上出现了收音机和手表,20 世纪 80 年代中后期又增加了自行车、家具。据村民介绍,自行车是杜村 20 世纪 80 年代的时尚风向标。

WG 说:“自行车是 20 世纪 80 年代最流行、最时髦的物件,在镇里才能买到。一辆永久牌自行车要 300 多元。”

NR 说:“在我那个年代,拥有一辆自行车是很多年轻人的追求,手表、收音机都替代不了。”

与集体化时期相比,改革开放后杜村的耐用消费品数量和种类都在增加,村民的消费不断升级。此外,对比分析表 2.2 和表 2.3 可知,改革开放前,杜村的彩礼数额仅相当于村民 1 年的收入,而改革开放后杜村的彩礼数额相当于村民 4 年左右的收入,杜村彩礼数额的增速远快于村民收入的增速。值得注意的是,彩礼和结婚物品的购置与生产的经济技术水平存在关联性,并和一定时期的消费时尚结合在一起。从某种程度上来看,彩礼数额的升高是一种消费升级的反映。因此,从彩礼的角度思考移风易俗与反贫困策略选择时,需要更为宏大的视角。

2. 改革开放深化期杜村男性的婚姻消费

随着市场经济深化改革期的到来,我国逐渐从物质短缺年代过渡到物质丰裕年代,农村经济水平提高,村民收入增加,物质生活也发生了极大改善。与此同时,收入差距也在逐渐扩大。据报道,2007 年全国农民人均纯收入增长 9.5%,是 1985 年以来增幅最高的一年,但同期城乡居民收入差距扩大至 3.33∶1,是改革开放以来差距最大的一年。

在改革开放深化期这一阶段，收入分配快速分化，杜村村民的贫富差距可通过婚姻消费能力展现，其表征形式主要是彩礼金额以及房子。自改革开放深化期以来，杜村开始出现了一种新的婚姻现象——男性婚姻消费内容中增加了新房，表2.4中的SZ于20世纪90年代末成婚，婚前配置了新房，这在当时属于凤毛麟角类型的。

表2.4　1992—2007年杜村男性的婚姻消费清单

序号	姓名	性别	结婚年份/年	学历	职业	家庭住址	彩礼/元	结婚物品	
								男方置办	女方置办(嫁妆)
11	TG	男	1992	小学	农民工	杜村	1.2万	床(1)、办公桌(1)、耳环(1)、手镯(2)	彩电(1)、冰箱(1)、木箱(2)、木桌(1)、电视柜(1)、挂橱(1)、衣裳被褥(若干)
12	NL	男	1995	初中	石匠	杜村	2万	床(1)、办公桌(1)、银橱(1)、戒指(2)、项链(2)	电扇(1)、彩电(1)、组合家具(1)、八仙桌(1)、木箱(1)、皮箱(2)、收录机(1)、梳妆台(1)、藤椅(2)、自行车(1)、衣裳被褥(若干)
13	SZ	男	1999	高中	医师	杜村	3万	床(1)、办公桌(1)、电视柜(1)、戒指(2)、耳环(1)、项链(2)	彩电(1)、洗衣机(1)、冰箱(1)、DVD(1)、音响(1)、摩托车(1)、组合家具(1)、衣裳被褥(若干)
14	TB	男	2003	初中	电信员	杜村	6万	戒指(2)、项链(2)	彩电(1)、冰箱(1)、VCD(1)、摩托车(1)

资料来源：根据访谈资料整理。

从以下访谈资料中可以发现，即便是传统职业，也和改革开放后的城乡经济社会结构紧密相关。不同的职业，收入状况不同，彩礼数额也不同。

访谈对象 11

TG，一位农民工，小学毕业，于 1992 年成婚，目前离异单身，没有子女。TG 是千万名涌入沿海城市的农民工中的一员，曾进入城市的建筑队、砖瓦厂，修铁路、修公路，在城市里干了 10 年左右。2010 年返乡，目前以务农、打散工为生。

据访谈记录，TG 的结婚彩礼是 1.2 万元，是 NR 彩礼的 5 倍。

访谈对象 12

NL，表 2.3 中 NR 的弟弟，排行老幺，是一名石匠。NL 于 1995 年成婚，结婚彩礼为 2 万元左右。目前 NL 与妻子育有两子，大儿子子承父业，处于石匠学徒期；小儿子尚在求学。NL 做了多年石匠，凭借手艺、力气和勤奋的态度跻身杜村经济水平前列的家庭，目前已建成两栋三层楼房，拥有一辆小汽车。

访谈对象 13

SZ，一名医师，他子承父业，在杜村经营一家药店。SZ 于 1999 年成婚，彩礼为 3 万元左右，目前育有一子一女，尚在求学阶段。SZ 是杜村典型的"富二代"，其父亲是远近闻名的中医，据说专治各种疑难杂症，在杜村积攒了良好口碑。

SZ一直帮父亲打理药店，不曾到城里务工，相对于同龄的年轻人而言生活较顺遂。

访谈对象14

TB，一名电信员，于2003年成婚，他的结婚彩礼约为6万元。

从表2.4中可以看到，杜村的结婚彩礼数额一直在上涨，彩礼数额从1992年的1.2万元涨到2003年的6万元，10余年间，彩礼数额整整上涨至5倍。这一阶段，彩礼已经成为农村男性的沉重经济负担。TG在受访时说道："结婚前，我在矿上做工，每个月的工资只有300元。一年下来，最多能挣2 000元。女方家开口要15 000块，那时根本拿不出这么多钱。说好了拿12 000块，后来七拼八凑地借了10 000块，又到我爹那儿拿了几千块，最后才凑齐。"

1.2万元的彩礼数额相当于TG婚前6年的收入，而且这还不包括购买首饰和婚宴的开支。据TG说，首饰包括耳环和手镯，一共花了5 000块。倘若加上这两项开支，那么TG的结婚花费在2万元左右。

在表2.4中的四位受访对象中，除了SZ，其他三位男性娶妻时都存在借款现象。以下是NL在受访时的谈话内容：

"我结婚时花了两三万，彩礼一万六，'查家室''裁鞋样''裁衣服'和购买物什开支各四千；首饰是我母亲买的，花了六千块，酒水费还得另算。这一水平在当时是很高的……结婚前我给人做铁门，除掉吃喝一年能攒下四千块，但是只做了一年，之前也没正经的事做。我有三个哥哥，到我结婚时家里不仅没钱还欠了债。为了我结婚，我家东拼西凑借了一万多块。”

从与 TG 和 NL 的谈话内容中可知，婚姻消费已经成为杜村男性的一项重大经济负担。结合表 2.4 的数据，NL 的婚姻消费为 2 万多元，相当于其 6 年的劳动积蓄。杜村男性彩礼数额之高导致娶妻借款成为当地的普遍现象。可见，减轻农民负担，建立反贫困防火墙，需要在正确合理地看待彩礼的合理性、合情性的同时，进一步看到宏观经济社会发展与对家风的理解之间的关联性。比如消费升级背后往往和提前消费、面子消费紧密结合在一起。从表 2.4 中的结婚物品来看，自 21 世纪初以来，杜村的消费品继续升级，其中摩托车取代了自行车，已成为那一年代的时尚标志；彩电、音响、DVD 等耐用电器取代了收音机和手表，成为村民的结婚必需品。由此，“新三件”逐渐取代“老三件”，成为杜村村民婚姻消费的标志。就实际消费能力而言，和城市相比，乡村社会相对而言较为滞后，但是从乡村社会消费的演化角度来看，乡村社会的确存在着提前消费现象。

这一阶段，村民由请木匠、裁缝等手工业者定做家具和婚服，转而到商店购买，这也反映了传统工匠逐渐退出历史舞台，机械化大生产的时代正在快速到来。

四、杜村男性婚姻消费的现状

（一）“天价彩礼”现象

近 10 年来，杜村的彩礼费用一路飞涨。表 2.5 显示，2008 年杜村彩礼数额是 8 万元，到 2016 年彩礼数额涨到了 50 万元，整整涨至 6 倍多，可见“天价彩礼”所言非虚。天价彩礼往往折射出经济结构的发展状况。为了调查清楚彩礼与经济结构的关联性，我们特意调查了H镇结婚物品的选择情况。在结婚物品的调查中，访员发现，双方的责任划分非常清晰。因此，在结婚物品一栏，可以从男方置办和女方置办的物品中进行更为深入的观察。这种划分同样表明，在家庭组建过程中人们纳入了一种基本的契约关系。这种契约关系的建构往往充满着非常复杂、激动的策略选择。可见，牵涉到彩礼的物品购置分工表明，性别交往并不只是简单的逻辑组合，也并不只是情感的温馨展现，而是非常微妙的复杂系统。

表 2.5　2008—2016 年杜村男性的婚姻消费清单

序号	姓名	性别	结婚年份/年	学历	职业	家庭住址	彩礼/元	结婚物品	
								男方置办	女方置办(嫁妆)
15	ZC	男	2008	小学	务工	杜村	8万	戒指(2)、项链(1)、冰箱(1)、摩托车(1)	衣物被褥(若干)、家具
16	GX	男	2009	初中	务工	杜村	0.8万	冰箱(1)、彩电(1)、耳环(1)、项链(1)	衣物被褥(若干)、沙发(2)
17	HQ	女	2010	中专	代购	杜村	12万	床(1)、办公桌(1)	洗衣机(1)、彩电(1)、冰箱(1)、空调(1)、EVD(1)、大圆桌(1)、组合家具(1)、耳环(1)、手镯(2)、衣物被褥(若干)
18	MD	女	2013	初中		杜村	8.8万	家具	项链(2)、洗衣机(1)、彩电(1)、饮水机(1)、大圆桌(1)、沙发(2)、摩托车(1)、皮箱(2)、衣物被褥(若干)

续　表

序号	姓名	性别	结婚年份/年	学历	职业	家庭住址	彩礼/元	结婚物品	
								男方置办	女方置办(嫁妆)
19	ZM	男	2016	初中		杜村	50万		
20	NG	男	2016	初中	在外务工	杜村	15万	彩电(1)、冰箱(1)、组合衣柜(1)、床(1)、沙发(2)	"三金"、衣物被褥(若干)
21	LD	男	2013	初中	短工	杜村	8万	金饰、衣物被褥(若干)	无
22	NC	男	2013			杜村			
23	ZB	男	2015	初中	短工	杜村	17万	金饰、衣物被褥(若干)	无

资料来源：根据访谈资料整理。

其实，天价彩礼现象在整个H镇非常普遍。同一时期，H镇其他村落的彩礼数额也不断攀升，2010年后平均彩礼数额达到了20余万元。婚姻消费已经成为杜村男性不可承受的经济负担。

相比彩礼，婚房是一项更为巨大的经济支出。随着住房货币化观念的深入，尤其是随着住房与包括教育、医疗等资源联系在一起时，婚房已经被普遍视为婚姻消费的最重要的支出。受城市化进程的影响，受经济发展空间的梯度推进影响，杜村青年对婚房的要求往往以城市住房或者江浙地区的独栋"小洋楼"为标准。甚至，杜村青年认为，是否真正摆脱了贫困，应该以"住房自由"为标准。笔者的走访验证了这种消费观念和对贫困的理解角度。近10年来，在杜村内落地的婚房，每栋都堪比城里的别墅。这些村民的自建房，统一为3～4个楼层，占地面积为100～130平方米，独门独院，宽敞舒适，漂亮气派。据了解，不包括装修，毛坯房①的造价为 15 万～20 万元。普普通通装修一次，至少得 30 万元。除了装修婚房，结婚时还得配备彩电、冰箱、洗衣机等耐用电器。实际调查表明，少数人结婚时能提供一栋婚房和 10 余万彩礼，多数人使用彩礼作为婚后建房的资金来源。如果要超前消费，必然会带来新组建家庭陷入债务危机的问题；或者必然需要亲密关系网络的支持，其中父母、兄弟、亲属的支持起着关键性作用。这些消费甚至需要以耗尽家庭多年积累的财富为代价。访谈对象的陈述能够验证这些情况的存在。

访谈对象 15

ZC，2008 年成婚，妻子也是杜村本地人，两人通过说媒而成，目前育有一子一女。两人结婚的彩礼是 8 万元，结婚物品主要由男方家置办，包括“三金”和冰箱、摩托车等，女方家只置办了若干衣物和一些被褥。目前他们一家居住的房子于两年前装修完毕，据调查对象说，花费了五六十万元，男方父母既帮工又出钱。

ZC 的文化程度为小学，平日在工地上给人扛水泥包；ZC 的妻子中专毕业，做过微商、家政等工作。ZC 有一个弟弟，是表 2.5 中的 ZB，他们的父母均是普通农民，在当地有能干勤奋的好口碑。

访谈对象 16

GX，2009 年成婚，妻子是江西宜春农村的女子，两人在城里务工时相识

① 即砖混结构的三层楼房。

相恋，进入婚姻，目前育有一子。GX的彩礼是同一时期最少的，只有0.8万元，两人结婚时男方家的新房处于在建中。两人的新婚物品主要由GX家提供，包括“三金”、彩电、冰箱等，女方家只陪嫁了若干衣物被褥和两个沙发。

GX妻子的父母最初反对这桩婚事，因为男方家距离女方家较远而且经济条件不好，后来因为女儿的坚持和对GX比较满意，所以同意了这桩婚事。

访谈对象17

HQ，2010年成婚，嫁给了与杜村相邻的L村的一名男子，两人通过说媒而成，目前育有一子一女。两人的结婚彩礼是12万元，结婚物品包括“三金”、洗衣机、彩电、冰箱、空调等，是由女方父母使用彩礼钱置办的，另外还陪嫁了两床被褥。两人结婚时男方没有提供婚房，而是婚后自建。

访谈对象18

MD，2013年成婚，嫁给了与杜村相邻的Y村的一名男子，两人通过说媒而成，目前育有一女。两人的结婚彩礼是8.8万元。与前面几位访谈对象不同的是，MD的结婚物品是女方父母自费置办的，包括“三金”、洗衣机、彩电、摩托车等。据了解，这些陪嫁品折合现金三四万元。

访谈对象20

NG，2016年成婚，其妻子是NR妻子的侄女，两人通过说媒而成。NG出生于1991年，文化程度为初中，在城市里务工；NG的妻子出生于1988

年，文化程度为大学，做文职工作。两人结婚时，男方家拿出了 15 万元的彩礼，并且提供了一套已经装修好的婚房。

NG 仅有一姐，早在六七年前便已成婚。实际上，NG 的父母只是当地的普通农民，依靠田地种植和牲畜饲养积攒了一些财富。据与 NG 父母的谈话我们了解到，家里之所以能拿出这么多的财产给儿子结婚，全靠毕生积蓄和借债。NG 的父母告诉笔者，他家借债七八万元。

所谓三十年河东，三十年河西。过去杜村村民大多想生儿子，如今为儿子发愁。结婚本是一件喜事，如今却成了男方父母十分忧心的事情。一些父母在访谈中提出，以往是养儿防老，现在则需要防儿啃老、防儿欠债。

"儿子还没结婚的时候，着急为他找对象，四处奔波；找到了对象又开始为没钱而发愁。现在女孩子少，打光棍的人越来越多了。女孩子少了，对男孩的要求就高了，不仅要十几万块的彩礼，还要我们家提供房子。你不给齐这个数，她就是不嫁。你说我们就这么个儿子，以后家里的东西还不都是留给他的，要这么多还不是逼着我们去借。"说完之后，NG 的父亲又叹了口气。

根据上述访谈资料，可得出以下结论：在相亲婚中，男方家庭往往需要支付给女方更多的彩礼数额，而 GX 通过自由恋爱成婚，彩礼数额仅为 0.8 万元，远远低于当地的普遍水平；在相亲婚中，女方父母往往通过说媒将女儿嫁到更近的地方，如 MD、HQ，还有 ZC 的妻子和 NG 的妻子，均嫁到了本村或者杜村所在镇里；对于女性，大龄往往是致命伤，所以才会有 NG 与其妻子的结合；与 2007 年以前相比，现在的结婚物品中增加了沙发、空调、饮水机等物品，大件仍然主要是彩电、冰箱和家具。彩礼数额的上升不仅仅是生活水平、经济技术水平提高的结果，也和消费观念、人口结构紧密相关。当彩礼数额不堪重负时，人们对于通婚圈的空间尺度观念就开始发生变化，跨国婚姻随之出现在乡村社会。

（二）“跨国婚姻”与新娘出逃的现象

上述访谈清晰地表明，近 10 年来，彩礼增长的速度令杜村男性不堪重负，男方父母为了儿子结婚被迫背上了沉重的债务。这样必然带来两个后果：一方面必然导致男性单身时间延长，甚至导致光棍现象的出现；另一方面，必然导致人们不得不拓展择偶的地理空间，跨国婚姻自然会成为选项之一。

访谈对象 21

LD，出生在 1975 年，比他的妻子大 12 岁。结婚前，LD 的父亲已经去世，他和母亲住在老房子里，没有新房，没有新车，平时给人做帮工，收入很低。LD 曾经结过一次婚，但是未满一个月女方就出走了，此后 LD 一直处于单身状态。眼看着快 40 岁了，再不结婚恐怕就永远沦为光棍了，于是他在 2013 年选择娶一位柬埔寨女子作为妻子。

一年前，LD 还被当地人视为要一辈子“打光棍”的人，如今已是儿女双全，令不少单身汉艳羡。在羡慕中，跨国婚姻观念被内化了。

总体来看，杜村的婚姻消费市场反映了社会变迁的轨迹。改革开放后，婚姻消费市场发生了巨大变化，地理通婚圈扩大且具有一定程度的国际化特征。地理通婚圈的扩大对习惯法构成了冲击，对既定的治理模式也构成了冲击。尤其值得注意的是，支付物品的变化、支付价格的变化、职业选择的情况等因素对乡村社会的亲密关系建构具有重要影响。一些物品的支付价格也出现了失范现象。不能不注意到，婚姻消费与贫困的生成、覆盖面及其代际传递存在相关性。如何有效地引导、规范婚姻消费应该成为反贫困工作的题中应有之义。

第二节　谈婚论“价”：消费价格的生成机制

从媒体报道和笔者的田野调查来看，当前农村的高额彩礼已经成为困扰男方家庭的最大经济问题。高额彩礼是如何形成的？为何象征美好幸福的婚姻竟演变成了一种赤裸裸的经济交易？本节将对这两个问题进行详细阐述。

一、人口结构：婚龄人口性别比例失调

在经济学视角下，婚姻本质上就是一种经济交换行为，与市场交换存在诸多相似之处。很多学者在讨论婚姻交换时使用“婚姻市场”的概念，拉曼纳和里德曼(Lamaina & Riedmann)将它界定为婚龄期男性和女性择偶关系的总和，表现为一定时间和空间的婚姻领域内人们对婚姻配偶的供给和需求关系。① 出生人口的性别比失调是适婚群体人口结构失衡的根源。出生人口的性别比直接反映婚姻市场上的人口供需关系。

(一) 出生人口性别比例失调

根据杜村婚俗，年轻人的结婚年龄为20～25岁。一般情况下，文化程度

① 孙炜红，谭远发. 1989—2030年中国人口婚姻挤压研究[J]. 青年研究，2015(5)：78.

较高的年轻人可以适当放宽两岁，男性比女性可以稍晚几年成婚。根据适婚年龄推算，2016年，年龄在20～25岁的年轻人出生在1992—1997年。为了涵盖更多的群体，本书选择了出生在1990—1997年的H镇农村人口，并将这个数据与第五次人口普查的数据进行对比。

1. 第五次人口普查（1991—2000年）的出生人口性别比情况

出生人口性别比是指一个国家在一个阶段内平均每100个出生女性人口所对应的出生男性人口的数量，正常范围为103～107。[①] 自20世纪80年代开始，尤其是20世纪90年代以来，我国的女婴死亡率水平和出生人口性别比持续偏高，这导致了男女性别比例严重失调。

图2.3是我国第五次人口普查中出生人口性别比的变化图，从中可以看出，1991—1999年我国的出生人口性别比一直在增加，1999年达到了峰值，

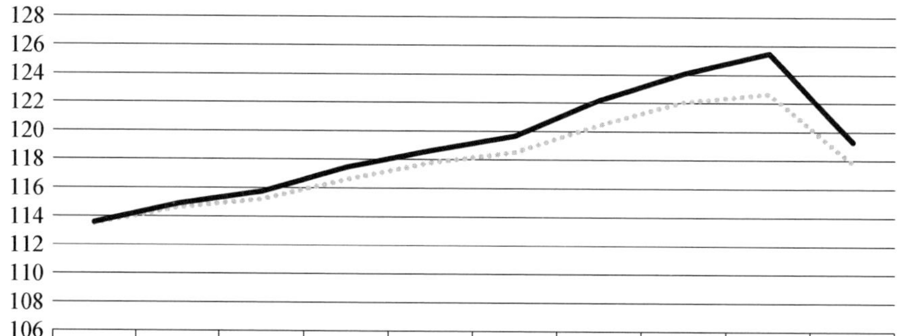

	1991年	1992年	1993年	1994年	1995年	1996年	1997年	1998年	1999年	2000年
全国	113.48	114.61	115.21	116.59	117.77	118.52	120.44	122.07	122.65	117.79
农村	113.58	114.88	115.76	117.45	118.64	119.66	122.20	124.09	125.49	119.30

图2.3 我国出生人口性别比（1991—2000年）

数据来源：国家统计局《中国2000年人口普查资料》中的“全部数据资料”。

① 李树茁，靳小怡，王跃生，等. 中国人口性别结构与社会可持续发展[M]. 北京：社会科学文献出版社，2015：113.

其中农村的出生人口性别比为125.49，也就是说每4个女婴出生，就有5个男婴出生。

图2.3显示，农村的出生人口性别比与全国的平均数值相比一直偏高，而且差距有细微扩大的趋势。经计算，1991—2000年农村出生人口性别比的平均水平是119.12。这个数值相当于10年内每出生119个男婴，就有19个男性处于婚姻剩余状态。根据第五次和第六次的人口普查数据，李树茁计算出1980—2010年的30年间，我国男性的出生数量是2.9亿，女性是2.54亿，女性数量比男性少了大约3 600万。20世纪80年代以后出生的男性中，将有10%～15%的人找不到或不能如期找到配偶。[①] 孙炜红等学者推算，2011—2030年，我国婚姻挤压度会随着时间推移逐年增大，到2030年将达到中度男性婚姻挤压，少数男性将处于终身不婚的状态。[②] "婚姻挤压"是指婚姻市场上适婚男女在同期群中出现的数量不平衡，导致一部分女性或者男性不能按照传统期望或者标准择偶的社会现象。

2. 1990—1997年H镇出生人口性别比情况

图2.4的数据来源于H镇计生委，工作人员在线查询了这几年的数据，并提供给本团队。图2.4显示，1990—1997年，H镇每年出生的男性数量都比女性多，1990年出生人数最多，男性数量是712人，女性数量是626人；1992年出生人数最少，男性数量为473人，女性数量为425人，男女数量差为48，是差额最小的一年。1992年以后，男女出生数量先增加后减少，到1995年达到峰值。与此同时，男女出生数量差额持续扩大，1997年达到了185。

① 李树茁，靳小怡，王跃生，等. 中国人口性别结构与社会可持续发展[M]. 北京：社会科学文献出版社，2015：139.

② 孙炜红，谭远发. 1990—2030年中国人口婚姻挤压研究[J]. 青年研究，2015(5)：78.

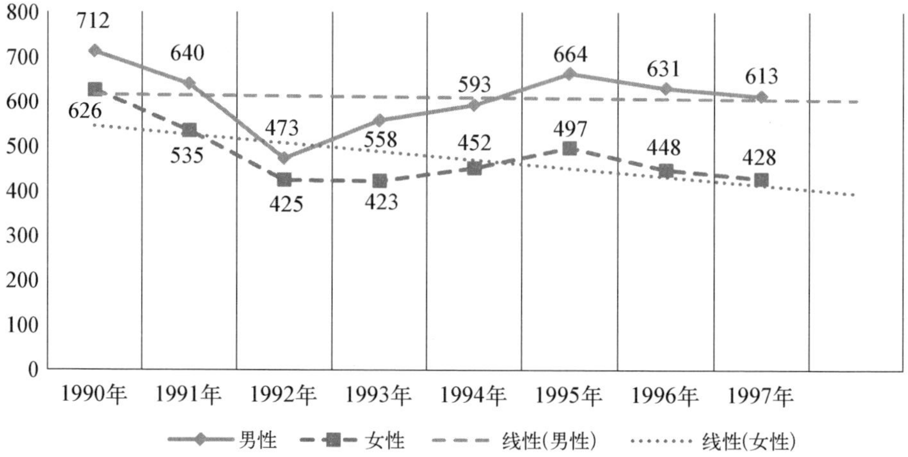

图 2.4　H 镇出生人口数量(1990—1997 年)

数据来源：杜村所在 H 镇的计生委人口统计资料。

经计算，1990—1997 年这 8 年内，H 镇男性出生数量是 4 884 人，女性出生数量是 3 834 人，男性比女性多 1 050 人。也就是说，2016 年 H 镇的婚姻市场上，适婚男性比女性多 1 050 人。

根据图 2.4 的数据，计算出 8 年内 H 镇的出生人口性别比，如图 2.5 所示。图 2.5 显示，H 镇的出生人口性别比呈缓慢上升的趋势，只有 1992 年出现了明显的下降，达到 8 年内最低值，为 111，此后出生人口性别比一直维持在 130 以上。笔者推断，H 镇 1992 年出生人口性别比的下降可能与当地非法鉴定胎儿性别受到严格限制有关。

经计算，1990—1997 年，H 镇平均出生人口性别比为 128.25，远高于第五次人口普查的数据。计生工作在客观上带来了性别结构失衡的问题。可见，大略而言，政策实施过程本身就有一定的衍生性、序列性后果。性别失衡加剧了婚姻市场的竞争烈度，抬高了婚姻消费的成本，对贫困家庭构成了

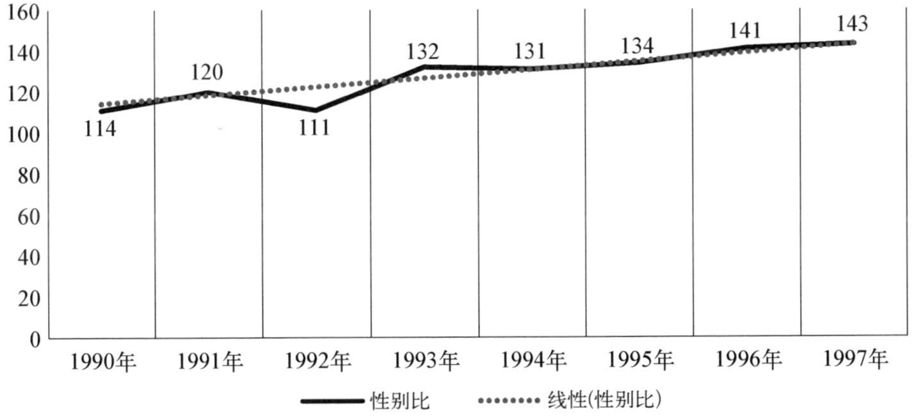

图 2.5　H 镇出生人口性别比(1990—1997 年)

数据来源：杜村所在 H 镇的计生委人口统计资料。

巨大的挤占压力。因此,反贫困社会工作需要面对的一个重要问题是如何深入乡镇社区开展性别教育,使农村社会的性别观念更加合理。

(二) 农村适婚女性大量流失

1. 社会开放性提高,农村居民的择偶范围扩大

费孝通先生曾说"直接靠农业来谋生的人是粘在土地上的",这个"粘"字恰如其分地反映了农民的工作属性——生在土地上,长在土地上。1958年,中央颁布了中华人民共和国成立以来的第一部户籍制度《中华人民共和国户口登记条例》,严格限制向城市流动的农村人口数量。这一制度的实施进一步加剧了农村社会的封闭性,缩小了农村年轻人的择偶范围,尤其是女性的择偶范围。

1982 年,中共中央明确规定"允许农民进城",这一政策推进了城市化进程,加速了农村打工经济的兴起,农村劳动力开始大规模流向城市。大尺度

的地理迁移增加了年轻异性结识的机会，同时也扩大了年轻人的择偶范围。相应地，对于研究者而言，观察亲密关系需要更为广阔的时空视野。表 2.6 是结婚年份与夫妻结识途径的交叉分析表。其中 20 世纪 90 年代以前结婚的受访对象有 23 例，其中父母包办的有 7 例，自主认识的有 4 例；20 世纪 90 年代以后结婚的受访对象有 51 例，其中自主认识的有 27 例，相亲或朋友/同事介绍认识的有 23 例，父母包办的为 0 例。卡方检验显示，变量“结婚年份”与变量“夫妻结识途径”存在显著相关关系。分析结果表明，20 世纪 90 年代以后，自主认识成为年轻男女的主要结缘方式。

表 2.6　结婚年份与夫妻结识途径交叉分析表

结婚年份	自主认识	朋友/同事介绍	相 亲	父母包办	网 络	合 计
1960—1969 年	1	1	3	0	0	5
1970—1979 年	0	3	2	2	0	7
1980—1989 年	3	3	0	5	0	11
1990—1999 年	6	2	2	0	0	10
2000—2009 年	7	1	6	0	0	14
2010—2019 年	14	5	7	0	1	27
合计	31	15	20	7	1	74
卡方值	40.258**					

注：** $P<0.01$。
资料来源：根据问卷调查资料整理。

土地的非集体化政策和中央“允许村民进城”的规定增强了社会的开放性，进而扩大了年轻人的交往圈子。表 2.7 是结婚年份与夫妻出生地关系的交叉分析表。表 2.7 显示，20 世纪 90 年代以前结婚的受访对象有 23 例，其中跨县婚姻、跨市婚姻、跨省婚姻各有 1 例；20 世纪 90 年代以后结婚的受访对象有 51 例，其中跨县婚姻、跨市婚姻一共有 7 例，跨省婚姻有 4 例。可见，20 世纪 90 年代以后年轻异性交往机会的增多促使 H 镇男性的择偶范围扩大。择偶范围的扩大意味着婚姻的稳定性建构需要直面跨区域文化的冲突与融合。跨文化管理成为家庭社会工作赋能实务需要解决的重要议题。

表 2.7　结婚年份与夫妻出生地关系交叉分析表

结婚年份	同村	同乡异村	同县异乡	同市异县	同省异市	异省	异国	合计
1960—1969 年	0	1	3	1	0	0	0	5
1970—1979 年	1	5	1	0	0	0	0	7
1980—1989 年	3	5	1	0	1	1	0	11
1990—1999 年	2	6	1	0	1	0	0	10
2000—2009 年	1	6	3	0	1	3	0	14
2010—2019 年	2	10	7	1	4	1	2	27
合计	9	33	16	2	7	5	2	74
卡方值	30.627**							

注：** $P>0.05$。
资料来源：根据问卷调查资料整理。

另外，表 2.6 显示，2010—2019 年结婚的受访对象中有一位是通过网络认识的。可见，信息时代的到来改变了人与人之间的交往方式，网络平台的开放为年轻人的结识提供了虚拟空间。

如果把在1960—2019年结婚的同市异县、同省异市、异省、异国的受访对象合并统计，则发现共有16例，占21.6%左右。因此，表2.7的数据显示，H镇村民的择偶已呈现出远距离且虚实结合的特征。

2. 外出打工和升学，农村女性大量流失

20世纪90年代开始，农村外出务工的年轻人急剧增加。学者研究发现，1984—1988年，乡镇企业每年吸纳的农村劳动力有1 084万人，而同期外迁的劳动力只有300万人；1989—1995年，乡镇企业平均每年吸纳的劳动力只有593万人。随着城市建筑业、服务业的发展，外出的农民工迅速增加：1993年有5 100万人，1995年达到了8 000万人左右。① 1995年以后，向城市流动的农民工的数量进一步增加，而这些人中不仅包括男性，还包括女性。

李春玲对1998—2012年的《中国统计年鉴》进行分析后发现，最近10年，中国社会中的女性在学校教育中的优势越来越明显。从2009年开始，大学生中的女性所占比例高于男性，达到50.48%，此后女性比例一直在增加，2012年达到了51.35%。② 表2.8是结婚年份与受教育程度的交叉分析表。表2.8显示，调查对象以初中学历者居多，有35例；高中及以上学历的其次，有25例；小学及以下学历的最少，有14例。高中及以上学历的集中在2000年以后结婚的调查对象中，共有20例；在2000年之前结婚的只有5例。卡方检验显示，变量"结婚年份"与"受教育程度"之间存在显著相关关系。由此可推，2000—2019年，农村女性的学历有明显提升。文化程度的提高为女性迁移提供了可能，也提高了女性实现社会流动的概率。

---

① 陆学艺．当代中国社会流动[M]．北京：社会科学文献出版社，2004：350.

② 李春玲．"男孩危机""剩女现象"与"女大学生就业难"：教育领域性别比例逆转带来的社会性挑战[J]．妇女研究论丛，2016(2)：33-39.

表 2.8　结婚年份与受教育程度交叉分析表

结婚年份	从未上过学	小学	初中	高中/中专	大学及以上	合计
1960—1969 年	1	2	1	1	0	5
1970—1979 年	0	3	5	1	0	9
1980—1989 年	1	2	7	1	0	11
1990—1999 年	0	2	6	2	0	10
2000—2009 年	0	2	12	2	5	21
2010—2019 年	0	1	4	8	5	18
合计	2	12	35	15	10	74
卡方值	34.954*					

注：* $P<0.05$。
资料来源：根据问卷调查资料整理。

村民 WF 在受访中曾说过这么一段话："没有考上大学的女孩子才会有人去说媒，考上大学的女孩子都走了。女孩子找对象比较容易，那些没读什么书的女孩子出去一两年也谈了对象，都不在家这边找了。相比起来，男孩子找对象就没那么容易了，女孩子不仅要挑男孩子本人，还要挑男孩子的家世。真正能找到外地女孩子的没几个，最后还是得回来相亲。"可见，外出务工和升学为农村女性增加了择偶空间，男性将面临婚姻市场的残酷考验。这种考验与布迪厄笔下的法国社会存在相似之处。

婚姻市场上男性数量远多于女性，以及农村适婚女性的流失，共同造成了对男性的挤压效应，而且挤压程度在不断加深。按照经济学中供需关系影响商品价格的观点，当适婚女性"供不应求"时，男方家庭的婚姻开支将会增加,无力支付彩礼的男性将面临择偶困境。这些择偶困难的男性为了娶妻,就不得不花费更多的彩礼,彩礼的水涨船高由此出现。择偶成本提高往往会带来连锁性后果。这些成本可能通过婚后债务体现出来。而债务压力反过来可能影响婚姻家庭生活质量和儿童照顾质量。

二、婚姻市场:层级化标准的变迁

在本书中,分层标准是指农村婚姻市场是按照什么标准来划分层级的。这里的标准指的是农村婚姻市场上的普遍准则,表现为一种结构化特征,绝大多数年轻人会以此为价值导向。分层标准能够反映农村社会变迁过程中村民价值观念的变化,以及男方占有资源的差异、择偶困难的程度。虽然婚姻带有示好合之事的功能,是社会组织的基础①,但是两性之间的衡度依然与分层标准等复杂因素联系在一起。

(一)女性择偶观念的经济理性化

在传统农业社会,女性择偶时主要看男性的阶级成分以及劳动能力。囿于物资匮乏和大锅饭的平均主义分配体制,男性的经济水平相当,所以在女性的择偶标准中不具有典型区别。

通过田野调查,人们可以发现集体化时期男女双方的择偶标准主要是阶级成分上的“门当户对”。WT 受访时说:“当年选择对象时,最看重对方的成分,其次是勤劳、身体健康。那个年代大家都穷,家庭条件都差不多。”据村民反映,WT 年轻的时候高大俊朗、忠厚踏实,但是因为父亲是富农,没有媒人愿意为其介绍对象。对此,WT 感到非常不公平。他说:“年轻的时候我

① 陈顾远. 中国婚姻史[M]. 北京:商务印书馆,2014.

想当兵，因为父亲是富农没被选上；在生产队的时候，因为父亲是富农我评不上先进；结婚的时候，因为父亲是富农，女孩子都不愿意嫁给我。一直到分田下户，我才感觉人生又有了希望！”

在集体化时期，阶级成分是身份区分的标志，也是影响男女双方婚姻成败的决定性因素。贫下中农家庭出身的年轻人容易婚配，地主富农家庭出身的年轻人则婚配困难。一些人不得不通过“换亲”①来实现婚姻。分田下户以后，阶级成分的帽子被摘除，这一时期，女子择偶的重要标准主要是男子的劳动能力，以及是否勤劳、身体是否健壮、一天能挣多少工分……此时，和阶级成分一样，工分对择偶影响同样较大。这说明，经济理性对择偶的影响一直存在。

20 世纪 80 年代末，随着打工经济和个体私营经济的兴起，专业技能、知识水平和头脑是否灵光成为衡量个体能力的决定性因素，女子的择偶标准也发生了相应的变化。天赋性因素，如家庭成分和体力水平在女性择偶标准中的比重略有下降，个体的自致性因素所占比重逐渐上升，如“有头脑”“有知识”。例如，NR 在田地生产能力方面表现平平，在集体化时期一直默默无闻，打工经济兴起后他凭借聪明的经商头脑令人刮目相看。相反，NS 却被认为是没出息的人，因为他一直“粘”在田地上。受农业生产贫困化的影响，农民的种田意愿不断降低，不少女子也不想嫁给一个单纯的农民。

20 世纪 90 年代以后，在市场经济的冲击下，农村与城市之间以及农村内部，贫富差距都在不断扩大，“经济理性”的观念开始渗透到农民生活的方

① 双方家庭互换儿女的婚配现象，X 家的女儿嫁给 Y 家的儿子，Y 家的女儿再嫁给 X 家的儿子，达成互换。

方面面。在择偶过程中则表现为，不少女方家庭越来越看重男方的家庭条件、挣钱能力以及经济负担程度，个别人甚至到了“拜金”的地步。女方父母挑选女婿时直接询问对方的收入、兄弟数量，以及是否提供婚房。有时候，询问方式之坦率让人惊讶。

择偶观念的日趋理性逐渐激化了兄弟之间的矛盾，更衍生了一个畸形现象：男方家庭越穷，兄弟数量越多，女方家庭索要的彩礼数额越高。因为从心理动机来看，为了防止兄弟多的家庭出现争家产的现象，女方父母尽量在女儿婚前为其多争取。

在田野调查时，受访对象 YQ 告诉笔者：“买家具实则暗藏玄机，若女方家买家具，就可以趁机向男方家多敲一笔，然后留为己用。女方父母买家具通常会挑选高档的、质量上乘的，而男方家置办家具则会力求节俭。女方家买家具就好像赚了一样，而且家具买得越多，女方就觉得嫁得越有面子。”

可见，从婚前索要彩礼，到置办结婚物品，处处都流露出一种“算计”。这种现象的背后恰恰是一种工具思维与群体面子心理的体现。这种现象给乡村治理彩礼乱局带来了不确定性。

（二）农村的收入分化和“富人提价”

1. 从工分制到打工经济的兴起

集体化时期，人民公社是农村的基层单位，社员的收入按照“工分制”的标准进行核算，由生产大队进行分配。这一时期，村民保持极为平均的生活水平。以下是几位受访对象的谈话记录：

WF 说：“工分按天计算，早上 2 个工分，上午和下午各 4 个工分，记分员会根据每个社员的出工情况记下一天的工分。一个成年劳动力一天最多挣

10 个工分，也有人能挣 12 个工分，但是这种情况特别少。”

PZ 说：“我当年在队里一天只能挣 6 个工分。早上起来要洗衣服、做饭，上午还要回家给孩子喂奶，早上的 2 个工分挣不了，上午的工分也只能拿一半。”对 PZ 的访谈表明，女性所承担家务的独特性并未在经济核算体系中得到充分体现。

YB 说：“社员的收入在年底结算，生产队长和会计的工资按照生产队总纯收入[①] 1%的三七开，即会计得 70%，生产队长得 30%。普通社员的工资根据工分计算，一个工分相当于 1 毛钱，但是最后要扣掉实物作价。一般来说，会计的年收入在 350 元左右，男性劳动力的年收入在 300 元左右，但是都没多少结余。”

不同于普通社员，木匠、铁匠、裁缝等手工业者不在生产队里劳作。他们的工资由雇主结算，但是每年都要向生产队提交两个月的积累。

WF 说：“我平均一天能挣 1.5 元，相当于一个月有 45 元的收入。我每年要交足两个月的积累，也就是 90 元。当时工资最高的是铁匠，一天有 1.8 元；其次是石匠，一天有 1.7 元；篾匠比较少，一天只有 1.3 元。当时杜村只有我一个木匠，活比较多，而且东家包吃，待遇挺好的。”HQ 是一名铁匠，他说：“一年大部分时间都有活干，那时手艺人是很吃香的！”

由上可见，传统技艺在农村生计中占据了非常重要的地位，对婚姻的影响很大。如果进一步计算，可以发现，扣除积累后，WF 的年收入是 321 元，HQ 的年收入是 385 元。综合对比不同成员的收入情况，可发现手工业者的

① 生产队总纯收入，是指生产队的总收入减去总支出的剩余部分。生产队长只分到30%的原因是生产队长还有在田地里劳作的工分收入。

收入水平高于普通社员，公社里会计的收入高于普通社员，男性社员的收入高于女性社员。收入水平整体低下而平均，加上受货币稀缺的限制，经济分化程度几乎可以忽略不计。

1982 年，杜村所在的 H 公社解体，生产队解散，村民重新回归以家庭为单位的生产经营模式。这种模式赋予了农民生产决策权，以及职业选择权。例如，YB 在公社解体后便开始自制豆腐卖，而 WT 在公社解体后便进行牲畜养殖。从 1984 年 3 月国务院发布 4 号文件到 1988 年，5 年间乡镇企业经历了一段高速发展时期，为农民提供了大量非农就业的机会；此后，乡镇企业开始出现收缩，对农村劳动力的吸纳能力开始下降。

1989 年开始出现大规模的“民工潮”现象。孙立平认为，“民工潮”的兴起是对“劳动力大量剩余而造成的普遍贫困化”①的反应。他在农民工研究中发现农民工向城市流动的动因是“种田不赚钱”。人均耕地资源匮乏与土地制度平均分配使得农民只能从事小规模的农业生产，这种经营方式导致以农业为主的农村形成了一种“普遍的贫困化”。人们收入水平非常低，农村每个劳动力几乎都成了潜在的流出者。② 普遍贫困在婚姻家庭领域带来的社会心理后果之一便是人们对于竞价的残酷性体会并不深刻，或者说对于提价的巨变并不敏感，因而也不会出现大量负面社会情绪。这样，随着平均主义分配方式被打破，效率成为竞价发展的关键动力。随之而来的是收入差距的拉大。“富人提价”随之出现。

---

① 孙立平. 转型与断裂：改革以来中国社会结构的变迁[M]. 北京：清华大学出版社，2004：300.

② 孙立平. 转型与断裂：改革以来中国社会结构的变迁[M]. 北京：清华大学出版社，2004：304.

2.“富人提价”和根植于熟人社会的面子文化

经济空间的远播使得人们的观念发生巨变。杜村村民 ZM 的父亲早在20世纪90年代中期便到沿海城市深圳发展，如今已经四十多岁，已经办了工厂，当了老板，在深圳定居买房。就这样，ZM 顺利成为杜村的“富二代”。

2016年，ZM 与邻村的一个女孩子成婚，光彩礼就花费了50多万元，还不包括婚房和婚车的费用。ZM 的婚姻消费是迄今为止杜村男性当中彩礼金额最高的一个。这表明中部地区的婚姻折射了地区经济发展的差异。这种差异不仅刺激了婚姻竞价的烈度，而且给乡村带来了另外一种示范。彩礼是经济空间互动的符号外显。杜村所在县的外出务工者众多，他们对婚姻的经济需求评价往往会受自己务工所在区域的消费水平影响。这种经济分化、地区差异与婚姻竞价给村民带来了沉重的负担。因为对 ZM 的父母来说，50万元彩礼可能算不了什么，可是对其他村民，尤其是贫困家庭，却是不能承受之重。杜村普通村民的彩礼虽没有达到50万元，却也有二三十万元。一言以蔽之，很多家庭只具有本地平均收入水平，却要面对沿海地区较高经济发展水平带来的提价竞争格局。

如前所述，由于婚姻市场上缺乏女性，男性为了迎娶心仪的女子，不得不提高彩礼水平，以抬高自身的市场竞争力。正如杜村村民 NL 所说：“现在姑娘这么少，再不找就来不及了。好人家的姑娘都要被抢走了。以前的人都想要儿子，谁晓得今天娶媳妇这么贵！”性别比例失调是个不争的事实，但是，攀比成风的现象却也是个不可忽视的因素，在彩礼这件事情上也不例外。

村民 NG 的丈母娘在受访时说：“我们家乡的彩礼都是15万元，我女儿读了大学，要嫁人的话（彩礼）至少得20万吧！”持这种婚姻观念的人非常多，HQ的母亲在人前说：“××的闺女没我家孩子好看，也没我家孩子个子高，文凭也低，她的彩礼都12万，我家孩子怎么也不能比她低啊……”这样的看法反映了一种基于攀比逻辑的身份焦虑。在她看来，闺女的学历价值需要得到体现。而彩礼则是这种价值的呈现方式。如果这一价值得不到他人的承认，那么她培养学历更高的闺女的价值判断就崩溃了。

在熟人社会，身份的焦虑不能轻易外露。因此，那些女孩子的母亲似乎都在暗地里较劲，彩礼比别人家的少，似乎女儿就被比下去了；相反，彩礼数目多才说明有面子。从社会学的角度来看，脸面是“一个辐射性的概念，是个体为了迎合某一社会圈认同的形象，经过印象整饰后表现出来的认同性的心理和行为。它的动力和行为方向都是以与其相关之人共享为特征的，即同所谓的光宗耀祖、光大门楣、沾光等心理和行为相联系”①。

在中国社会，当人们谈及“面子”时，它不是简单地指一个人的面孔、面貌，而是有“里子”的形象，它与深层次的他人认同和自尊需要联系在一起。女方家庭对面子的需要是导致彩礼攀升的重要因素。在受访对象看来，男方家庭花费的彩礼金额多，置办的结婚物品高档，婚宴的规格气派，就象征女儿嫁得风光，是一件很有面子的事情。

另外，杜村的女方父母不挪用女儿的彩礼，反而置办嫁妆，既是一种关怀，也是基于面子的考虑。挪用女儿的彩礼会损害女方父母的荣誉，相反，为女儿购置嫁妆则显示女儿身份的尊贵，展示自己对年轻一代的关爱形象。

---

① 翟学伟. 人情、面子与权力的再生产[M]. 北京：北京大学出版社，2005：211.

可见，在农村，“面子”是比金钱和权力更加重要的东西。它是一种无形资本，也是个体深层次想获得外界认同的表现。总之，在熟人社会，面子文化尤其深厚，这也是“富人提价”和普通民众跟风的根源，它加剧了村民借债娶妻的困局。

三、文化根源：传宗接代思想的延续

笔者在田野调查中发现，杜村保留了原始的杜氏族谱。村里一直都在更新族谱内容，最近一次重修是在 2010 年。杜氏族谱放置在杜村最德高望重的一户人家，户主姓杜，四世同堂，母慈子孝，被认为是最有资格保管此谱的人。每年的大年初一都是新生儿上谱的日子。村民们会把这一年内杜村新生的孩子的名字记录在族谱里，上谱的孩子要求是杜姓。

族谱是中国父权制文化的延续，只有男性才有资格上谱，只有男性才能延续一个家族的姓氏。族谱上面记载了杜村杜氏男性生老病死的人生历程，包括出生、考上大学、娶妻生子以及离世的日期。子子孙孙，世代延续。在杜村，男女差异明显，族谱只记载女性的姓名、出生日期和嫁往何处的信息，出嫁后的资料便成了空白。女子婚后入的是夫家的族谱，俗话说“嫁出去的女儿，泼出去的水”，便是对这种情况的最好诠释。

从族谱来看，同为杜氏先祖留下来的后代，男女地位却有着天壤之别。中国的家族以“父子关系”为核心，只有男性才能确保家族姓氏的延续。族谱反映了根深蒂固的传宗接代思想，也进一步巩固了“男性偏好”的文化传统。这一思想对杜村男性最直接的影响便是“不孝有三，无后为大”。男子要成婚，否则被视为不孝；男子婚后要生育儿子，否则也会被视为不孝。

自古以来，中国人就强调婚姻的功能是生儿育女。《礼记·昏义》有云："昏礼者，将合二姓之好，上以事宗庙，而下以继后世也。"意思是婚姻是一种两家之间合好的礼仪，是一种为了传宗接代而缔结的关系。[①] 在我国，新生儿随父姓者居多，因为族谱要求只有男性才能确保家族姓氏的延续，所以世代延续的关键是确保生育男孩。

在田野调查时，笔者发现杜村的传宗接代观念根深蒂固，即便是在严格执行计划生育政策的20世纪80年代，杜村村民也想方设法生育儿子。为了照顾农民生育男孩的偏好，政策规定农村独女户的家庭可以生育二孩。

事实上，男性偏好的传统有着深刻的政治基础。在田野调查时，笔者听到村民经常提起"家族势力"。"家族势力"由宗族男性子嗣数量决定，数量越多，势力越大，话语权也越大。家族势力实质上是一种"天然"的社会资本，它使持有者接近权力的高层。为了扩大家族政治资本，村民更加偏好于生育男性。在传宗接代思想根深蒂固的农村社会，男性承担着为家族延续血脉的责任，男性是否婚育关乎整个家族的名声和延续。如果一个男子没有在适婚年龄成婚、生育，那么他就辜负了家族的期待，使父母"蒙羞"。所以，在农村真正选择不婚的男性寥寥无几。从财产观来看，杜村的主流观点是，钱挣得再多，如果生的是女儿，也只能是别人家的。因此，生儿子的社会意义比挣钱更加重要。随着市场经济的发展，虽然金钱的社会意义进一步浓厚，在认知中的地位得到进一步提升，但是如果家里没有儿子继承的话，金钱的社会意义似乎总是显得不那么圆满。从父母的角度来看，为儿娶妻是他们的义务。即便是倾尽家产、负债累累，男方父母也会尽力去完成这件

① 刘应杰. 婚姻的要素及中西婚姻文化的差异[J]. 社会，1990(3)：37.

事情。如果没有做到,便有愧于先祖。男性偏好的生育文化是导致性别结构失衡的根源,但是计划生育政策与基层文化脱节现象才是导致这种现象出现的直接原因。也就是说,彼时的治理方式对其后的性别结构影响较大。

第三节 消费策略与“剩男”群体中的贫困户

一、基于实践社会学的思考

基于对法国贝亚恩地区单身男性的民族学调查以及多年的经验分析与反思,布迪厄从生活方式的变化、长子继承制的影响等角度思考了婚姻策略的实践性,并写了《单身者舞会》和《实践感》,提出了一套关于实践社会学的理论。实践社会学理论的核心概念是场域、惯习、资本和婚姻策略。这些概念构成了布迪厄理解婚姻策略的联系性的重要维度。他在《实践感》中引述了马克思的《〈政治经济学批判〉草稿》中关于长子继承土地的论述。在他看来,婚姻策略与财产策略、生育策略甚至教育策略密不可分。① 本书之所以在后面的章节中讨论儿童照顾与儿童教育也受到了这一观点的影响。

“场域”本来是个物理学名词,用在社会学领域则是一种“空间隐喻”,指“商品、服务、知识或社会地位以及竞争性位置的生产、流通与挪用的领域”②。布迪厄认为,高度分化的社会世界由具有相对自主性的社会小世界

① [法] 皮埃尔·布迪厄. 实践感[M]. 蒋梓骅,译. 南京:译林出版社,2003.
② [美] 戴维·斯沃茨. 文化与权利:布尔迪厄的社会学[M]. 陶东风,译. 上海:上海译文出版社,2012:136.(很明显,该译者将 Bourdieu 译为“布尔迪厄”,而非通常大家更为频繁使用的“布迪厄”,为尊重译者,此处不作改动,后文类似情况同此处理。——编者注)

构成，这些小世界是“具有自身逻辑和必然性的客观关系的空间”，这些逻辑和必然性不能支配其他场域的运作，它们具有自身的独特性。[①] 在本书中，农村婚姻市场就是一个场域，它具有自身的实践逻辑，置于婚姻市场中的个体受其结构性支配。

惯习，也称习性，是与客观结构紧密相关的主观性，它有主观性的特点，但又与客观结构密不可分。惯习是一种“主观性的社会结构”，即受场域限制的主观性。通常，同一阶层的人具有惯习上的相似性，即布迪厄所说的“结构上的亲和”。[②] 惯习看似是无意识的行为，其实是结构内化的表征。它具有稳定性的特征，但也会发生改变。

布迪厄将资本划分为四种类型，分别是经济资本、社会资本、文化资本和符号资本。社会资本由两部分构成：一是社会关系本身，个体可以通过它获得被群体拥有的资源；二是社会资源，即个体能够获得的资源的数量和质量。社会资本取决于行动者能够有效动员的关系网络的规模，依赖于行动者关系网络中成员拥有的经济、文化和符号资本的数量和质量。[③] 不同类型的资本之间可以相互转换，其中经济资本是基础，能够转化为文化资本、社会资本和符号资本；文化资本和社会资本也能凭借声望和社会地位转化为经济资本。资本也分为有形资本和象征资本，象征资本是无形的、非物质化的，表现为语言、品位、肢体行为等与身份认同有关的符号。布迪厄认为，贫

---

① [法] 皮埃尔·布迪厄，[美] 华康德. 实践与反思：反思社会学导论[M]. 李猛，李康，译. 北京：中央编译出版社，1998：134.

② [法] 皮埃尔·布迪厄，[美] 华康德. 实践与反思：反思社会学导论[M]. 李猛，李康，译. 北京：中央编译出版社，1998：169.

③ 张文宏. 社会资本：理论争辩与经验研究[J]. 社会学研究，2003(4)：23.

困之所以会出现，是因为人们在四种资本类型中存在不同程度的稀缺或者组合不当。

杜村的婚姻市场是一个独特的"场域"，具有自身的运作逻辑，置身于其中的人们会受到场域中规则的支配。与此同时，个体行为会受到惯习的影响，表现为一定的连贯性。在场域与惯习的交互作用下，个体会根据自身掌握的资本量合理运用策略，以达到自己的目的。"在场域中，资本如何运用、策略如何选择是受习性指引的，在这个过程中同时不断再生产出习性本身。同时习性是外在结构的内化，又受到场域的制约。"①由此可见，习性影响资本运用和婚姻策略选择，策略选择又推动习性变化，场域则影响整个过程。布迪厄的实践社会学可以用来解释杜村当下的婚姻消费现象。

二、杜村婚姻市场的运行逻辑与"剩男"贫困户

（一）杜村男性的婚姻消费策略

上文已述，婚姻市场是一个独特的"场域"，具有自身的演化和运行逻辑，置身于其中的人们会受到场域规则的支配。在法国贝亚恩地区，当地男性为了维护家族财产的完整，避免"低攀高"和"高就低"的婚姻，在婚姻市场上的行为选择十分微妙而多样。布迪厄认为，婚姻本质上是一种经济交易，是男方为了确保家族财产完整的一种策略。② 在杜村，消费也是一种策略，是为了实现婚姻的策略。

如前所述，杜村自古以来就有男性偏好，在这个传宗接代观念根深蒂固

① 于海. 西方社会思想史[M]. 3 版. 上海：复旦大学出版社，2010：48.
② [法] 皮埃尔・布迪厄. 单身者舞会[M]. 姜志辉，译. 上海：上海译文出版社，2009：31.

的社会里，男性承担延续家族血脉的责任，它关乎整个家族的名声和传承。父母举债为儿子娶妻本质上源于一种“父母心”。“父母心”包括两层含义：一是感情上的，表现为父母对子女的爱；另一种是道德层面上的，即父母处在特定的道德压力之下，他们必须为儿子操办婚礼。倘若儿子没有成婚，便是父母失责。① “作为一种关系性的存在，中国的个体必须扮演好一生中各种各样的角色之后才能成为一个完整的人。”②没有帮助孩子实现婚姻的父母将会被谴责为自私自利，没有在适婚年龄婚育的男子也会被视为不孝，不仅辜负了家族的期待，还使父母“蒙羞”。这样，因婚举债不仅不会被视为贫困的象征，还会被认为帮助父母解决了老大难的问题。人们往往乐观地认为，只要组建了家庭，只要年轻人努力，就会还清欠款，走向富裕。

杜村社会本质上是一个男权主导的社会，这个小社会保持着男主外、女主内的传统，男性的家庭地位普遍高于女性。然而，婚姻市场上适婚男女比例失调抬高了女性地位；经济分化、贫富差距悬殊进一步加剧了婚姻资源的结构性配置失衡。与此同时，人口流动加剧，杜村男性面对的不只是农村男性的竞争，还有城市男性的挤压。如何在婚姻市场中胜出？弱势群体如何在婚姻市场上吸引女性？这些成了杜村男性面临的巨大难题。

因此，高额彩礼本质上是一种复杂因素多维作用的婚姻策略，是经济资本运作并影响场域内其他资本的结果。

在婚姻市场上，除了经济资本的运作，还有文化资本、符号资本的运作。也就是说，影响男性婚配成败的因素不只有经济因素，还有文化因素、性格

① 阎云翔. 中国社会的个体化[M]. 陆洋，等译. 上海：上海译文出版社，2015：198.
② 同上。

因素等。以 NG 的妻子为例，她相亲时 29 岁，而且个子不高，已经迈入了“大龄剩女”的行列，在农村婚姻市场上完全不具有优势，但是她相到了一个比自己年龄小三岁的男子，而且男方家庭提供了婚房和 15 万元彩礼。其中的决定性因素是 NG 的妻子文化程度为大学，而 NG 只是初中。也就是说，学历已经作为身份符号进入了择偶理性的考量范围。符号资本的运作主要体现为相亲对象的外表与谈吐，是与身份认同有关的因素，也是择偶标准中的重要条件。

经济条件好的农村家庭尚可通过彩礼优势顺利婚配，但弱势群体便只能叫苦不迭。随着婚姻挤压度的逐年增大，婚房、彩礼、首饰……婚姻砝码会不断加重。在这场娶妻角逐中，家境贫困的父母成为最大的受害者。他们往往因为子女成婚陷入更深的贫困。本团队在赣南的调查发现，一个家庭共有 3 口人，父亲 70 余岁，两个儿子都进入了中年。贫困的家庭看不到希望，两个孩子都以父亲年龄太大为由待在家里。杜村的访谈对象也说，生儿难，养儿难，为儿娶妻更难！父母对儿子的代际资助反而演变成了儿子给父母的压力。

（二）“剩男”群体中的贫困户

上文已述，生育政策与男性偏好的文化观念存在冲突，导致的结果是控制了人口数量，但出现了性别结构失衡的问题。高额彩礼等现象本质上是婚姻策略选择，尤其是经济资本运作的结果。不具有资本优势的弱势群体面临着“被剩下”的困境，这种情况尤以贫困村突出。

在调查中，我们注意到了一个特殊的群体——“光棍”型贫困户。这里不妨以杜村的一名失婚男子为例。为了研究方便，并保护访谈对象的隐私，姑且把这位男子化名为张三。访谈时，他的年龄为45岁，离异，膝下无子。他在接受访谈时的一段对话令人记忆犹新。

张三："以前喜欢的东西现在都不喜欢了，感觉做什么事情都没意义。好失落，好痛苦……想找一个伴儿，但是年龄越大，越没希望。"讲这些话的时候，张三的脸上流露出十分无奈的表情。

笔者："你是什么时候开始有这种感觉的？"

张三："大概40岁吧，感觉没有希望了……女孩子越来越少，二婚女人都'销售'得快……"

从心理层面来看，乡村社会对于结婚年龄的理解和城市不同。一般而言，乡村社会认可的结婚年龄普遍低于城市。40岁的年龄自然让他丧失了内生动力。他有一种"一人吃饱全家不饿"的得过且过心态。也就是说，年龄弱势、婚姻失败、失去人生意义与得过且过的生活态度构成了一套思维逻辑序列。由此，进入中年之后的他自然认为贫困与否的问题并不重要，重要的是与婚姻联系在一起的人生意义。

同时，在谈话中，张三用了"销售"这个词。作为一名女性，笔者觉得这个词十分刺耳，它在赤裸裸地物化女性。但这个词却印证了前文的叙述，即杜村本质上是一个男权主导的社会，男性地位始终比女性高。笔者认为，适婚女性的稀缺并不表示女性地位出现了绝对提高。在一些人眼里，女性的价值是可以用金钱衡量的。

接下来，张三继续诉苦："离了婚的女人也可以，即使是带着'拖油瓶'的离异女性都可以，可是这也毫无希望。"他非常绝望，开始向笔者求助，希望能够通过我们的呼吁与反馈帮助他寻找对象。

在杜村，婚配困难的男性通常有以下特点：年龄已过 30 岁，没有掌握核心技能，家庭经济水平一般偏下，为人不靠谱或者性格过于内向、过于老实。张三只是贫困村"光棍"群体的一个缩影。

随着农村"大龄剩男"的增多，因婚致贫和因婚返贫的问题也会成为常态。笔者曾参与吉安永新和遂川贫困村的走访调研，发现因婚致贫是仅次于因病致贫的一大原因。贫穷、疾病与失婚具有高度的关联性，会产生联动反应，甚至使一个家庭陷入贫困的恶性循环。作为社会转型的结构性相对受损者，农村"剩男"这一群体有可能引发社会失范，需要获得更多的关注与支持。

如若反思起来，彩礼作为一种民间习俗已沿袭甚久，具有深厚的文化积累，并没有因国家的废止而消弭。奥格本提出"文化堕距"的概念，指在社会变迁的过程中，制度和文化观念的变化相对缓慢，相对于物质和科技变化显得滞后。笔者认为，彩礼废而不止的现象也是一种"文化堕距"现象。彩礼不能完全算作一种陋习，但是，随着市场经济的深化和消费主义的崛起，彩礼的文化内涵已经发生了质变。反贫困社会工作介入此问题时需要从文化治理的角度来思考其内涵的合理性，需要把文化治理目标与手段放在更为复杂的婚姻策略系统中进行定位。

随着资本观念的深入传播，在农村，金钱文化对情感的腐蚀严重。首先，父母对儿子的代际资助演变成了儿子给父母的压力。在一些多子的农村家庭中，儿子们相互推诿养老责任，出现了"三个和尚没水吃"的困境。其次，婚姻演变成了一种"算计"，冲击着乡村社会的伦理与认知。费孝通笔下的与婚姻有关的差序格局已经被工具化了。一方面，女方家庭向男方索要高额彩礼;另一方面,结婚成了年轻人提前分割家产的契机,有些男性甚至会与未过门的妻子合谋向家里索要高额彩礼。因此,如果不针对这些问题展开有效的社会治理,乡村代际关系的合理性将会遭到沉重打击。

对此,波兰尼在《大转型》中系统阐述了传统经济和市场经济的根本区别:前者是经济置于社会之下,而后者是经济凌驾于社会之上。社会从经济嵌入社会关系的“社会市场”转变为社会嵌入经济体系的“市场社会”。除了经济领域,市场原则在文化、政治甚至是家庭领域同样发挥重要作用。杜村的婚姻就置于这种“市场社会”之中,在这种环境中,传统的婚俗文化和人与人之间的情感都发生了异化。杜村“剩男”群体的何去何从可能需要我们以一个审慎的态度进行思考。值得注意的是,市场资源的配置空间已经全球化了,杜村的婚姻竞价也受到了经济空间的影响。为了解决这一问题,极少部分杜村人把择偶的对象瞄准了其他国家。这样,乡村社会共同体的建构与全球治理联系在一起了,反贫困社会工作也需要全球治理视野。

本章参考文献

[1] [法] 安德烈·比尔基埃,克里斯蒂亚娜·克拉比什-朱伯尔,马尔蒂娜·雪伽兰,等. 家庭史：现代化的冲击[M]. 袁树仁,赵克非,邵济源,等译. 北京：生活·读书·新知三联书店,1998.

[2] [美] 戴维·斯沃茨. 文化与权利：布尔迪厄的社会学[M]. 陶东风,译. 上海：上海译文出版社,2012.

[3] 丁金宏. 梯度模式："婚姻剩余"的焦虑[J]. 探索与争鸣,2013(5)：24 - 25.

[4] [美] 杜赞奇. 文化、权力与国家：1900—1942 年的华北农村[M]. 王福明,译. 南京：江苏人民出版社,2003.

[5] 费孝通. 江村经济 禄村农田[M]. 上海：上海人民出版社,2006.

[6] 风笑天. 谁和谁结婚：大城市青年的婚配模式及其理论解释[J]. 广西民族大学学报(哲学社会科学版),2014,36(4)：27 - 34.

[7] 桂华,余练. 婚姻市场要价：理解农村婚姻交换现象的一个框架[J]. 青年研究,2010(3)：24 - 36,94 - 95.

[8] 郭宇宽. 婚姻支付的逻辑[J]. 社会学家茶座,2011(1)：91 - 98.

[9] 国家统计局. 中国统计年鉴- 1993[M]. 北京：中国统计出版社,1993.

[10] 吉国秀. 婚姻支付的变迁：一个姻亲关系的视角[J]. 民间文化论坛,2006(1)：17 - 21.

[11] 江西省鄱阳县地方志编纂委员会. 鄱阳县志[M]. 北京：方志出版

社，2010.

[12] [法] 克洛德·列维-斯特劳斯. 结构人类学[M]. 张祖建，译. 北京：中国人民大学出版社，2006.

[13] 李春玲. “男孩危机”“剩女现象”与“女大学生就业难”：教育领域性别比例逆转带来的社会性挑战[J]. 妇女研究论丛，2016(2)：33－39.

[14] 李树茁，靳小怡，王跃生，等. 中国人口性别结构与社会可持续发展[M]. 北京：社会科学文献出版社，2015.

[15] 李霞. 被物化的女性身体：民间妇女观之二[N]. 中华读书报，2011－07－20(10).

[16] 李霞. 民间习俗中的彩礼及其流变[J]. 民俗研究，2008(3)：253－262.

[17] 李银河. 当代中国人的择偶标准[J]. 中国社会科学，1989(4)：61－74.

[18] 李银河. 中国人的性爱与婚姻[M]. 北京：中国友谊出版公司，2002.

[19] 栗志强. 性别比失衡背景下的农村男方婚姻支付：对豫北H镇的调查[M]. 北京：中国社会出版社，2013.

[20] 刘应杰. 婚姻的要素及中西婚姻文化的差异[J]. 社会，1990(3)：37－38.

[21] 陆学艺. 当代中国社会流动[M]. 北京：社会科学文献出版社，2004.

[22] 马磊. 同类婚还是异质婚？当前中国婚姻匹配模式的分析[J]. 人口与发展，2015，21(3)：29－36.

[23] 彭玉生. 当正式制度与非正式规范发生冲突：计划生育与宗族网络[J]. 社会，2009，29(1)：37－65.

[24] [法] 皮埃尔·布迪厄. 单身者舞会[M]. 姜志辉，译. 上海：上海译文

出版社，2009.

[25] [法] 皮埃尔・布迪厄，[美] 华康德. 实践与反思：反思社会学导引[M]. 李猛，李康，译. 北京：中央编译出版社，1998.

[26] 齐亚强，牛建林. 新中国成立以来我国婚姻匹配模式的变迁[J]. 社会学研究，2012，27(1)：106－129，244.

[27] [法] 让・鲍德里亚. 符号政治经济学批判[M]. 夏莹，译. 南京：南京大学出版社，2009.

[28] [法] 让・鲍德里亚. 消费社会[M]. 4 版. 刘成富，全志钢，译. 南京：南京大学出版社，2014.

[29] 沈崇麟，杨善华. 当代中国城市家庭研究：七城市调查报告和资料汇编[M]. 北京：中国社会科学出版社，1995.

[30] [美] 施坚雅. 中国农村的市场和社会结构[M]. 史建云，徐秀丽，译. 北京：中国社会科学出版社，1998.

[31] 宋月萍，张龙龙，段成荣. 传统、冲击与嬗变：新生代农民工婚育行为探析[J]. 人口与经济，2012(6)：8－15.

[32] 孙立平. 以重建社会来再造经济[J]. 社会学研究，2009，24(2)：17－26.

[33] 孙立平. 转型与断裂：改革以来中国社会结构的变迁[M]. 北京：清华大学出版社，2004.

[34] 孙淑敏. 对甘肃东部赵村择偶问题的人类学调查：甘肃山区择偶过程中的女性[J]. 妇女研究论丛，2004(3)：14－22.

[35] 孙炜红，谭远发. 1989—2030 年中国人口婚姻挤压研究[J]. 青年研究，

2015(5)：78－84,96.

[36] 田华. 西南农村妇女东迁婚配态势探析[J]. 南方人口,1991(1)：39－42.

[37] 佟新. 全球化下的国际人口迁移[J]. 中国人口科学,2000(5)：53－58.

[38] 王宁. 从苦行者社会到消费者社会：中国城市消费制度、劳动激励与主体结构转型[M]. 北京：社会科学文献出版社,2009.

[39] 王宁. "国家让渡论"：有关中国消费主义成因的新命题[J]. 中山大学学报(社会科学版),2007,47(4)：1－7.

[40] 吴新慧. 传统与现代之间：新生代农民工的恋爱与婚姻[J]. 中国青年研究,2011(1)：15－18,77.

[41] 熊凤水. 婚姻支付实践变迁与农村家庭代际关系转型[J]. 重庆社会科学,2008(11)：108－111.

[42] 熊凤水,慕良泽. 婚姻偿付·婚姻资助·姻亲互惠：对农村婚姻支付实践的尝试性解读[J]. 新疆社会科学,2009(1)：101－105,130.

[43] 阎云翔. 礼物的流动：一个中国村庄中的互惠原则与社会网络[M]. 李放春,刘瑜,译. 上海：上海人民出版社,2000.

[44] 阎云翔. 中国社会的个体化[M]. 陆洋,等译,上海：上海译文出版社,2016.

[45] 于海. 西方社会思想史[M]. 3 版. 上海：复旦大学出版社,2010.

[46] 余练. 农民分化与通婚圈结构变迁：基于皖中大鼓村婚姻市场的考察[J]. 华中科技大学学报(社会科学版),2013,27(1)：114－121.

[47] 翟学伟. 人情、面子与权力的再生产[M]. 北京：北京大学出版

社,2005.

[48] 张文宏. 社会资本：理论争辩与经验研究[J]. 社会学研究,2003(4)：23－35.

[49] 张翼. 中国阶层内婚制的延续[J]. 中国人口科学,2003(4)：39－47.

[50] 张翼. 中国人口出生性别比的失衡、原因与对策[J]. 社会学研究,1997,12(6)：57－70.

[51] 张忠法,崔传义,陈剑光,等. 我国农村劳动力转移的历程、特点及面临的新形势[J]. 经济研究参考,2001(3)：13－22.

[52] 郑杭生. 社会学概论新修[M]. 北京：中国人民大学出版社,2003.

[53] 中国社会科学院语言研究所词典编辑室. 现代汉语词典[Z]. 5 版. 北京：商务印书馆,2005.

[54] Barrett A E. Social support and life satisfaction among the never married：Examining the effects of age[J]. Research on Aging，1999，21(1)：46－72.

[55] Becker G S. A treatise on the family[M]. Cambridge，Mass.：Harvard University Press，1991.

[56] Bernard J. The future of marriage[M]. New Haven：Yale University Press，1982.

[57] Cohen M L. House united，house divided：The Chinese family in Taiwan[M]. New York：Columbia University Press,1976.

[58] Freedman M，Skinner G W. The study of Chinese society：Essays [M]. Stanford，Calif.：Stanford University Press，1979.

[59] Goody J, Tambiah S J. Bridewealth and dowry[M]. Cambridge[M]. Cambridge: University of Cambridge Press, 1973.

[60] Schwartz C R. Trends and variation in assortative mating: Causes and consequences[J]. Annual Review of Sociology, 2013, 39: 451-470.

[61] Spiro M E. Marriage payments: A paradigm from the Burmese perspective[J]. Journal of Anthropological Research, 1975, 31(2): 89-115.

[62] Wolf M. Revolution postponed: Women in contemporary China[M]. Stanford, Calif.: Stanford University Press, 1985.

第三章　瑶川女人：乡村离异现象

与邻近鄱阳湖、地形平坦的杜村不同，瑶川①镇地处山区。但是，瑶川镇所在的玉山县相对较为富裕，不是国家级贫困县。该县的区位优势更加明显。不过，瑶川镇也有部分贫困村落。在瑶川的调查中，本团队注意到，尽管地处山区，但是该镇离异比例较高，部分离异女性甚至因此面临返贫的风险。

第一节　瑶川镇离异女性

一、瑶川镇：一个研究农村青年女性婚姻的特殊地域

瑶川镇所属的玉山县位于江西省东北边缘、与浙江交界，总面积 1 728 平方千米。该县总人口 62 万人，其中，农业人口 46.1 万人，常住人口 20 万人，全县辖 11 个镇、5 个乡。玉山县在历史上是赣、浙、闽三省的交通要冲，素有“两江锁钥、八省通衢”之称。这种地理位置使得身处其中的瑶川人在改革开放之后流动加快。

① “瑶川”系化名。

空间、地方与性别关系的建构已经受到了学界的关注。多琳·马西已经观察到性别关系的建构具有不同的本地文化的属性特征。同时，家庭本身也是女性所属的空间/地方。长期以来，它被视为稳定性、可靠性和真实性的象征。[①] 在瑶川，性别关系的建构与家庭的互动关系也吸引了人们的注意。换句话说，自然空间、人口流动的独特性为瑶川女性的婚姻观念变化铺垫了序曲，而与一定时空条件联系在一起的经济变化则是催化剂。从玉山县统计局的数据来看，2017 年玉山县的经济发展水平位列全市第五，处于江西省中游水平。瑶川镇四面环山，大部分村落集中在山间的盆地之中。瑶川镇坐落在县城西北边，距县城 45 千米，总面积 102 平方千米，耕地面积 11 917 亩，总人口 29 230 人。下辖 16 个行政村，91 个村民小组。截至 2000 年年底，有居民 7 510 户，28 751 人，其中农业户口的为 27 926 人，占全镇居民的 97.1%。[②] 2017 年，瑶川镇农民人均可支配收入 11 260 元[③]，当时，全国农村居民可支配收入为 13 432 元。瑶川镇经济的快速发展要归功于瑶川镇越来越多从事橱柜产业的群体。据《江西日报》2016 年的一篇报道可知，由瑶川镇居民经营创办的橱柜销售、材料配件等橱柜企业共计 1 200 余家，产品销往全国 28 个省(自治区、直辖市)，年产值 60 亿元，抢占了全国橱柜行业 60%的市场份额，其也成为名副其实的“橱饰重镇”。就这样，瑶川镇由农业乡镇蜕变为商业色彩浓厚的乡镇。居民观念、生活方式、择偶标准也悄然

① [英] 多琳·马西. 空间、地方与性别[M]. 毛彩凤，袁久红，丁乙，译. 北京：首都师范大学出版社，2018.

② 玉山县地方志编纂委员会. 玉山县志：1979—2000[M]. 北京：方志出版社，2005：625.

③ 资料来源：瑶川镇 2018 年政府工作报告。

发生了变化。

从人口构成和经济发展水平来看，瑶川镇是典型的南方乡镇，且因地处江西与浙江交界处，经济发展和文化交流都有自身的独特之处。因此，以瑶川镇中的农村青年女性为对象来研究身处时代飞速变革巨浪之中的农村青年女性离异状况是较为合适的。为此，本团队选择了瑶川镇的 4 个行政村进行走访调查，以期尽可能全面地了解农村青年女性的婚姻状况。

二、瑶川镇离异夫妻的基本情况：关于调查对象

在瑶川镇下辖的 16 个行政村中，笔者挑选了离镇中心不同距离的 4 个行政村。按照与镇中心距离由近到远的分布状况，分别是位于镇中心的 A 村、离镇中心稍远的 B 村和 C 村以及离镇中心最远的 D 村。通过走访村民小组组员、小组长、村干部、查阅资料，获得各村总人口数、男女村民人数以及 20～35 周岁的青年女性人数等数据，统计得出各村离婚夫妻共计 79 对。

A 村总人口 4 365 人，其中男性 2 228 人，女性 2 137 人。20～35 周岁的青年女性有 261 人，在此年龄范围内的已婚女性为 210 人。本次调查已知的离婚夫妻共有 26 对。由此资料可知该村离婚率为 5.96‰(精确到小数点后两位)。

B 村总人口共计 4 168 人，其中男性 2 118 人，女性 2 050 人。20～35 周岁的青年女性总计 268 人，在此年龄范围内的已婚女性为 198 人。本次调查已知的离婚夫妻共有 20 对。由以上资料可知该村离婚率为 4.80‰(精确到

小数点后两位)。

C村相比A、B两个村来说人口稍少,共有3 170人,其中男性1 620人,女性1 550人。20～35周岁的青年女性共有249人,在此范围内的已婚女性为176人。本次调查得知已离婚夫妻为18对。由此可算出该村离婚率为5.68‰(精确到小数点后两位)。

D村是4个村子当中人口最少、规模最小的村子,共有2 221人,其中男性1 076人,女性1 145人。20～35周岁的青年女性为293人,在此范围内的已婚女性为146人。本次调查已知离婚夫妻共计15对,离婚率为6.75‰(精确到小数点后两位)。

由上可知,四个村落的离婚率大致为4.50‰～7.00‰,最高值和最低值相差1.95‰。四个村落的离婚率差异具体见表3.1。

表3.1　四个村落离婚率一览

村　名	人口总数/人	离婚率/‰
A	4 365	5.96
B	4 168	4.80
C	3 170	5.68
D	2 221	6.75

全国的结婚率和离婚率走势如图3.1所示,该图清晰地显示出全国的结婚率在走低、离婚率在上升。结婚率和离婚率的走势表明,研究离异现象对于建设优质的家庭生活具有非常重要的意义。对比来看,A、B、C、D四个村的离婚率都高于全国平均水平。

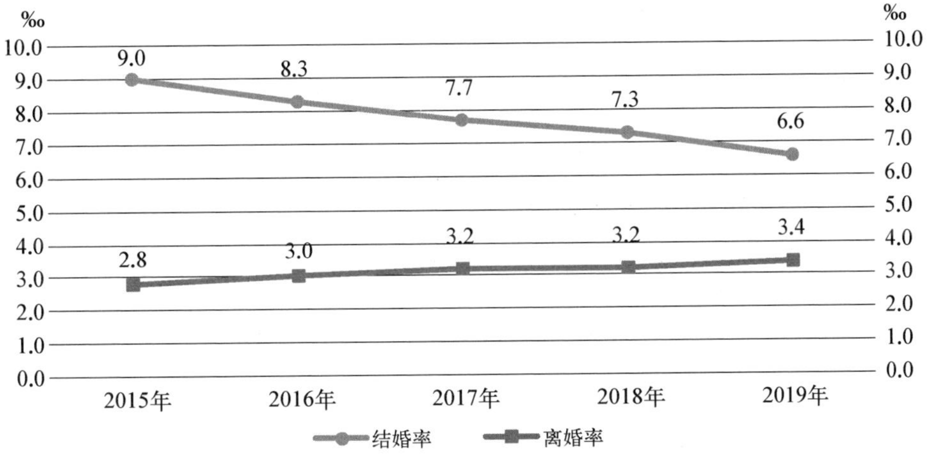

图 3.1　2015—2019 年全国结婚率和离婚率走势

资料来源：https://baijiahao.baidu.com/s?id=1677423307034108622&wfr=spider&for=pc。

笔者在将通过多种途径确认的 79 对已离婚的夫妻(当然，或许实际的离婚人数并不止这些)按照年龄划分后，利用 SPSS 软件分析得到了其年龄分布情况并制成表 3.2。

表 3.2　离异女性年龄分布

年　龄	频　次	百分比/%	有效百分比/%	累计百分比/%
20～35 岁	44	55.7	55.7	55.7
36～45 岁	25	31.6	31.6	87.3
46～55 岁	10	12.7	12.7	100.0
合计	79	100.0	100.0	100.0

在与 2017 年 3.2‰的全国平均离婚率对比之后，笔者得到的结果可谓非常出人意料。4 个村落的离婚率都高于 2017 年的全国平均离婚率，且所超出的幅度并不小。尤其值得注意的是，四个村落的平均离婚率接近发达

国家的水平。在 79 位离异女性中，有 44 位是 20～35 周岁的青年女性。在做此次调查之前，笔者"理所当然"地认为农村离婚率就算攀升也不至于太高，因而得出的数据真可谓"惊醒梦中人"。

（一）瑶川镇中心：多样的离异形态

城镇的发展受到政治、经济、军事等因素的影响。瑶川镇所在的玉山县与浙江省交界。相较而言，浙江省在改革开放中具有区位优势。瑶川镇也受到了这种区位因素的影响，其镇中心的商业氛围非常浓厚。A 村正是位于镇中心，或者说瑶川镇的中心就是该村的一部分。因此，A 村的发展既受经济因素影响，又受政治因素影响。店铺、休闲娱乐场所、银行等各种商业机构和政府职能部门都坐落在该村。A 村有居民 4 365 人，是瑶川镇人口最多的行政村。村委会依靠出租人民公社后期盖好的临街店铺成为整个瑶川镇最富裕的村部。相较于其他三个村，A 村的文化生活最为丰富。笔者在对该村村支书和妇女主任等村干部的访谈中了解到，近年来该村的离婚人数攀升较快。据笔者得知，可确认的就高达 26 对，且离异夫妻的年龄分布几乎覆盖了 50 岁以上的老夫妻和 20 岁左右刚新婚的年轻夫妻，甚至有个别较为极端的案例，比如有 70 岁左右的夫妻也加入了离婚行列，由此可知，离婚不只是年轻人的"专利"。

笔者在与该村妇女主任交谈之后发现，自己原本对农村离婚状况的设想几乎被全盘推翻，且用以下案例来表达更直观的感受。

案例 1：不懂事的年轻人(LX，女，30，个体经营者)

这是笔者所记录的第一个印象深刻的案例。男方 32 岁，本科毕业；女方 30 岁，大专毕业。他们有两个女儿，分别是两岁和四岁。女方是本村人，男方是镇上另一个村的人。两人领证不超过五年，摆酒更只是去年的事(农村对结婚宴席特别注重，甚至将其视为是否真正结婚的依据)。这对“七年之痒”都还未来得及经历的年轻夫妻，在无止境的争吵甚至肢体冲突中结束了短暂的婚姻生活，留下两个年幼的孩子交给已经年迈的爷爷奶奶抚养。离婚所带来的儿童照顾问题也十分突出。为此，本书将在后文中专门论及枫村与玉县儿童。

原以为结束就意味着一个新的开始，但是女方在离婚后不久便觉得非常后悔。于是，她向男方表达心意，寻求复婚。然而历经磨难却没有顺利上演有情人终成眷属的桥段。半年之后，两人闹得不可开交，最终还是以离婚收场。笔者所访谈的妇女主任及其邻居提及他们时，都免不了一声叹息：“年轻人不懂事，把婚姻当成儿戏。别的不说，就是孩子可怜。”这一叹息表明，家庭解体对亲子关系的影响着实深刻。

在乡村社会中，高学历男性在婚姻生活中具有一定的比较优势。在复婚过程中，女方的主动反映了男方的比较优势。同时，这对乡村里的高级知识分子显然在婚姻观念上和传统社会的态度相差甚大。即便在关系亲密的乡村社会，面对强有力的民间舆论约束，两人依然毅然决然地选择了再次分开。这表明，现代教育不可能为每一桩婚姻提供润滑作用。

除了教育因素外，其他文化生活因素也会影响到乡村离婚率，案例 2 就表明了文化生活对传统婚姻的影响。

案例 2：荒唐的祖父(YMF，女，68，全职主妇)

笔者对这个案例的印象已经不能用深刻来形容，说是震惊更加贴切。

男女双方都是A村人，且男方年逾七十，膝下已有好几个孙子孙女。该男子喜好跳广场舞，久而久之，便与年纪五十多岁的舞伴发生婚外情。在被老伴儿知晓并大闹一通之后，老人声称自己与舞伴是有真感情的，不可能不再联系。因而两人不仅没有断了往来反而变本加厉，闹得乡里四邻皆知。不论儿女怎么劝，老人都不为所动。老太太心灰意冷，拉着老人去了民政局要求离婚。谁知老人结婚的那个年代并没有领结婚证，民政局的系统里连他们结婚的信息都没有，更谈不上离婚这一说了。于是，此事作罢。最终，两位老人分别住在两个儿子那里，不再往来。

邻里乡亲们说起他们的事来更多的是一种讽刺的态度，将他们当作茶余饭后的谈资而已。只是在需要相互陪伴、扶持的暮年却还遭此当头棒喝，那位老太太心里的伤痛怕是没人能理解，或许也无人在意。但是，在熟人社会，舆论压力对她而言短期内不会消失。可见，对于社会工作者而言，深入理解乡村熟人社会的舆论压力，为案主提供有效的社会支持是一项重要的专业技能和服务事项。

且不论那对古稀老人的“离婚”是否成立，由该案例可知瑶川镇离异女性的年龄跨度之大以及离婚形态的多样。这种离异年龄跨度甚大的情况表明，乡村的婚姻受到了经济、教育、文化生活等巨变的综合影响。A村位于镇中心，该村的离婚率远高于其他村落，超出最低值高达1.45‰。

（二）一个经济市场化的村落

B村总人口4 168人，村子里长期在家的大部分是老人、孩子和少部分因为需要照顾家庭而无法外出的妇女。全村共1 015户，有980户左右的居民家里都有1人或1人以上在外谋生。其中，从事橱柜行业的占了绝大多数，是典型的“留守型”村庄。据村支书和妇女主任统计，全村已知的离婚夫妻共有20对。

在走访调查的过程中，笔者遭遇了超出预想的阻碍。由于涉及隐私，愿意同笔者进行面对面交流的离异女性寥寥无几。以下这个案例是B村唯一一位愿意当面接受访谈的女性。

案例3：男人有钱就变了（WLY，女，35岁，全职主妇）

接受访谈的是一位35岁的女性，笔者称她为王姐，她与前夫在结婚的第12个年头办理了离婚手续。王姐的前夫在大连的橱柜厂收益颇丰，他不仅在大连买了房还换了百万豪车，又在老家盖了气派的别墅。法院判离婚后，橱柜厂年收益的一半归王姐，老家的别墅也归王姐，车子归前夫，大连的房子归在大儿子名下。两个孩子中，大儿子跟着前夫，小女儿由王姐带。

“以前是和他一起过苦日子的，现在他是大老板了，就看上了更年轻的女人，我怎么求他也没用，搬出两个孩子也没用。”就算是坐在她新盖不久的别墅里的红木椅上，王姐说起来也还是伤心的。

这是笔者第一次接触因男方出轨而离婚的案例，想安慰几句却觉得无从开口。王姐的倾诉表明，留守型村庄的婚姻明显受到了人口流动的影响。随着人口的流动，部分村民逐步弃农从商，其生活空间空前扩大。部分迅速富裕起来的家庭面临价值冲突。以往的勤俭节约、自我约束的价值观面临巨大冲击，人们对待婚姻的态度发生了变化。王姐的前夫便是其中一位。同时，我们也看到妇女的婚姻观念、家庭观念遭遇巨大冲击。王姐不得不面临更为年轻的群体的挑战。而王姐本人的产权观念、利益观念也发生了变化。在离婚中，她获得了不菲的经济利益。正是在利益方面的自我保护意识才使得她没有因为离婚而导致生活质量下降，没有跌入贫穷状态。

但是，经济利益的获得并不能让她彻底走出心理上的弱势状态，甚至使她产生了某种程度上的绝望感。她依然保留着浓厚的家庭观念。王姐接着说道："男人花心可以理解，但是他不能不要家庭吧？我早就知道他外面有人，为了孩子一直忍耐，没想到最后他不仅变了心，连家也不要了。一开始简直感觉天都塌了。"

从赋能角度来看，长期以来，王姐承担的是照顾孩子的角色，是全职家庭主妇，她缺乏更多的职业技能。她的绝望感来自经济收入的不稳定性，来自对亲子关系的预期。就性别关系而言，王姐的这种困惑在短期内难以得到根本性疏解。因为在家庭微观权力当中，作为全职家庭主妇，她虽然承担了照顾孩子等家庭工作，但是这些工作难以纳入计酬范围，具有在家庭事务中隐形的女人的特征。面对这一基本现实，王姐选择了依靠法律保护的途径。法庭的判决保障了她的经济来源的可靠性。她没有因此长期陷入绝望。这样，社工鼓励她发现自身的内在韧性的力量便显得十分重要。她也的的确确通过调整认知和面对现实渡过了难关。她说："不过，后来我想开了，现在我有房子、有钱，以后只要带好我女儿就好，儿子学习并不好，以后跟着他学做生意的话我也放心。不管怎么样，孩子是他亲生的，他总不能不要吧？只要他不亏待我儿子，他爱干吗干吗，我管不着也不想管。"王姐说到后面有些自嘲又赌气的意味在里面。

可见，在农村，像王姐一样的案例还算是比较幸运的。因为她在离婚之后得到的补偿相对来说是非常高的。就算感情上的伤口暂时无法愈合，但就经济而言，她比绝大多数杜村的离异女性要好。同时，从优势视角来看，她并未丧失对生活的信心。她还保持一定的理性认知，希望前夫能够与之一起把孩子培养好。对于社会工作者而言，有必要从认知性赋能的角度，发现其优势，持续地鼓励她保持这份信心，因为对于儿童照顾而言，这份信心显得非常重要、非常宝贵。

在与王姐的访谈中我们发现，她自己内心对目前的生活状态是较为满意的。不论自己的婚姻状况如何，最起码今后她自己和女儿的生活都能够得到保障。但是对于家庭收入不高者来说，离异女性面临的压力就非常大了。甚至，部分调查对象已经滑入贫困行列。

（三）贫困村人口迁移与婚姻破裂

C村总人口为3 170人，据村支书所说，它是瑶川镇所有村子当中最穷的村。和B村一样，外出打工是村子里年轻人谋生的首选，留守下来的也大多是老人、妇女和孩子。与王姐不同，案例4的主角更为年轻。

案例4：不是分手，是离婚(ZHL，女，22岁，服装导购)

接受访谈的是一名22岁的年轻女性，我们姑且称她为小张。小张是在杭州某服装城工作的一名服装导购，因为家中有事，临时回家几天。需要补充说明的是，该服装城建立于1989年，有3 000余间店铺，不仅能够辐射华东，而且能够渗透到欧美市场。该服装城不仅店铺多，而且因为激烈的竞争，各家店铺非常强调自己产品的特色。服装导购必须能够跟上流行趋势，敢于表达，讲清楚自身特色。因此，在此工作的年轻女性的视野十分宽广，紧跟潮流，而且形成了浓厚的“属于我自己的……特色”的主体性思维取向。

妇女主任领着我进了她家，小张穿着时髦的吊带裙，还稍显稚嫩的脸画着淡妆，格外地好看。妇女主任有些犹豫地说明了来由，我也有些紧张，担心提起她的伤心事。可谁知小张一边把头发束起来一边无所谓地道：“可以的呀，我没什么不好说的。”

见她态度率性随和，且十分健谈，我松了口气，开始和她有目的地聊天。

“其实要说起来也简单，就是男人见一个爱一个呗。我在杭州，他在广州，还没来得及辞职去广州找他，他就劈腿喜欢上了别人，被我发现后我就提了分手。原本两家商量今年年前把酒席办了的，现在倒省事了。”小张说得很潇洒，有些孩子气的任性在里面。不过，她的这一任性的故事恰恰是资本、就业空间与情感破裂的逻辑延展的结果。她的故事是宏观经济空间向微观个体情感渗透的折射。广州、杭州分别位于瑶川镇的南方和北方，是外出务工的重点城市。两位年轻人一南一北，受地理空间约束，在交往方面没有建立起太强烈的情感依恋关系。

无疑，从优势视角来看，贫穷村落的人们具有强烈的追求美好生活的动机。小张正是其中的年轻代表。为了美好生活，他们可以借助现代交通，远离家乡。随着高铁在玉山和德上高速的通车，这种鲍曼(Zygmunt Bauman)笔下的流动性空前加剧的现象贯穿着贫穷村落村民的日常生活。小张夫妻离婚前的分居两省状态，折射的正是经济的地区落差、产业差异与人口空间流动的关联性和脆弱性。这种关联性、脆弱性反映的是空间/地方对两性关系建构的重要影响。这种两地分居的状况颇具现代流动性的象征意义。我们意识到，恰恰是这种流动性潜移默化地改变着年轻一代的婚恋观。

当我问她离婚对她的影响时，她想了想，回答得有些惆怅："我也是后来去办离婚证的时候才发现原来我们不是分手，而是离婚。我也哭了几天的，但是后来一想还好我们没有孩子，我也还年轻，就释然了。当初我们是自由恋爱在一起的，如今他爱别人去了，我也不勉强。反正我还年轻，爱情还会有的。"可见，在事情的演变过程中，小张并未深刻理解到制度约束在亲密关系中的重要作用及其后果。在乡村社会，如何加强婚姻制度的倡导的确是一个需要进一步讨论的议题。

小张年轻的脸上展现了一丝经历世事的沧桑，但更多的是蓬勃的希望。她虽没有接受过高等教育（初中毕业），但她对婚姻的要求或许可以代表当下一部分年轻人对婚姻和爱情的理解。

小张的态度表明，虽然内心有过痛苦，但幸运的是他们依然年轻，并且没有孩子的牵绊。他们依然能够无所畏惧地追求爱情。现代性改变了年轻一代对待爱情、婚姻、家庭的观念。只是他们不知道，这种改变使得人们越来越脆弱，越来越易变。这种改变表明，现代性即易变性、消逝性。费孝通笔下的基本三角变得不那么稳定了，部分传统情感取向逐渐消逝了。于是，女性主义开始反思这种易变性带来的脆弱性。为了改变婚姻的脆弱性，提供公平公正的社会支持成为人们普遍的呼声。本书第六章将进一步回应这一问题，在此不作赘述。

（四）边远山区与跨省婚姻的脆弱性

从空间上来看，D村位置相对偏远，距离镇中心约11千米。该村位于山间，地势较高，村民们因地制宜，喜种茶叶、红薯等农产品。其中该村出产的茶叶在玉山县城中小有名气，深受大家喜爱。但因利润较低、劳作辛苦，留下来的年轻人并不多。

案例5：厉害角色(LY，女，32岁，全职主妇)

在这个案例里，我并没有见到这个在妇女主任和邻里之间被称为“厉害角色”的女人，只能在与同村村民的交谈中了解一些情况。其中一个妇女说：“她是贵州人，嫁到我们村以后和四里八乡都是相处不来的。她又高又胖，总在外面惹是生非，和人吵架。在家里跟她婆婆、老公都打架，家里什么事她都要做主，一家子被闹得鸡犬不宁。”众所周知，贵州省是我国仅次于河南省的外出务工人口大省。2019年，贵州户籍人口大约为4 529万，但常住人口却仅有3 623万，外出务工人口高达906万①。

问题在于，既然是这么“厉害”的一个女人，为什么男方家还能够容忍她呢？

另一个妇女接过话头说：“这男的家里穷啊，三个兄弟都老大不小了，好不容易只有他一个娶了老婆。那女人肚皮争气，一口气给他生了三个孩子（两个儿子一个女儿），单凭这点就算她要当‘祖宗’，男的家里也是要给她供起来的。”

在乡村社会，闲谈是非常关键的信息获取渠道。在调查过程中，妇女们聚在一起，七嘴八舌地讨论起来。作为访员，我只能静静地做着记录。让人惊讶的是相关人员对待孩子的态度。

① 世界人口网. 我国五个打工大省，河南外出务工人口1 312万，贵州紧随其后[EB/OL]. [2020-12-04]，https://www.renkou.org.cn/china/guizhou/2020/177538.html.

“后来听说是她在贵州的男人带着孩子找她来了，她悄悄地就跑了，这边的孩子一个都没带走。”“她倒是想带走，(男方)怎么可能会让她带走，好不容易有了香火。她婆婆巴不得她走，反正孙子已经有了。”

案例里的男方45岁，最大的孩子才6岁。那个“跑了”的女人32岁。“夫妻”双方年龄相差13岁。邻里们话里话外无不透露出一个信息：这个女人在夫家最大的作用就是生儿育女、延续香火，任务完成以后，她在这个家就变得可有可无了。人们不知道离异对于孩子的巨大影响，因为照顾孩子的压力并不会因为女人的离开而降低。贫困的代际传递反而成为一种更大的可能。同时，不能不看到，村民们所讨论的贵州女人的婚姻并不正常。访谈资料表明，她在贵州还有一个家庭。在贵州的“丈夫”需要她照顾孩子。她离开后，儿童照顾成了这个贫困家庭的沉重负担。

费孝通先生所说的缔结婚姻的主要目的是保证传宗接代①，在此处体现得淋漓尽致。而这种女方直接出走、杳无音信的“离婚”方式②在笔者所知道的案例里并不是少数。不过，这类婚姻同样也受到了现代市场经济的影响。随着经济的发展，劳动力在全国范围内流动，贫穷山村里的跨省婚姻正是这种流动的结果。

该村的茶叶虽然已经颇有名气，但是没有形成强大的产业竞争优势，并不能保证较高的经济产出。虽然采摘茶叶需要大量劳动力，但采茶业留不住本村的人口。同时，该村尚未做好应对跨省婚姻、跨地域文化碰撞的准备。这种状况在更为内陆地区的贵州同样存在。因此，嫁入瑶川的女人选

---

① 费孝通. 江村经济：中国农民的生活[M]. 北京：商务印书馆，2001：44.

② 村民习惯上把这种方式认定为离婚。

择离开也就不足为奇了。

三、离异原因及女性面临的困境

婚姻生活给缔结婚姻双方最直接的考验和挑战便是社会角色的转变。一旦进入婚姻当中，社会角色变化所带来的各种责任和义务便直观地呈现在男女双方面前。渡边淳一说：结婚，意味着青春的终结。[①] 迈入婚姻殿堂也意味着要和从前单身的时光挥手作别，投入另一重身份和责任之中去。男女投身婚姻之初不论是出于何种动机，相信对未来的婚姻生活都怀有美好的希冀。然而婚姻也好，生活也罢，从来都不会尽如人意。于是在历经磨合之后，有的夫妻会跨过道道坎坷，相伴到老。也有一部分夫妻出于各种原因，或和平分手，或闹得不堪，最终分道扬镳。而离婚意味着又要面临一次新的角色转变的挑战，这些挑战对于离异后的女性显得尤为严峻。

（一）离异原因

当离婚的原因具象化至每对离婚夫妻身上时，其呈现形式可谓千奇百怪，无所不有。但是将这林林总总的具体原因抽象提炼出来后，几乎都逃不过前文所提到的那些脱离了表面并直达其背后更深层次的几个原因。对于此次的调查对象，有必要进一步分析所获得的 79 个样本女性选择离婚的原因（多选题），结果如图 3.2 所示。

图 3.2 表明，感情不和、经济条件差是离婚的主要原因。进一步明确到本章的研究对象——青年女性——上时，离婚原因的数据有所变化，如图 3.3 所

① ［日］渡边淳一. 男人这东西［M］. 陆求实，译. 北京：作家出版社，2010：80.

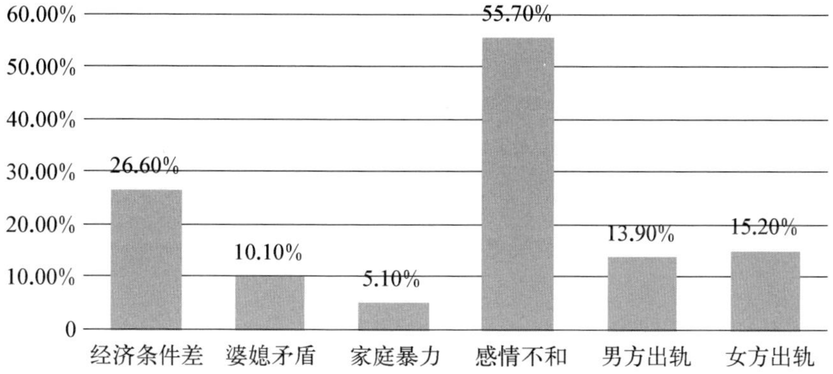

图 3.2 瑶川镇离异女性的离婚原因

示。图 3.2 和图 3.3 显示，经济条件差都不是排在第一位的因素。进一步比较来看，虽然感情不和、经济条件差依然是主要原因，但是“感情不和”这一因素的比例增加了近 9 个百分点。同时，家庭暴力因素增加了 4 个百分点，婆媳矛盾增加了 3.5 个百分点。同时，还要注意的是，无论是图 3.2 还是图 3.3，女方出轨的比例都超过了男方。因此，如何缓解家庭内部矛盾、处理两性关系是乡村社会青年群体在亲密关系建构过程中要面临的严峻挑战。

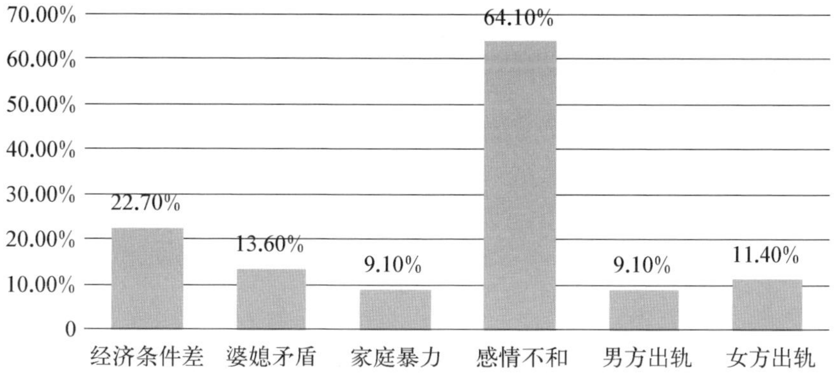

图 3.3 瑶川镇青年离异女性的离婚原因

从历史角度来看，距今 2 500 多年的《礼记·中庸》中就已经说道：“君子之道，造端乎夫妇，及其至也，察乎天地。”意思是，君子若要通达天地大道，需得先有能力将夫妻和家庭关系处理得当。儒家一直强调夫妻伦常可谓人伦之始。司马迁的《史记·外戚世家》中有云：“夫妇之际，人道之大伦也。”可见，夫妻和婚姻于社会而言，自古以来都是十分重要的组成部分。但是，上述两图表明，这种伦常已经遭遇了严峻的挑战。

同时，从伦常的反思角度来看，古时若想要缔结婚姻关系便要遵守“男女无媒不相交，无币不相见”的规矩，讲究的是“父母之命，媒妁之言”。婚姻是两个宗族的大事，婚姻当事人的意愿不甚重要。宗法社会重视血缘，于家族而言，保证祖先血脉不绝才是头等大事。孔子曰：“大昏，万世之嗣也。”延续血脉与承继家业乃是婚姻的首要目的。但是，一旦只是选择某一单一因素作为唯一目标的话，女性的权益保护就会受到影响。本书访谈中提到的“厉害女人”就是例证之一，因为人们看待她时，只是从生育功能的角度来观察其家庭地位。

可见，历经日月更替、时代更迭，婚姻、家庭的重要性于人类社会而言还是不容置疑的，但其中蕴含的观念和内容都随着外部环境的变化而发生了许许多多的改变。不论是婚姻的开始还是终结，其背后的动机都折射了社会、家庭、个人等方方面面的影响，是值得进一步深思和研究的。为此，有必要对上述因素作进一步的解读。

1. 感情不和：个人本位思想的上升

在传统的农村婚姻观中，许多人崇尚婚姻，不崇尚爱情；崇尚生育，不崇尚幸福；崇尚长寿，不崇尚快乐。它是沿着贞洁观和生育观两方面展开的，而非以当事人同意为主线。① 然而，千百年来深受儒家思想洗礼，将家庭放在首位的农村社会和居民的行为策略悄然发生了转变。

正如布迪厄在《单身者舞会》中描述的1914年前的法国农村一样，中国农村的婚姻也曾受到严格的支配。和个人相比，婚姻更多的是整个家族的事情，似乎是家族在结婚，人们是与一个家族结婚的。② 双方当事人不论出于何种原因，一旦缔结婚姻就不能随意解除。1980年新婚姻法的颁布，才使得“感情破裂”这个从前被视为“任性”的原因也成为可以判定离婚的法定条件，其从法律上肯定了感情不和对婚姻稳定的影响，在一定程度上鼓励了女性以此作为婚姻是否破裂的依据。个人的体验、幸福感渐渐在婚姻生活中占据了比家庭责任和义务更加重要的地位，这就促使了以爱情为基础的婚姻越来越多地出现。

恩格斯在《家庭、私有制和国家起源》中也同样道出了他自己所理解的现代的两性关系和婚姻：现代的性爱与古代的爱、单纯的性欲是有根本区别的。现代的性爱以男女双方的互爱为前提。在爱情中，女性与男性同处于平等的地位。恩格斯提倡以爱情作为婚姻的基础，认为爱情没有消亡的婚姻才是合乎道德的。如若感情消逝或者是与别人产生了新的爱情，那么婚姻解体于人于己甚至对于社会来说都是一件幸运的事。③ 正如徐清祥所探

---

① 来自中国婚姻史的研究表明，传统婚姻往往是以对媒妁之言行使同意权。这种媒妁和现代婚姻需要双方合乎契约的合意选择要件不同。参阅：陈顾远. 中国婚姻史[M]. 北京：商务印书馆，2014.

② [法]皮埃尔·布迪厄. 单身者舞会[M]. 姜志辉，译. 上海：上海译文出版社，2009：5.

③ 中共中央马克思恩格斯列宁斯大林著作编译局. 马克思恩格斯选集(第四卷)[M]. 北京：人民出版社，1973：73.

讨的中国式婚姻那样，在改革开放后虽然促成婚姻的条件开始多元化，但爱情成为婚姻中一个不可或缺的因素。[①] 可见，人们对婚姻的含义有了新的理解，其不仅仅有养老抚幼和家庭支持的功能，男女双方的感情也成为衡量能否继续维持夫妻关系的一个重要标准。

爱情为什么备受推崇？只因为它浪漫可爱，令人神魂颠倒吗？布迪厄在《男性统治》中作出了更深层次的解释，他说爱情使原本总是对立的男女进入了一种休战状态，而在这神奇的休战中，统治者似乎成了被统治的，或者更确切地说，统治被消除了。男性暴力被平息，于是一向以猎取和好战为特征的男性观念消失了，性别之间的关系结束了。[②] 甚至更通过这种神奇的激情和眷恋之情，男性会忘记社会赋予他的高贵地位和尊严。[③] 在爱情里，只有彻底地交付自我和信任对方才能建立这种颇为神奇的联系。于是，男女间“天然的”地位差距被爱情暂时打破。本书前文论及的年轻的调查对象往往以激情之爱为选择，对于离婚的后果往往缺乏深刻的把握与认知。随着经济社会发展的变化，随着人口在大尺度空间中的流动，随着观念的变化，对激情之爱、眷恋之情的追求不再只是年轻人的事情。

那么以爱情为基石建立起来的婚姻是否就真的比没有爱情的婚姻更加牢固呢？李银河教授认为爱情是一种两人情投意合、心心相印的感觉。它既是一种两人合二为一的冲动，更是一种突然迸发的激情。也就是说，没有

① 徐清祥. 中国式婚姻[M]. 北京：中国友谊出版公司，2016：3.

② [法] 皮埃尔·布尔迪厄. 男性统治[M]. 刘晖，译. 北京：中国人民大学出版社，2012：62.

③ [法] 皮埃尔·布尔迪厄. 男性统治[M]. 刘晖，译. 北京：中国人民大学出版社，2012：160.

了激情与冲动的爱便不能称作爱。① 然而，激情易逝，所以她也强调，因为爱情而结合并不能保证婚后幸福。② 有句俗语说“婚姻是爱情的坟墓”，或许以下案例正是对这一俗语的体现。

案例 6：感情没了，就散了（HLL，女，33，小学老师）

接受访谈的是 HLL 的阿姨，一位年过五旬的农村女性。

“也不知道他们闹什么，两人又没犯什么大错，说离就离了，都没向家里人通知一声。”

可见，和传统乡村社会对离婚的态度不同，人们对于离婚往往以自身的合意与否而选择。HLL 的阿姨接着说：“家里人知道后都很生气，可你着急上火也没用，人家说没感情了，日子过得不高兴。不知道现在的年轻人是怎么想的，好好的一个家说散就散了，你说对孩子也不好吧？人家也说了，生活在没有感情的家庭对孩子才不好。离都离了，后来我们老一辈也不管了。她读书多，想法也多，谁知道呢。”

从上面的陈述中我们不难发现，把婚姻与家族关系联系起来的观念被弱化了，个体体验成为重要因素之一。尤其值得注意的是，对离婚的认知也发生了巨大变化。HLL 从儿童教育的角度提出了离异与孩子成长的关系问题。但是，双方并未把儿童照顾作为离异选择的关键性参考因素。以往，为了孩子而放弃离异的观念受到了冲击。

---

① 李银河. 李银河：我的社会观察[M]. 北京：中华工商联合出版社，2013：79.
② 李银河. 中国女性的感情与性[M]. 呼和浩特：内蒙古大学出版社，2009：53.

这种认知和思考并非孤例。最高人民法院2018年发布的司法大数据专题报告显示,2017年的离婚诉讼案件中,夫妻因感情不和而向法院申请离婚以77.51%的比例在离婚原因中高居榜首。在婚姻中幸福快乐与否等个人的情感体验成为决定是否申请离婚的重要指标。在笔者所得的79个案例之中,因为感情不和而离婚的女性占了55.70%,青年离异女性中这个比例则高达64.10%。44位青年离异女性中因感情不和而离婚的有27位,感情不和成为青年女性选择离婚的首要原因。在这27个案例中,有18位女性因感情消逝、婚姻生活不再快乐而主动提出离婚,女性主动提出离婚的比例高于男性。这些数据印证了李银河的观点:在当下社会,女性主动提出离婚的数量多于男性是普遍的现象。① 这种普遍性的背后是女性对于独立性的认同感提高了。

在感情不和这一原因中还包含了一个当下“颇具特色”的现象——“闪婚、闪离”。

案例7:恋爱都还没谈,就离婚了(JXX,女,28岁,销售从业者)

有时候,在乡村调查和开展实务具有戏剧性。与JXX的相遇颇为偶然,是我在从县城回瑶川镇的时候,下着大雨,没能赶上最后一趟班车。与我一同拼车的年轻女孩就是JXX。在一个多小时的车程中,我们聊了许多。JXX是赣州人,她和前夫是经朋友介绍认识的,在结婚前甚至没怎么见过面,只是靠微信交流。因为家里催得紧,便在今年正月领了证、办了酒席。此后两

① 李银河. 中国女性的感情与性[M]. 北京:中国友谊出版公司,2002:196.

人两地分居，并没有经常见面。之后JXX在与前夫相处的过程中觉得前夫没有上进心，两人三观合不来，于是提出离婚，并在8月底正式办理了离婚手续，这次回瑶川是为了将已经转入前夫家的户口再转出来。

JXX的故事表明，其婚姻经历是通信技术、居住空间、价值判断、家庭压力、职业习惯等因素综合作用的结果。具体来说，包括微信在内的社交媒体对婚姻家庭的建构产生了一定程度的影响。但是，依赖社交媒体并非夫妻沟通交往的常态。来自父母的家庭压力也只是在短期内起作用。在沟通交往中，和世界观、人生观紧密相关的价值判断的磨合起着关键性作用。人是意义的动物。由于忽视了价值与意义选择的重要性，JXX感觉自己迈向婚姻的殿堂有些过于轻率，她说："刚开始的时候觉得还行，结就结吧。后来觉得他太不上进了，真的没意思。我们销售这行，每天都要跟打了鸡血一样，我就是觉得要努力挣钱，他不一样，觉得混得过去就行了。后来我就想，趁着没孩子赶紧把这个事给了了，两人本来就没什么深厚的感情，所以很快就离了。就是到现在两家父母都还不知道。"

JXX的故事表明，了解、相互一致性是亲密关系的重要衡量指标。[①]"闪婚"很难让双方充分了解，更难以让双方在生活与价值观上实现融合，走向真正的一致。在乡村社会，基层治理缺乏婚恋调解专家；在婚姻登记过程中，缺乏专业的辅导环节。这样，JXX无法通过制度设计中的外部力量来理解婚姻和家庭组建的合理方式。事实上，JXX的故事并非孤立的个案。当下社会，无论是在城市还是在农村，"催婚"都成为一种普遍现象。媒体的大量报道反映了这一现象的存在。在外部压力之下，许多"年龄较大"的女性

---

① ［美］罗兰·米勒. 亲密关系[M]. 6版. 王伟平，译. 北京：人民邮电出版社，2015.

匆匆选择一个合适对象"闪婚"。而信息技术的快速发展也为虚拟交流提供了越来越多的便利。然而，一旦真正进入婚姻，隐藏在深处的价值冲突便暴露出来。按照JXX的说法，她与前夫之前并没有原则性的矛盾，甚至都未曾吵过架。她更注重的是自己的感受，"一辈子也就几十年，我不想活得不开心"。结婚迅速，离婚甚至都未告知长辈，结婚和离婚都是自己的事。传统婚恋观的改变让年轻人都更注重自我的心理感受和情感体验。以自己为中心的个人本位思想在"闪婚、闪离"现象中得到了充分的体现。值得注意的是，孩子可能是婚姻的黏合剂。没有孩子的家庭，离婚反而少了很多压力。JXX选择快速离婚，也和无须承担儿童照顾责任有关。

2. 性别角色的分工

性别是对女性与男性特征的习得性态度和行为的描述。婚姻家庭的形成是性别角色分工、磨合的结果。家庭的功能之一就是教会其成员承担适当的性别角色。合理角色的扮演需要双方加强后天习得。① 这种习得是一个过程，需要时间，需要宽容，需要面对个体自身的变化。恋爱时期，男女尽量将自己最优秀、最美好的一面展现给对方。婚后面对各类琐事，激情也慢慢消退或者以其他形式呈现，于是不可避免地暴露出各自的缺点或考验调整能力，日复一日，直至一方无法忍受，或者调整失败。感情消亡的背后不仅是个人因素的作用，更不可忽视的还有社会环境的推波助澜。案例8便是这方面的典型例证。

① [美]尼霍尔·本诺克拉蒂.婚姻家庭社会学[M].严念慈，译.北京：中国人民大学出版社，2021.

案例 8：离婚后更有底气（CJ，女，29，个体经营者）

这个案例是通过微信聊天获得的信息。案主远在无锡，还在和前夫共同经营一家规模不算太大的橱柜生产厂，有一个 5 岁的儿子。

“我嫁给他的时候他什么都没有，我没多漂亮，我们是初中同学，我们两个真的是因为爱情才走到一起的。”

“头两年生活确实很甜蜜，就算没多少钱吧，两人在一起也还是开心的，他不论什么时候都宠着我、让着我，当时所有人都觉得我找对了人。”

无疑，两人最初的磨合是较为顺利的。因为他们的磨合基础较好，是在同学关系的基础上走向婚姻。尤其难得的是，两人之间存在着一种宽容的态度。但是，他们低估了儿童照顾与家庭生计所带来的压力，低估了现代社会对性别角色的价值判断的变化。CJ 认为，婚姻生变是因为孩子照顾、创业、个性、家庭互惠性工作等因素综合作用的结果。她说：“生完孩子两人的矛盾渐渐就多了起来，再后来我们到无锡创业之后矛盾就更多了，三天一小吵，五天一大吵。”

“我决定离婚的主要原因是他越来越霸道，你说我以前怎么没发现呢？他只准我窝在家里接单、带孩子、做饭，除了这些，厂里的事情一概不许我过问。这就算了，钱也不准我经手，我要买菜花钱什么的都得找他拿。一开始我还安慰自己，夫妻俩谁管钱都一样，可是到后来也许是见我没怎么反抗，他干脆天天给我灌输女人就是该靠老公的，一切都是他最大。在家里他真的是酱油瓶倒了都不会扶起来，有一次我让他帮我洗个碗，他就冲我大发雷霆，我就觉得这日子没法过下去了，这都什么年代了，还这么封建，谁能受得了。”

“封建”二字表明的是女性追求独立自主的愿望十分强烈,反映了对夫权的抵制态度。同时,两人的冲突涉及一个重要问题,那就是家务劳动分工与男权思想的延续该如何处理。这就必然涉及家务取酬与工作薪酬的问题。

她接着说:“离婚以后我就再也不用看他脸色了,现在在厂里我等于是合伙人,干活、接单、拿工资,更有底气,等过两年孩子要上学了我就带他回老家,不能让他也学会那一身臭毛病。”

男女两性通常被很多人视作一种斗争关系。在阴阳调和、两性互补这种观念几乎家喻户晓的中国,两性关系则被认为是互为依托、协调互补的。但这并不意味着所有中国人都能将女性放在与男性平等的位置上。实际上,“男性气质”与“女性气质”的区分和归类还是不能摆脱社会对女性的刻板定位。[①] 无论是波伏娃的“他者”,还是朱迪斯·巴特勒(Judith Butler)的“操演性理论”,她们所强调的都是性别间的差异并不是天然的、内在固有的,而是由后天所处的外部环境所建构、规训而来的;在这种环境中,由于受到外力的抑制和约束,女性的行为方式便不得不按照社会对女性的规范来进行。[②] 这便是为什么说女人并不是“天然的”,而是按照“后天”社会的期待和规矩训练出来的。

女性主义者所说的社会中普遍存在的父权制在家庭的权利分配中起的

① 李银河. 中国女性的感情与性[M]. 呼和浩特: 内蒙古大学出版社,2009: 320.

② 何成洲,[美] 伊丽莎白·韦德. 当代美国女性主义经典理论选读[M]. 南京: 南京大学出版社,2014: 23.

根本支配作用就体现在这里。不同性别对资源的获取和拥有不同成为家庭内权力结构的基础。男女两性在资源获得方面的差别来源于他们对资源的使用和掌控，也是基于性别分工和性别规范进行分配的结果。① 美国后现代女性主义历史学者琼·W. 斯科特(Joan Wallach Scott)曾经指出，实现权力的主要途径及其形式的源头就是性别。如同福柯的"话语即权力"一般，男性掌握着这个社会的话语权，即掌握着社会的权力体系。遗憾的是，CJ 的前夫还沉浸在幻想当中。

案例 8 直观地体现了男性对女性定位的惯性思维。当福柯口中的"激情之爱"褪去之后，"男性凝视"便逐渐浮出水面。传统社会中"男主外，女主内""女性是男性的附庸"等思想并没有被彻底清除。女性被要求具备"贤惠、顾家、顺从"等品德，丈夫负责劳动，妻子负责持家，这样的两性分工维持着一种即使不是特别有益但也行之有效的婚姻。② 在中国长期的文化熏陶下，儿童照顾这一家庭重大事件也理所当然地落在了女性的肩上。无论是在家庭琐事还是在育儿方面，女性投入的时间和精力都比男性要多。这既是社会对女性的"期待"，也是女性不得不面对的"天然的"社会分工的困境。

我国宪法第四十八条明确规定，妇女在政治、经济、文化、社会和家庭生活等各方面都享有与男子平等的权利。然而不论是在生活中还是在职场上，女性面临的性别角色所带来的不平等都使得"与男子享有平等的权利"

① 金一虹. 中国新农村性别结构变迁研究：流动的父权[M]. 南京：南京师范大学出版社，2015：222.
② [英] 安东尼·吉登斯. 亲密关系的变革：现代社会中的性、爱和爱欲[M]. 陈永国，汪民安，等译. 北京：社会科学文献出版社，2001：62.

在很多时候成为一纸空谈,流于形式。但是社会在发展,处于现代化大潮中的农村女性走出既定生活,走向城市,无论是否接受过高等教育,在走向城市过程中的所见所闻都成了其开阔眼界的铺垫。思想的独立为女性要求身心的自由提供了支撑,老旧顽固的男性思维和女性定位都成为禁锢她们的枷锁。青年女性要求打破父权制的囹圄,走向更广阔的天空。逃离家庭和婚姻中的"男性凝视"便成了她们迈向新天地的第一步。

3. 逐渐消逝的"忠诚"

在调查和开展实务的过程中我们发现,村庄里的怨恨、冲突和纠纷的一个重要领域是婚外情。它已经成为农村婚姻稳定性的重要影响因素。在本次调查中,因男女出轨背叛婚姻而离婚的共占 29.10%,其中男方出轨的占 13.90%,女方出轨的占 15.20%,女方出轨的比例要比男方高一些。但是,从两性关系来看,这一数据已经足够让人震惊了。在本次调查中,女性出轨这类案例是访谈中所遇到难度最大的,所得信息皆为与其相关的人士提供。

案例 9: 缺失的角色(LLY,女,34 岁,全职主妇)

LLY 的丈夫长年在外打工,是个经验丰富的木匠。由于瑶川镇橱柜产业的发展,手艺好的木匠收入水涨船高,LLY 的丈夫年收入达到了 20 万元左右,生活较为富裕。LLY 在家照顾老人和两个上学的儿子。平日里,LLY 的爱好就是打麻将,几乎每天都不落下。她的公公婆婆身体健朗,还开了一个卖种子、农药、化肥的小店,生活开支完全不需要靠儿子儿媳。大儿子初中没有念完就去了他父亲那里,靠当学徒挣钱。LLY 的日子越发轻松,在打麻将的过程中认识了一个有家室的男子，并迅速发展为情人关系。后来东窗事发，丈夫对其拳脚相加之后，LLY 提了离婚。

显然，LLY 要承担来自婚姻忠诚方面的舆论压力。婚姻对于男女而言所蕴含的意义是多重而复杂的，它包含了心理、生理等各方面，满足情感需求和生理需求是其基本功能。① 已婚妇女的家庭地位和社会地位，给她强加了各种严格的夫妻性行为规约，以保证她们知道通过意志和理性来遵守各种强加给她们的法规。② 然而农村男性由于需要长年外出务工而同家庭和妻子之间不得不面对空间上的割裂状态，空间的距离使得婚姻因为失去共同生活这一重要基础而变得飘摇不定。留守在家的女性更是面临着心理和生理双重的空虚，情感上的寂寞和生理上的压抑，再加上农村娱乐生活的缺失，都在一定程度上促使女性在面对功能缺失的婚姻时会去寻找另外可以满足她情感和生理需求的渠道。

从个人层面而言，如今婚姻并不只是养老育幼的工具，更是追求个人幸福的一种手段。婚姻中责任感的弱化、价值观的转变都促使已婚群体更加注重个人幸福感的实现。一旦通过婚姻所获得的幸福感并没有达到其预期效果，青年女性或者以感情不和为由直接提出离婚，或者去寻求另一种慰藉，哪怕这种慰藉是隐秘的。婚姻忠诚度和责任感的缺失导致男女双方更容易为外界诱惑所动摇，发生越轨行为。

---

① 任义科，杨力荣. 婚姻合约的脆弱性：留守妇女精神出轨和行为出轨[J]. 南方人口，2014，29(3)：30.

② [法] 米歇尔·福柯. 性经验史(第二卷)：快感的享用[M]. 佘碧平，译. 上海：上海人民出版社，2016：133.

就外部环境来看，人口流动成为刺激农村离婚率攀升的一大诱因。男性长期在外，除了经济支撑之外，家庭中的重担由女性一肩承担。家庭功能被削弱，外部的约束力减弱，男女双方的交际圈都因此呈半开放式，婚姻替代资源的增加，都因为人口的频繁流动而愈发清晰地呈现出来。同时，随着经济社会的发展，如何合理、合规地处理闲暇时光的社会交往关系成为婚姻家庭中的一个重要议题。这一议题一旦得不到合理解决，原有的小康之家就可能因之解体。家庭成员甚至重新陷入贫困。对于LLY而言，她长期承担全职家庭主妇的角色，其生计能力大幅度下降。离婚之后的生计能力提升是一个紧迫的经济问题。

4. 经济与情感的关联性

单纯从经济学角度出发，男女双方是出于“经济自利”的需求，为了实现“总产出”的最大化而缔结婚姻。因而从选择缔结婚姻的开始就是具有偏好性的。进入婚姻生活之后，当原有的婚姻选择并没有实现效用最大化时，婚姻当事人便倾向于离婚。① 俗话说“贫贱夫妻百事哀”，婚姻中追求幸福的欲望绝大部分需要依靠物质来实现。② 婚姻里的生儿育女、柴米油盐都需要建立在一定的经济实力之上。有研究表明，婚姻满意度与家庭人均收入成正比。家庭人均月收入越高，婚姻满意度越高；反之，不仅婚姻满意度随着家庭人均月收入的降低而降低，而且对夫妻间的交流程度也会产生不利影

① 刘红升. 经济学视域下农村家庭的婚姻行为和生育行为：兼论加利·S·贝克尔的《家庭论》[J]. 黄河科技大学学报，2018，20(1)：50.

② 中共中央马克思恩格斯列宁斯大林著作编译局. 马克思恩格斯选集(第四卷)[M]. 北京：人民出版社，1995：239.

响。[1] 在本章的案例中，青年女性离婚的原因和经济条件差有关者一共有10位，其中的7位认为感情不和也是导致其婚姻解体的原因。经济条件差不一定与感情不和有因果关系，但也是重要影响因素之一。

案例10：(ZXH，女，34，全职主妇)

ZXH是安徽人，在丈夫遭遇车祸腿部截肢之前家里的条件就算不上好，只能是勉强维持生计。在遭遇变故之后，她不仅要照顾瘫痪在床的婆婆和3个年幼的孩子，丧失劳动力的丈夫更是性情大变，两人时常争吵甚至打架。一段时间之后，ZXH选择一走了之，再也没有出现过。

从经济学视角来看，未婚男女选择结婚前会对婚后生活做出预估，若是确认婚姻不会降低其中至少一方的生活水平才会投身其中。[2] 男女双方在婚前便将婚姻的成本与收益进行比较，从而进行理性选择。[3] 即"经济理性人"理论在婚姻中也同样适用。伴随着社交软件的不断升级、发展，朋辈之间的对比更加直接、便捷地呈现在人们面前。面对不如意的婚姻状态，赚钱能力不断提升的农村女性离婚的意愿更强，婚姻中不如预期的收益可以通过女性个人的努力重新获取。在本章案例中，单纯因为经济条件差而离婚的有3位。大部分的原因是经济上的拮据而引起的其他各种矛盾。

① 张贵良，雷韬，梁海梅. 婚姻幸福及其影响因素的研究[J]. 社会学研究，1996(4)：106.

② [美] 加里·斯坦利·贝克尔. 家庭论[M]. 王献生，王宇，译. 北京：商务印书馆，1998.

③ 朱冬梅，徐双爽. 农民家庭婚姻危机的经济学分析[J]. 西北人口，2015，6：90.

对于社会工作者而言，在需求评估中，正确把握经济拮据与矛盾纠纷之间的转换逻辑显得非常重要。从宏观结构而言，随着交通工具的普及，风险的流动性与扩散性得以凸显。车祸则是现代风险的突发性表现形式。面对突发性风险，ZXH 面临的压力迅速上升。从角色扮演角度来看，她必须在短期内从全职家庭主妇转向顶梁柱。这一转换无疑是一个急转弯。同时，基于经济理性，其丈夫也担心家庭生计面临可持续性挑战。这样，由于乡村社会缺乏应对风险的体制与机制，缺乏专业人员的有效介入，其后果是，由于 ZXH 的出走，这个家庭陷入了极端贫困的状态。虽然我国存在兜底性社会政策，但是面对突发性挑战，心理应急机制和社会心理服务体系建设还有很长的道路要走。

5. 婆媳矛盾：谁说了算

婆媳关系是以婚姻为纽带建立起来的一种虽密切却不够稳定的亲属关系。[①] 两个陌生人因为婚姻要以“母女”的身份相处，但她们既不具备血缘关系那般牢固的稳定性，又不具备夫妻关系那样的亲密性[②]，带有一种熟悉的陌生感特征。同时，从家庭微观权力视角来看，婆媳关系还涉及代际权力转换与权威认可等问题。随着核心家庭模式的逐渐增加，传统家族中赋予婆婆的权力和对家庭的支配权也逐渐被削弱。甚至随着女性地位和经济能力的提高，年轻的媳妇在家庭中的话语权隐隐超过从前“掌权”的婆婆，成为婆媳关系中掌握主动权的一方。

① 陈讯. 候权与赠权：妇女在家庭中的地位是如何转变的：基于鄂中 T 镇婆媳关系演变历程的分析[J]. 妇女研究论丛，2012(3)：23.

② 李晓芳，郭敬浅. 农村婆媳关系转变与家庭养老功能弱化的研究[J]. 华中师范大学研究生学报，2014(1)：27.

在本次调查中，44 位已离婚的青年女性中有 6 位认为她们离婚的首要原因是婆媳不和。通过与相关人士的访谈可知，婆婆对媳妇的“虐待”现象在农村依旧存在。在传统的“三代同堂”的家庭中，母亲是家庭的女主人，其儿媳必须服从她的权威。她不想放弃象征着家庭事务权威的柄勺。[①] 于是，对媳妇诸多刁难，以显示长辈的威福。在此过程中，既充当儿子又是丈夫的男性就在这两难的境地之中左右摇摆。从舆情来看，男性的这种困境甚至会引来社会压力，“妈宝男”一词的盛行便是例证。

具体而言，在 6 个案例之中，有 4 个是因为婆婆日常琐事的刁难而离婚，夫妻之间并没有原则性的矛盾。只是经年累月难以忍受，而丈夫在中间所起的作用又微乎其微，甚至不闻不问，最终导致婆媳矛盾转换为夫妻矛盾，直至离婚。还有 2 个是因为未生育男孩，婆婆冷嘲热讽甚至怂恿儿子与媳妇离婚。

提及此，不由得让人想起费孝通先生的“社会继替”，即只有生育了男孩才能完成男嗣集团的“继替”，完成传统意义上的“传宗接代”，这就导致了“男孩偏好”在传统文化中占有统计学上的优势。[②] 由于科学知识的匮乏，不少婆婆将“生不出男孩”的罪名理所当然地安在女性身上，甚至为了这个荒唐的理由将儿子儿媳拆散。

作为家庭关系的组成部分，婆媳关系与亲情和爱情之间有着“剪不断，理还乱”的复杂关系。虽说家庭内部出现的冲突和矛盾应当主要依靠家庭

① [法] 皮埃尔·布迪厄. 单身者舞会[M]. 姜志辉，译. 上海：上海译文出版社，2009：17.

② 金一虹. 中国新农村性别结构变迁研究：流动的父权[M]. 南京：南京师范大学出版社，2015：160.

成员的内部调适来消化，但不可否认的是，作为构成社会的小小细胞，家庭中出现的冲突和矛盾受到整个社会的影响，与社会变迁有着盘根错节的关联。① 在社会流动和价值观转变加剧的今天，婆媳关系的妥善处理面临的境况也愈加复杂多变。

6. 家庭暴力

根据2018年3月23日最高人民法院发布的一组数据可知，在全国涉及家暴的离婚纠纷案件中，有91.43%的案件是男性对女性实施暴力。虽然笔者所得的79份案例中因为家庭暴力而离婚的在所有离婚原因中占比最小，44位青年女性中只有4位因遭受家庭暴力而选择离婚，但是在实际生活中有家庭暴力遭遇的女性的人数多得超乎想象。女性在家庭场合中尤其容易遭受男性的暴力。② 笔者在走访的过程中意识到，并不是女性可以忍受婚姻中的暴力，而是周围的环境迫使遭受家庭暴力的女性去忍受甚至习惯它。农村传统道德意识对家庭暴力的宽容，在很大程度上鼓励了家庭暴力的发生和存在。“甚至有人认为，由于家庭暴力发生的概率过于普遍，它已经成为一种常态而非反常现象了。”③一项调查范围覆盖了除港、澳、台以外的31个省（区、市）的研究数据表明，有62.02%的受访者表示其所在的村庄发生过家庭暴力。④ 这就表明家庭暴力仍然是比较普遍存在的。而本次调查中的4位女性奋起反抗的原因比起其他的更应该说是“为了保命”，而非为了尊严。

---

① 毛新青. 对现代家庭婆媳关系的思考[J]. 山西青年管理干部学院学报，2008(1)：90.

② ［英］安东尼・吉登斯. 亲密关系的变革：现代社会中的性、爱和爱欲[M]. 陈永国，汪民安，等译. 北京：社会科学文献出版社，2001：160.

③ 李银河. 中国女性的感情与性[M]. 呼和浩特：内蒙古大学出版社，2009：144.

④ 陈苇. 我国农村家庭暴力调查研究：以对农村妇女的家庭暴力为主要研究对象[J]. 法商研究，2007(6)：93.

案例 11：想想还是命重要（HSF，女，30 岁，服装店老板）

HSF 是在被丈夫打断两根肋骨，休养半年多之后才下定决心离婚的。

“其实从我们结婚后他就一直动手打我，我无数次动了离婚的念头，但是都被劝住了。父母、朋友、亲戚都说离婚不光彩，而且男人嘛，性格冲动是正常的。你看哪家夫妻不打架的？等以后年纪大了就好了。我也觉得离婚不太好，但那次他拿竹椅打我的时候，我就觉得我再和这个男人过下去可能是会死在他手上的。和婚姻相比，自然是命更重要。”

社会结构论将暴力行为解释为由于社会阶级的差异所产生的挫败和压抑等负面情绪而导致的行为异化。而心理分析学派和自由女权主义学者则将它视作少数人的变态。[①] 男女身体上的天然差异也使女性更容易成为家庭暴力的受害者。然而在各种因素的影响下，农村女性即使遭受暴力也不一定会选择离开施暴者。甚至因为自信心被摧毁，在经历了最初的吃惊和恐惧之后开始竭力讨好丈夫，最终陷入深深的自责和抑郁之中。[②]

HSF 没有陷入这一状态。她的最初遭遇是结构性的，反映了男性在性别结构中的主导，反映了一定程度上对男性暴力的容忍。但是，HSF 在长期受害之后出现了自主意识的觉醒。这种觉醒是缓慢的，是在容忍难以为继之后得到巩固的，是一种被动的觉醒。从社会工作的角度来看，即便这是一种被动的觉醒也是个体的优势，需要社工关注。可见，要想减少这种隐藏在婚姻和家庭面纱之下的暴力行径，需要改变的不仅仅是女性在面

---

① 李银河. 中国女性的感情与性[M]. 呼和浩特：内蒙古大学出版社，2009：144.
② 同上。

对家庭暴力时退缩和容忍的态度，更需要改变的是男女自身的角色定位和整个社会的传统观念，提高女性的经济地位以及增强她们的法律意识。也就是说，需要把法律倡导与舆论倡导纳入乡村家庭社会工作的工作范围之内。

第二节　离异女性面临的困境

纵使当下社会观念转变，离婚的成本降低，但在婚姻解体之后，女性所面对的环境更加复杂。社会关系网的削弱、经济上的困窘、归属感的缺乏、舆论的压力、儿童照顾的艰难都是女性在离婚之后不可避免地需要面临的困境。她们需要社工介入。

一、支持之弱

齐美尔(Georg Simmel)的形式社会学非常关注相互作用的人际关系网络对个体的重大影响。在他看来，社会支持与人际关系网络对个体行动能力的强化紧密相关，影响着个体行动的自由度。① 他认为个体行动的自由度和对关系伦理的判断紧密相关。他在论及婚恋中的情感时指出，“忠诚的爱”带有一种社会伦理上的误判色彩。一般而言，只要彼此之间还有爱，那么为什么还需要忠诚呢？他说：“如果人与人之间的一种关系里还继续存在着爱——那么还需要忠诚干什么用呢？倘若各种个人不是在第一瞬间就被

① 郑作彧．齐美尔的自由理论：以关系主义为主轴的诠释[J]．社会学研究，2015，30(3)：102－105.

忠诚约束在一起，而是由爱得十分原始的、天生的心灵气质约束在一起的——那么十年之后，为什么还必须增加忠诚作为关系的保护者呢？”①齐美尔接着暗示，问题在于爱在十年之后是否依旧不变。如果有，则需要忠诚——一种特殊的、纯粹的心灵状态来确保爱是坚持不懈的。这样，齐美尔就把情感、伦理、关系联系在一起，强调情感、伦理对人际的支持的重要性。对于离异女性而言，无论是情感，还是伦理，她们都面临着人际关系的颠覆性局面。

格兰诺维特（Mark Granovetter）同样重视人际关系的稳定性。他提出的“弱关系”理论将社会网络这一概念推广到了社会学研究的各个领域。社会网络理论包含许多内容，其基本含义一般指由个体间的社会关系建构而成的一个相对稳定的体系，是一群人之间的一组独特联系。②

大略来看，关于社会支持，国内外许多学者在各自不同的领域为其所下的定义不尽相同。虽然有差异，但大部分学者定义的社会支持都包括情感和物质在内，是指一种能够对个人起到扶持和襄助作用的社会关系。即所谓的社会支持就是支持者对被支持者提供物质或精神等方面的支持的行为总和。③ 作为群居性动物，社会网络和社会支持的作用对于人们来说就显得尤为重要。人们公认，从恋爱到家庭建立的过程，体现了互动的各方对人际关系网络、社会支持的认知与作用。从恋爱开始，男女双方的关系网就有了

① ［德］盖奥尔格·西美尔．社会学：关于社会化形式的研究［M］．林荣远，译．北京：华夏出版社，2002：432.

② 李梦楠，贾振全．社会网络理论的发展及研究进展评述［J］．中国管理信息化，2014，17（3）：133.

③ 李敏，陈道发．社会支持视域下农村留守儿童的教育问题研究［J］．教育与管理，2015（18）：45.

交集并相互包含。因而，在婚姻解体之后，因婚姻所带来的社会网络和社会支持都会在一定程度上被削弱，或者至少可以说被改变。

首先，在亲属关系上，由前夫带来的亲属网络几乎全部解体，习惯已久的生活秩序被打乱。大多数女性在经历离婚时都不甚体面，往往曾经最亲密的人却闹得恨不得“老死不相往来”。女性脱离了婚姻，离开了那个家庭，和男方的亲戚朋友几乎都不会再有往来。特别是结婚多年的女性，其社会关系网几乎与男方的融为一体，一旦离婚，几乎等于与从前熟悉的人和事一刀两断。简而言之，离婚即意味着中断社会关系网络。比如，本书前面提到的支持丈夫创业开橱柜厂的妇女，由于一直做全职家庭主妇，人际关系网络变得十分脆弱。同时，从歧视经济学的角度来看，“全职家庭主妇”很容易在求职时被视为没有工作经验的代名词[①]，甚至很容易被污名化。离婚前，人们往往把她们理解为“被养活的人”；离婚后，她们则被误解为对爱情、对家庭不忠诚的人，尽管有时不忠诚者并不是她们。

其次，由于老一辈人对离婚的接受程度并不算高，女性的亲属也并不一定会给予她们安慰和帮助。在农村，“嫁出去的女儿，泼出去的水”这一传统思想并没有被根除。许多中老年人依旧视离婚为不光彩的事，许多女性在不顾家人劝阻坚持离婚之后，并不能得到理解和体谅，甚至会被视为给家族蒙羞而不愿被提及之人。部分年轻的调查对象因此在心理上陷入绝望，认为自己因为离婚而遭遇了社会性死亡。

再次，离异妇女很容易被视为个性有缺陷而不易交往者。无疑，人们把健康的家庭关系看作经历了个人问题的不同个体却依然能相互包容并走到

① [美] 加里·贝克尔. 歧视经济学[M]. 于占杰，译. 北京：商务印书馆，2014.

一起。婚姻中的双方被视为能够遵守规则，能够主动解决问题的组合。用萨提尔（Satir）的话来说："婚姻关系是其他家庭关系的中轴，夫妻双方是家庭的建筑师。"①离异者因此很容易被视为失败的建筑师，甚至是摧毁师。诸如此类的判断很容易导致离异妇女被贴上标签，并因此遭受社会排斥，缺乏社会支持。

最后，农村是乡土社会，即便面上和谐友善，但私下里女性离婚还是会被当成茶余饭后的谈资，受人指点。周遭环境隐藏着排斥，动摇着离异女性本就岌岌可危的社会关系网。熟人社会强调亲密关系，而亲密关系的评价往往与口碑联系在一起。从传播学角度来看，这种口碑传播在传统社会往往不会牵涉太广的地理空间。正是这种传播特征使得离异女性面临的舆论压力更大，这样，很多离异女性在这种熟人社会的亲密型舆论压力中丧失了生活的内在动力，丧失了对人生意义的追求。其后果便是经济艰困程度进一步加剧，个体形象遭受进一步的污名化。

二、经济之困

近年来，学界把离异妇女的经济困境与性别分工的公平正义联系起来加以观察。学者们提出，有关性别的家庭责任平等分担，尤其是儿童照顾、老人赡养等是"最具意义但未实施的变革"②。从本章涉及的 44 个案例来看，留守农村的家庭主妇或跟随丈夫做生意的女性共计 35 位，只有 9 位是有

① [加] 唐纳德·柯林斯，[美] 凯瑟琳·乔登，[加] 希瑟·科尔曼. 家庭社会工作[M]. 4 版. 刘梦，译. 北京：中国人民大学出版社，2018.

② Elizabeth H, Shirley W. Women in the political world: Observations [J]. Daedalus, 1987,116(4): 30.

真正意义上的独立工作的。不论是出于照看家庭的需要，还是照顾子女的学习和起居的需要，千百年来女性在家庭中扮演的角色从未得到公正的对待，且这一角色身份始终是禁锢女性真正独立步伐的障碍之一。婚姻存续之时，女性或主动或被动地放弃自身发展、远离职场，转而照顾家庭，或者未把职场视为最主要的日常生活场域。而在离婚后，这些原本依靠丈夫的女性需要养活自己甚至还有子女，寻求经济上的独立就成为她们必须跨越的难关。有研究表明，离婚后的一年内，女性的生活水平在原有的基础上下降了73%，反观男性的生活水平却有了42%的提高①，离婚后女性面临的经济困境比男性更为明显和严重。② 经济上的困难也进一步影响着女性的社会地位。③ 从依附于家庭和丈夫的传统女性角色成长为要独当一面的现代女性，社会角色的转变也使得许多离异女性在转变的过程中面临着许多困难。

首先，重新步入职场受到学历和工作经验的限制。根据最高人民法院在2017年10月13日发布的一组数据可知，从学历来看，离婚率较高的群体集中在夫妻双方为小学和初中学历的人群之中。在本章的研究案例中，44位女性中，小学学历的有1位、初中学历的有20位、高中学历的有18位，拥有大专及以上学历的只有5位(见表3.3)。初中学历和高中学历占了绝大部分。在“技能社会”背景下，受学历和能力所限，可供她们选择的职业较

① 夏吟兰. 论离婚女性权益的保障[J]. 中国妇运，2004(11)：34.
② Sun S H L, Chong W E, Lim S H. Gender and divorce in contemporary Singapore [J]. Journal of Comparative Family Studies, 2014, 45(1): 127 - 143.
③ 张思齐. 离婚对家庭成员影响的差异性探讨：基于当代西方社会学者研究的视角[J]. 国外社会科学，2017(2)：112.

少。许多女性在离婚后只能从事服务行业、外出打工，或者有一定经济基础的则是选择做小生意。经济压力成为许多离异青年女性选择再婚的一个很大的推动因素。

表 3.3　瑶川镇青年离异女性学历分布情况

学历	频次	百分比/%	有效百分比/%	累积百分比/%
小学	1	2.3	2.3	2.3
初中	20	45.5	45.5	47.8
高中	18	40.9	40.9	88.7
大专及以上	5	11.4	11.4	100.1
合计	44	100.1①	100.1	

注：① 因四舍五入取小数点后一位，使得数据加总后超出 100%。

同时，随着人口结构的演化，近年来大量劳动密集型企业迁移到国外，离异女性的就业空间面临全球性产业链调整的挑战。在赣东北的调研中，本团队接触到一位初中毕业的离异女性。她年轻时是裁缝，是当地人口中的"能人"。因此，在离婚后，她选择去浙江的制衣厂。但是该制衣厂一方面把大量资金投入房地产行业，另一方面一直从事代工而忽视自己的品牌建设。由于代工业务被国外企业转移到缅甸，制衣厂很快就因为资金链断裂和代工订单越来越少而选择裁员。尽管她做过裁缝，但是长期照顾孩子、赡养老人使得她在制衣厂的工作经验太少，她成了首批被裁对象。裁员对她的打击是彻底的。她失去了信心，重新回到山村，再也未出去择业。她的经历表明，社会政策需要主动面对产业结构调整带来了何种社会性后果这一议题。

三、重组之艰

较高的离婚率也和社会对于家庭重组相对更为包容有关。不能不看到，部分离异者对重组抱有过高的信心，忽视了离异双方在家庭重组中所面临的一系列挑战。研究表明，离异后女性的再婚比例达 77.49%，而男性的再婚率仅为女性的 43.2%，女性再婚概率大大高于男性。① 本次调查中的 44 位离婚青年女性已经再婚的占 65.9%，也就是一共有 29 人已经重新步入婚姻，并另组家庭。而男性再婚的占 40.9%，共有 18 位男性再婚。且笔者还发现了一个现象，即在瑶川镇离婚的夫妻中，一对离婚夫妻中男方再婚而女方未再婚的概率仅为 13.6%。换而言之，就是 44 对离婚夫妻中，仅有 6 位男性是先于女性重组家庭的。这也印证了本团队在杜村调查中得出的结论。在男性婚姻遭遇挤压压力的背景下，尤其是在人口性别比例失衡的条件下，女性重组家庭的机会更多了。这反过来进一步提高了女性提出离婚的信心。

然而，高再婚率并不代表离异女性的幸福感就高于男性。对新家庭归属感的缺乏使得再婚女性时常处于不安情绪之中。当归属和爱的需求得不到满足时，人们会渴望同他人建立联系，会为了实现在他人的这个团体或家庭中占据一定位置的这个目标而不懈努力。② 因此，为了稳固新的家庭，再婚夫妻通常会选择再生一个共同的孩子来作为加强婚姻稳定性的纽带。有

① 杨记. 影响再婚的个人和社会因素分析[J]. 西北人口，2007，28(1)：103.

② [美] 亚伯拉罕・马斯洛. 动机与人格[M]. 许金声，等译. 北京：中国人民大学出版社，2013：27.

研究表明，再婚女性生育二孩和多孩的情况占再婚生育的80%。①

案例12：再生个孩子吧（WXY，女，33岁，家庭主妇）

笔者在再婚案例中听到最多的一句话就是“不生个孩子，夫妻俩始终都不像真正的夫妻”。再生个孩子成为巩固双方关系的理性选择。

“我们刚在一起的时候根本就不像夫妻那样相处的，他防着我，钱都不会经我的手，他的父母也一样。其实也不怪他们，我自己也一样，就算领了结婚证，我在他家待着也像是在别人家，不觉得他是我的丈夫。”

刚刚重新步入婚姻的双方，不论男女，几乎都不会对对方像福柯所说的那样“交付百分之百的信任”，因为双方的角色和感情相比初婚都会复杂许多。在农村，在男性掌握经济来源的家庭中，女性的归属感就更加薄弱。新环境的难以融入、新关系的沟通联结薄弱、新家庭的难以加入都成为女性重新从家庭和婚姻中获取幸福感的阻碍。

“后来给他家生了孩子，才真正觉得这是自己家了，我和他还有孩子才真正是一家人了。我觉得我们这种情况，应该是大家都有的问题，生个孩子才能解决。”

这话不仅仅是说说而已，就笔者所得的资料来看，事实也确实如此。29位再婚的青年女性中有25位已经与新的丈夫生儿育女，就她们甚至瑶川镇的整个农村社会而言，只有孩子才是维系新的婚姻稳固的有力砝码，才是夫

① 张智敏，陈贤寿．再婚、再婚生育问题研究：对湖北省1%人口抽样调查的分析[J]．中国人口科学，2000(4)：54.

妻双方共情的话题和维持家庭生计的议题。但是，不能不看到，对女性而言，高龄育儿也给她们带来了巨大的身心压力。为了高忠诚度的爱情与婚姻，女性付出了很多。

四、舆论之压

接纳意味着承认。每一个人都有获得承认的需要。承认既包括自我承认，也包括获得他者支持的相互承认。它是一种与一定时空条件下的社会价值判断、认知紧密相关的存在，意味着一定个体或群体在道德语境中的地位与影响。① 对于离异者而言，舆论压力意味着必须面对承认与接纳的困境。一项对北京部分离婚者的调查研究表明，有 76.1%的人感觉到周遭环境的不同：或猜疑、嘲讽，或同情、可怜，幸灾乐祸的人也不在少数。尤其是女性，“离了婚的女人就像是犯了罪”②。在思想更为开放的大城市尚且如此，身处相对封闭传统农村中的离异女性所面临的境况可想而知。从传统社会到现代社会，虽然人们对离婚这一现象的态度愈加开放，但“离婚意味着失败”的观念却还是根植在人们心中。在对待身边离婚人士时，虽然接纳程度越来越高，但还是不免戴上“有色眼镜”。实际上，不论离异女性是因为何种原因选择离婚，都免不了在“好事不出门，坏事传千里”的农村中承受或多或少的舆论压力。

承担压力的不仅仅是个体。承认是个体性与社会性统一的存在。一位

① 关于承认的研究可参阅：[法] 保罗·利科. 承认的过程[M]. 汪家堂，李之喆，译. 北京：中国人民大学出版社，2011. [德] 阿克塞尔·霍耐特. 承认[M]. 刘心舟，译. 上海：上海人民出版社，2021.

② 李银河，冯小双. 对北京市部分离婚者的调查[J]. 社会学研究，1991(5)：97.

在沿海地区工作谋生的离异女性这样描述舆论压力对自己和家人的影响：“我已经很多年没回过家了，父母的观念很传统。我知道他们爱我，但他们很难过。对他们来说，我在婚姻失败后，再也嫁不出去的事情很让人扎心。曾经，他们在村里很有威望。但是，他们因为我得不到村里人的承认。我自己也是这样，得不到他们的承认。回去有什么意思？给我父母添堵？”她的语气里带有懊恼，带有愤怒，带有无奈，但是也带有一份渴望，渴望村民的言谈举止之间多一分包容，多一分对她和家人的认可。她的遭遇表明，社会工作在倡导合理承认且更为平等的婚恋环境方面任重道远。

当然，男性虽然也面临舆论压力，但实际情况并不完全一样。如同对女性出轨的态度比对待男性出轨的态度更为苛责、更加严厉一般①，在对待离婚这一现象上，人们对男性的态度也比对女性更为宽容，即使在农村离婚男性的再婚率并没有女性高。这种情况在亲密关系的交往圈中也同样存在，长辈圈、朋辈圈甚至孩子都在不同程度上给离异女性带来舆论上的压力。笔者走访、获取资料的过程何尝不是人们对离异女性的评议过程，许多受访者的态度便可以佐证离异女性面临的舆论环境。下面的访谈表明，自媒体虽然已经出现在乡村，但是传统的舆论场域特征依然十分强大。在公共空间中，口头传播依然具有强有力的舆论影响力。尤其值得注意的是，这种口头传播往往是基于村落亲密关系而实现的。也就是说，口头传播既是亲密关系的催化剂，又是亲密关系的撕裂者。

B村妇女主任告诉我：“农村人就是这样的。特别是妇女们，洗衣服也好，跳广场舞也好，打麻将也好，手不停，嘴也是不停的。每天都是一样单调

---

① 李银河. 中国人的性爱与婚姻[M]. 郑州：河南人民出版社，1991：163.

的日子，家家有什么事都是要拿来说一说的，更何况离婚这样的大事。”她的抱怨中涉及农村公共空间的随机性。这种随机性的唠叨、聊天、窃窃私语实际上对村民构成了直接的心理压力。

笔者在走访过程中最大的感受就是，不论出于何种原因离婚，人们对离异女性的态度在同情之余都有一丝在道德上高高在上的意味。在访谈时，人们往往不知这种态度从何而来，难道只因别人离婚了，而他们拥有完整的婚姻，人生就比他人高尚、成功许多吗？对离异女性那种虽未宣之于口，但脸上却悄然表露的幸灾乐祸让笔者时感不适。作为一个局外人，笔者都能有这样的感受，更何况处于农村茶余饭后舆论中心的离异女性们。事实上，抛开访谈时瞬间的心理波动不谈，从讨论者的角度来看，他们也有一种获得评价参与权的冲动。他们试图在参与中表达自己的态度，比如幸灾乐祸、同情与愤怒，等等。这种参与的冲动也是获得其他村民关注、承认的一种方式。但是，长期以来，这种参与是自发的，它们缺乏有效的乡村舆论合理引导机制。因此，难免会导致事态的进一步复杂化、长期化。

五、抚育之难

家庭制度的基本功能就在于满足人类的生存与发展的需要。家庭制度是动态的，不同的历史阶段承担的功能也不同。长期以来，家庭的核心功能在于与一定的生产方式相适应，发展生产力。随着城市化、工业化、市场化的发展，家庭的生产组织功能被弱化。但是，家庭的生育功能，尤其是教育和抚养功能依然是主要功能。[①] 离异冲击着家庭功能的良性发挥。在 44 个

① 杨善华. 家庭社会学[M]. 北京：高等教育出版社，2006.

案例中，已生育子女的有 41 个，占比 93.2%。其中离婚后抚养子女的离异女性共有 20 位，占比 45.5%，其中有 13.6%的离异女性是有多个孩子，与前夫每人各自抚养一个。

在离婚后，女性面临着社会角色的转变，但母亲这一角色赋予她对孩子的爱却是不变的。多年来各个国家的许多研究都表明，离婚对未成年子女的身心健康会产生不利影响。[①] 现代社会对子女抚养的要求不仅限于经济方面，对子女教育、精神需求等方面的标准都比传统社会更加高。离异女性或是寻找合适的工作，或是再婚，都期望在各个方面能尽自己的全力好好养育孩子。有研究表明，离婚后选择抚育子女的女性，其生活的幸福指数降低了 36%。[②] 而再婚的女性不仅要面临子女可能会抗拒，还要面临子女在新家庭也同样较难融入的挑战。

由上可知，离婚后的青年女性面临着身心各个方面的挑战。外部环境的转化、社会角色的变化、心理情感的波动，无一不在向女性发起挑战。在父权社会中，女性在许多情境下都处于弱势地位。失去婚姻和家庭相互扶持的作用，独立面对挑战的女性要如何快速调整并适应，其难度可想而知。

面对抚育之难，为了防止因为家庭功能紊乱而导致贫困代际传递的风险，在乡村社会建立功能补位型的农村社会工作体制机制是必要的。这也是本书后面章节进一步对县域社会工作的儿童照顾进行案例研究的原因。

---

① 夏吟兰. 离婚亲子关系立法趋势之研究[J]. 吉林大学社会科学学报，2007，47(4)：65.

② Bianchi S M, Subaiya L, Kahn J R. The gender gap in the economic well-being of nonresident fathers and custodial mothers [J]. Demography, 1999, 36(2): 199.

第三节　被压抑的需求：现代性与家庭解体

马斯洛(Abraham H. Maslow)将人的基本需要进行了由低级至高级的划分，分别是：第一层次的生理需求，第二层次的安全需求，第三层次的归属与爱的需求，第四层次的尊重需求以及第五层次对自我实现的需求。这些逐层递进的需求在不同时期所表现出来的迫切程度是不同的。① 戈布尔(Frank Goble)认为马斯洛的这一理论几乎可以运用到个人和社会生活的各个领域。② 来自瑶川的调查表明，需求压抑的背后是现代性对家庭的冲击。这是社会工作进入离异家庭开展需求评估时所要面对的基本问题。

一、被压抑的需求

(一) 生理需求

马斯洛的需求层次理论认为生理需求是推动进行各种行为的首要动力，是人类最原始、最基本的需求，性欲就是其中之一。③ 弗洛伊德也认为，因性欲导致的饥渴感和因食欲导致的冲动是同等的原欲。④ 但是，这一需求并不总是明示的，其表达和性的观念、行为及其环境等诸多因素紧密

① ［美］亚伯拉罕・马斯洛. 动机与人格［M］. 许金声，等译. 北京：中国人民大学出版社，2013：19－30.
② 陈婷苑. 从马斯洛需求层次理论浅析海斯特的女性意识［J］. 黑龙江教育学院学报，2018，37(10)：104.
③ ［美］亚伯拉罕・马斯洛. 动机与人格［M］. 许金声，等译. 北京：中国人民大学出版社，2013：20.
④ ［奥］西格蒙德・弗洛伊德. 性学三论［M］. 徐胤，译. 杭州：浙江文艺出版社，2015.

相关。①

从调查走访的过程中获得的资料来看，不论是留守在农村的离异女性还是未离异的女性都或多或少地抱怨过两地分居的痛苦。对于这种内在痛苦背后的自身需求，她们不会细谈，或者会岔开话题，未曾提起过性的需求。她们在保持传统矜持的耻感心态的同时，更多的是强调自己独自一人照顾家中老人与子女的艰辛。李银河教授认为，有时候性压抑已经转化为一种不可逾越的法则和民俗习惯②，转化为一种被遮蔽的内容表达。甚至还有人认为女人的性感受是非自然、无益于健康的，是堕落的标志。③ 这种情况在农村尤为严重。不少女性认为性是肮脏丑恶的④，是不洁的。而谈论不洁之事，必有危险。除非万不得已，谁愿意主动碰触危险呢？在中国，性本就是个极为隐秘的话题。普通的夫妻尚且不轻易与人谈论，离异女性在性方面的压抑和难以启齿使得本章在这方面的资料收集难度十分大。

案例 13：不好说，不能多说：见怪不怪的风气

言说是一种选择，如何说是一种艺术，沉默、回避也是一种态度的表达。在走访过程中，让人震惊的不仅是这几个村子的高离婚率，还有背后那些未离婚的人。事实上，因出轨而离婚的人只占婚内出轨现象的很小一部分。

---

① ［美］约翰·盖格农．性社会学：人类性行为［M］．李银河，译．呼和浩特：内蒙古大学出版社，2009．

② 李银河．禁欲主义与中国女性访谈录［J］．中国青年研究，1996(1)：12．

③ ［法］西蒙娜·德·波伏娃．第二性［M］．陶铁柱，译．北京：中国书籍出版社，1998：499．

④ 李银河．中国女性的性观念［J］．社会学研究，1996，11(2)：39．

得知对方出轨而忍气吞声将婚姻继续下去的人不在少数。与丈夫两地分居的女性与他人有婚外恋的情况并不鲜见。这样的情况不仅本章所涉及的四个村都有,几乎所有访谈过的人都能悄悄地说出她所熟悉的一两个来。这种情况着实太过普遍,即便大家知道这样的事情是羞耻的。面对瑶川的出轨女性,人们会在私下里对她们议论纷纷,但也仅限于私底下议论,甚至没有人会告诉她们在外打工的丈夫,因为这是别人夫妻之间的事,外人不会管也不好管。一位调查对象感叹道:“不好说,也不能多说。”还有一位嗫嚅道:“两个人离得太远了,她也是没办法。”

“离得太远”四个字隐藏着一个基本事实:空间与性欲。这一事实恰恰是对弗洛伊德的“泛性论”的印证。如前所论,他认为性本能是人类生活动力、一切欲望的根源。[①] 这一理论虽受到学界的批判,但不可否认,人类确实是一个性欲丰富的群体。随着营养的丰富以及性文化传播的广泛,性的诱惑无处不在。农村的剩余劳动力顺应经济发展的需求而向城市流动,对性的压抑或许很难抵挡长时间的两地分居。选择两地分居大多数情况下是夫妻基于家庭利益的考量而做出的无奈之举。夫妻间不论是生理还是情感方面的交流都因空间上的远距离而受到限制。在生产空间巨变与人口流动的大背景下,婚姻的功能被割裂,女性最基本的生理需求难以得到满足,夫妻间生理和情感两方面的交流都不够充分,给婚姻的稳定带来了冲击。但是,从乡村治理角度来看,这种私域之事,很难获得合理、合情、合法的依据来介入。

① 叶知秋. 弗洛伊德唯性主义批评[J]. 现代妇女,2011(2):5.

（二）精神需求

调查表明，自信心受损、自我否定是离异青年女性表现出的最普遍特征。这或许与社会对离异女性的态度更为苛刻，且女性自身在情感上更加敏感、心思也更为细腻有关。① 在接受访谈的几个案例中，不论是出于何种原因而导致的离婚，不论离婚是否为女性主动提出，离婚的青年女性都或多或少地表现出对自己的怀疑和否定。这种现象在因男性出轨而离婚的案例中尤为突出。

从因果性认知来看，受访的女性首先会肯定出轨是男性的原因，过错并不在自己，该受到谴责的是做了错事的前夫。但在此之后，她们几乎都会话锋一转，开始检讨自己是不是有什么做得不够好，才让前夫不太满意而出轨。或者是把自己和第三者相比，总会既肯定又犹豫地说一句："我觉得我没有比她差到哪里，这到底是为什么？"

这种情况在已经再婚的女性那里也并没有偃旗息鼓。吉登斯所阐述的"依赖本性"对于女性来说，更经常地与家庭角色联系在一起。② 婚姻的破裂导致家庭的瓦解，要再次建构可依赖的家庭关系就需要再次进入婚姻。然而婚姻的缔结是具有很大偶然性的，没人能保证新的婚姻会比第一次婚姻更加幸福。③ "离过婚的就是不一样的"这种心态始终纠缠着再婚女性，致使她们无法全身心地投入新家庭中。在离婚之前，女性受传统思想和周围环境影响，将离异女性界定为"不幸福和失败"的形象。未再婚的女性总是担

---

① 徐安琪. 离婚与女性地位及权益之探讨[J]. 浙江学刊，2007(1)：201.
② ［英］安东尼·吉登斯. 亲密关系的变革：现代社会中的性、爱和爱欲[M]. 陈永国，汪民安，等译. 北京：社会科学文献出版社，2001：119.
③ 卢伟. 离婚成本探析[J]. 湖北社会科学，2011(8)：57.

忧新的婚姻是否成功，是否会像第一次婚姻一样虽怀着希望但最终还是以失望收场；而再婚后，她们不自觉地将第一次婚姻失败的阴影带到新的婚姻中去，怀着不安和忐忑努力经营着第二次婚姻。甚至有长辈“耳提面命”地让她们“好好改正自己的毛病”，不要“再犯同样的错误”。这对离异女性的自信心来说无疑又是一场沉重打击。因为她们面临着社会刻板印象和污名舆论的巨大压力。

在马斯洛看来，自信会使人觉得自己在这个世界上是有价值、有位置、有用处和必不可少的，这是自尊需要得到满足时才能产生的一种情感。① 当这些需求遭受挫折而得不到满足时，自卑的情绪容易滋生，人们对自己的能力产生怀疑，进而影响人的心理健康。离婚于女性而言本就是一场损耗颇多的“战争”，无助感、失落感、抑郁、烦闷甚至被遗忘感都在一定程度上困扰着她们。② 精神层面上的伤害会长久而隐秘地影响着离异女性今后的生活。她们需要周围环境的认同和包容，至少不是将她们划归为另一个与“常人”不一样的类别。伴随着身份的变化、经济地位的下降、社会支持的削弱、社会网络的重塑，离异女性面临的生存环境要比在婚姻存续期间更加复杂多变。事实上，从精神需求来看，她们渴望获得承认，渴望回归常态，渴望开始新的生活。因而，要重新树立离异女性的自信心、减少自我否定的心理，不仅需要女性自我调节，更需要整个社会观念的转变和男女平等真正意义上的实现。

（三）物质需求

传统的家庭自治是以表面上尊重家庭来掩盖事实上的不公平，是以牺

---

① ［美］亚伯拉罕·马斯洛. 动机与人格［M］. 许金声，等译. 北京：中国人民大学出版社，2013：29.

② 陈妙庄. 社区离异妇女内心感受的质性研究［J］. 当代护士（学术版），2009(10)：3.

牲个人自由和女性以及儿童的福利为代价。[①] 社会角色的分工禁锢了女性，就像色诺芬所言，男女间“天然的”对立和差异促成了家庭秩序的建立，原本因为这个秩序而存在的对立和差异又反过来被变成需要强制履行的义务。[②] 农村多数家庭的经济来源是依靠男性的，当离婚将这种“秩序”打破时，女性也需要冲破“男主外、女主内”传统思想的禁锢，寻求新的经济来源。

案例 14：唯一“成功”的离异女性(HY，34，超市老板)

由于学历和其他各方面的原因，很可惜的是，即便不依靠家庭和丈夫也能够在经济上获得成功的离异女性在本次研究的 44 个案例中只有这一位。HY 结婚很早，之后很快生下了女儿。她离婚也很早，在 23 岁时就因为丈夫好吃懒做、出轨而离了婚。离婚后，HY 独自带着女儿，至今没有再婚。她做过很多生意，由最初的小服装店慢慢地经营，直到现在经营了镇上规模第二大的超市。十几年来，不仅靠自己在镇上盖了房子，还在县城里投资了好几套商铺。当说到女儿时，她会很自豪地说女儿很懂事。说到经济方面时，她会有些骄傲，认为自己这样的生活很好，想买衣服就可以买一堆，不用再看谁的脸色。说完后，她笑得很爽朗。

在 44 个离异青年女性中，在经济上自我成就感较为突出的只有这一位。可见，针对离异女性开展反贫困社会工作是非常重要的议题。概而言之，离

① 林建军. 中国式离婚调查报告[M]. 北京：法律出版社，2016：142.
② [法] 米歇尔·福柯. 性经验史(第二卷)：快感的享用[M]. 佘碧平，译. 上海：上海人民出版社，2016：146.

异女性不但要保障自身的生存根本，同时要抚育子女、赡养父母，这些责任并没有因为其婚姻的解体而发生转移。失去了婚姻中相互扶持的作用，农村离异青年女性独自面对这些问题时，由于学历、工作经验的限制就显得更加困难。因此，便出现了如前文所言的情况：许多女性选择再婚以摆脱“离异”的身份。其中重要的原因就是摆脱离异后的经济困境。有研究表明，由于要料理家事、照顾老人和子女，农村女性的经济收入明显低于男性。① 而要使女性家庭地位提高、生存环境改善，女性经济能力的提升是基础。② 因此，不论是离异女性还是已婚女性，在经济飞速发展的时代，都应把握住机会，努力实现经济独立和人格独立。社会应趁机改善女性就业环境，减少职业隔离，为女性提供更多的发展机遇，以满足其物质需求。

随着农村现代化程度的加深，经济的发展、观念的变化从各个方面影响着生活在这个社会中的人们。离婚后的青年女性面临着各种变化，精神和物质方面都有各种不同的需求。精神上需要重新树立自信、寻求自我，经济上需要对自己和子女负责，不论哪一方面都需要拥有“破而后立”的勇气，才能开启全新的生活。

二、现代性、个体与家庭

有学者研究发现，80%的女性在离异后认为她们在情感、心理和社会等

① 董重，吕康银. 农村女性经济收入及其影响因素研究[J]. 劳动保障世界(理论版)，2011(2)：16.

② 宋月萍，陈丽月. 女性非农就业是否能有效抵御家庭暴力？来自中国农村的实证分析[J]. 中华女子学院学报，2015，27(4)：44－52.

各个方面的需求都很难得到满足。[①] 这种现象的产生既受家庭功能缺失的影响，也有个人社会角色转变所带来的需求割裂的影响，是宏观因素与微观因素共同作用的结果。

（一）家庭功能与需求

婚姻不仅是男女双方从法律层面确认权利和义务的一种社会关系，更是男女双方寻求情感支持、心灵慰藉的一种形式。婚姻的缔结就意味着合法的性生活以及夫妻双方需要承担共同养育子女的责任。[②] 在婚姻里，男女双方互相扶持、共同经营，支撑起社会的基本单元——家庭。由此可见，家庭最基本的功能便是满足男女双方的性生活以及抚育与赡养。

家庭的功能并不是一成不变的。随着经济社会的发展，家庭的部分功能会发生迁移，也会有新的功能产生。前文已经提到，学界各类研究都表明了导致中国农村离婚率升高的原因有许多，其中城乡的人口流动就是重要影响因素之一。在城市化、工业化和现代化的进程中，婚姻的观念和基础都正在发生着根本性的转变。[③] 农村的离婚率伴随着农村人口的流动和迁移而上升。[④] 在人口流动的类型中，农村劳动力的外流是致使农村离婚比例上升的最主要原因。丈夫外出务工、挣钱养家，妻子留守在家照顾老人孩子、操持家务的现象在农村比比皆是。婚姻的部分功能因为空间上的距离而被

---

① 陈智慧. 和谐社会背景下离异女性问题的对策探讨[J]. 湖南人文科技学院学报，2006，23(4)：79.

② 齐麟. 从婚姻与家庭功能看性革命[J]. 西北人口，2001(1)：28.

③ 高梦滔. 农村离婚率与外出就业：基于中国2003～2009年村庄面板数据的研究[J]. 世界经济，2011，34(10)：67.

④ 刘彬彬，崔菲菲，史清华. 劳动力流动与村庄离婚率[J]. 中国农村经济，2018(10)：89.

割裂，夫妻间生理和精神上的交流都受到极大的限制。留守妇女在许多时候要扛起家庭中原本应是丈夫承担的那部分责任，婚姻原本该给予她们支持和情感慰藉的功能也难以实现。这导致留守妇女不仅肩头的担子更重了，更难以忍受的或许是她们独自面对一切时的寂寞和无助。

有研究表明，家庭功能与婚姻的满意度呈正相关关系，即家庭功能发挥得越全面，女性对婚姻的满意程度就越高。① 现代化、社会化的生产方式将农村带入丰裕社会的同时也带来大面积的社会流动。女性在婚姻和家庭中的需求被社会流动打断，空间上的长距离使得家庭功能难以正常发挥。夫妻间的交流不够充分，影响家庭的整体性和亲密程度。留守妇女觉得生活压力大且生活热情不高、幸福指数低。家庭功能被撕裂，对婚姻稳定性产生直接的影响。

（二）个人角色与需求

在社会网络中，人们对特定的社会角色有着特定的角色期待。所谓角色期待，实际上包括了一整套的价值评判标准和行为准则，具体表现为社会或组织对于身处特定社会地位上的人有着与之相应的包括道德、法律层面在内的期望和价值评判。② 婚姻的解体带来个人社会角色的变化。女性从婚姻中脱离出来，与原先的社会角色发生割裂。但是社会对她们的“角色期待”并没有降低，脱离了婚姻，她们或许还是需要抚育子女、赡养老人。她们身上担负的责任和面临的生存环境甚至因为失去婚姻和家庭的支持而更加沉重和严峻。

---

① 梅小栋，赵加伟，朱小茼. 唐山地区女性家庭功能和婚姻满意度相关研究[J]. 中国煤炭工业医学杂志，2016，19(6)：923.

② 孙廷华. 对“社会角色”的哲学思考[J]. 社会科学，1991(4)：45.

案例15：6个月孩子的母亲（YQ，27岁，美容店技师）

YQ离婚的时候，她的儿子才6个月大，离婚后男方把孩子带走。

“我原本是想自己带着他的，可是我父母不许，说我还年轻，带着孩子以后不好再找。其实有什么好找不好找的，我是剖宫产的，肚子上那么长一条疤，以后谁和我结婚都会知道我生过孩子。但是一家人车轮战一样地劝我，我受不了，后来就这样让他爷爷奶奶把他带走了。”

“一开始我晚上整夜整夜地睡不着，想孩子。我觉得很愧疚，他还那么小，就离开了妈妈。但是我也知道我自己的情况，家庭条件没有他爸爸家好，我父母不可能会养着我和孩子。带着他的话，我就不能出去打工挣钱。我妈要干活，她也没时间帮我带。所以跟着他爸还是更好一些，反正他爷爷奶奶还很年轻，就这么一个孙子，他们会疼他的。”

“想想我这个母亲真的是一点都不称职，我没有能力养他，孩子生下来没有母乳，我也只带了他6个月。”

离婚导致YQ的“母亲”角色被迫中断，她对孩子的思念和母爱的本能需求被迫停止。但是她“没有能力”，并且所扮演的“女儿”这一角色还要求她不断地向长辈眼中的“正常生活”靠拢。离异女性在承受角色割裂的同时还要面临更多的角色期待所带来的压力。亲朋与长辈们希望她们尽快找到另一个合适人选再婚，摆脱“离异”这种意味着失败的身份。甚至年轻一点的离异女性会被期望能够隐瞒曾经有过婚姻经历或生育历史，从而获得条件更好的第二次婚姻。离异女性所需的情感慰藉受到角色割裂的影响而难以得到满足。

家庭功能的缺失和个人角色的转变对女性在离异后各方面需求的满足都产生了深刻的影响。家庭和婚姻的基本功能因为人口流动、空间上的距离而缺失，对女性生理和心理上的支持被削弱。女性的社会角色在离婚之后发生转变，甚至与原有的某些角色割裂的同时，其部分角色期待并未减少。这给离异女性的心理健康和情感需求都带来了一定的伤害。虽然离婚并不一定是弱势女性的悲哀，甚至某些时候女性是从不幸的婚姻中解脱出来①，但离婚之后女性所需要面对的种种困境和需求的难以满足都使得离异女性的处境愈发艰难。

从长时段来看，人类文明经由男女两性共同努力才得以构建，但文明却没有给予女性与男性同等的回报。家庭和事业于男性而言是温暖和点亮人生的太阳和月亮，而对现代女性来说却是鱼和熊掌，难以兼得。而女性由于各种原因在离开了消耗青春的“围城”之后，却依旧难以拥有与男性平等的那“半边天”。离异女性所面临的经济和舆论的压力、情感和心理上的伤痛，都是避无可避的难题。如果调整不当，很容易对儿童照顾产生直接影响，甚至导致家庭重新跌入贫困的陷阱。

（三）流动的空间与破碎的家庭

现代工业生产方式的变革和商品经济的飞速发展，必然会引起人们在生产、生活方式方面发生改变。在农村，人们的生存方式、劳动方式和交往方式都呈现出新的面貌。

本章前文提及的案例大多是丈夫外出为一家的生计谋划、妻子留守照

① 徐安琪. 离婚与女性地位及权益之探讨[J]. 浙江学刊,2007(1): 199-201.

顾一家老小的情况。农村男性外出务工是主动流动，是出于强烈的挣钱动机才选择离家外出。① 他们为了家庭投身至每年奔波往返在路途中的万千"春运大军"之中。山水迢迢，许多情感和家庭在两地相隔中被消磨、被摧毁。空间上的距离直接导致性需求满足、家务劳动、赡养老人、教养子女等家庭功能无法得到正常发挥，对婚姻的完整性造成巨大冲击。

女性主义的分析清楚地表明，女性和男性对空间的占有或在空间中的地位是不同的。其中，家庭是一种时空存在，是主要的性别区分领域。家和家庭事务领域作为一种性别空间，这种空间的活动角色或者看护者主要与女性联系在一起。② 女性的生理机能、母爱的本能都成为约束女性的藩篱。比如，女性待在厨房，待在婴儿床边，等等。这些空间是无酬空间，是牺牲的空间。女性是天然的牺牲者。她们在分离的空间里学会了牺牲，学会了顺从。"温顺"等词成了一种形容女性的话语。其实，话语背后是严重的空间分离与人格撕裂。她们需要包括社会工作者在内的各界的支持。

于是，男性外出奔波，女性在家承担起"照顾者"角色就成了传统婚姻的特点。女性留在相对封闭的农村，男性在城市中接触更为广阔多变的环境。现代性与传统性相互糅合，成为农村青年婚姻的新的特征。农村男性进入城市后，随着社会融合的不断加深，其婚恋观和行为选择都会受到周遭环境的影响。有研究表明，在城市中，社会融合程度越高的农民工对婚外恋的宽

---

① 何绍辉，赵俊文. 新生代农民工两地分居问题研究：对湘中 H 村的考察[J]. 青年探索，2009(2)：41.

② [英] 安杰伊・齐埃利涅茨. 空间和社会理论[M]. 刑冬梅，译. 苏州：苏州大学出版社，2018：172－174.

容程度也越高。① 近几年，农民工中“临时夫妻”现象的增多和农民工性生活混乱等成为社会各界热议的话题。这些越轨行为对原有家庭和道德情感的冲击都是巨大的。当他们从城市回到道德规范内化的乡土社会时，一旦这些越轨行为暴露出来，对家庭稳定性的破坏力度是可想而知的。

调查开始之初，我们对婚内出轨这件事情有过理所当然的设想。由于生理差异和城市生活更具诱惑等原因，我们预想男性出轨的现象应该会比女性出轨更为严重。但调查之后才发现，女性出轨在瑶川真的已经不是什么稀奇的事。当然，或许在众多离婚原因中，比男性更高的出轨概率的女性案例并不能真正反映实际情况，尤其是并不一定能够在更大的样本调查中完全证明女性寻求改变婚姻状态的比例就一定比男性更大。但是，现有调查也能在一定程度上反映，道德和婚姻责任感的约束确实不像从前那样强烈了。

和道德考量不一样，弗洛伊德的“替代性满足”强调了本能因素。他认为，人们会自发地寻找一个替代品来消除因未从原对象那里得到满足而产生的焦躁和烦闷的情绪。留守在农村的女性，随着社交媒体的不断丰富，即便是被困在“家庭”这个贴上女性标签的空间内，也比传统时期的人们多了许多心猿意马的机会，寻找情感替代品的途径变得多样又便捷。而网络交友的陌生性、异质性、缺场性等特点都成为吸引情感和生理需求得不到满足的农村女性的优势。社交媒体上的高频率互动，弥补了实体的缺席。

① 靳小怡，任峰，悦中山．农民工对婚前和婚外性行为的态度：基于社会网络的研究[J]．人口研究，2008，32(5)：76.

乡村社会的文化生活并不丰富，社交媒体与传统娱乐活动结合改变了人们的地理交往空间。牌友圈是女性交往文化的一种形式。随着手机的普遍运用，乡村女性的交往空间发生了巨变。家庭的和顺往往与一定媒介空间背景下的交往关系紧密关联。在调查中，一位女性的私生活具有典型意义。她是牌友圈的常客，年届四十，丈夫在外打工。她的私生活混乱已经成为她们那个麻将牌友圈里一个公开的秘密。她最大的爱好除了打麻将外还有微信"摇一摇"，后来"摇"到一个隔壁镇的中年已婚男士，两人发展为婚外情人关系。其后，她的家庭生活受到巨大影响，家庭的经济功能也随之紊乱。

正如吉登斯所强调的，两性间的性自主程度是亲密关系变革的主要表现。[①] 出轨现象增多使得原本传统亲密关系的稳固性受到很大影响。夫妻是家庭的基石，夫妻关系是家庭中最核心的关系，亲子关系、婆媳关系都是由此衍生而来的。夫妻双方在空间上的流动和迁移导致夫妻关系岌岌可危，影响夫妻关系的和谐与稳定，虚拟空间的进一步渗透不仅改变着村民的交往对象，改变着地理通婚圈的广度与深度，而且使得已经进入婚姻状态的人们面临更加复杂的离婚冲突。甚至，冲突直接导致整个家庭面临破碎的困局。也就是说，这种空间上的流动不再仅仅是地理意义、经济意义、社会意义上的，它和虚拟空间相互影响，家庭破碎的可能性因此而增加。

① ［英］安东尼・吉登斯．亲密关系的变革：现代社会中的性、爱和爱欲［M］．陈永国，汪民安，等译．北京社会科学文献出版社，2001．

本章小结　空间压缩、情感疏离与乡村亲密关系解体

在现代社会，随着科技的发展以及虚拟交往手段的丰富，吉登斯所说的在时间与空间的分离机制下的“缺场”情境也开始在中国上演。随着现代性的日益加深，其他要素也得以日益完善。这样，空间不再被远距离所限制。由此“缺场”情境获得了可靠保障。① 对瑶川女人而言，空间在地点上的分离至少在三个方面展现出来。

一是经济空间的交融与分裂并存。如前文调查所述，地处中部山区的瑶川离婚率非常高，甚至和发达国家的比例大致相当。这说明，家庭裂变的背后存在一个宏大的空间同质性。现代化始于欧洲。一如陈乐明先生所论，欧洲文明很快在全球完成扩张。一旦它为发展中国家所接受，现代化就在发展中国家中席卷所有地区。与之相伴而行，日常生活也出现了许多同质化现象。在中国，随着改革开放的深入，现代化席卷城乡，席卷东部、中部、西部。调查表明，瑶川的新建民居日益强调欧式“小洋楼般的漂亮”，瑶川女人及其家人的足迹因为经济因素遍及南边的杭州、广州和北边的大连、沈阳等沿海城市，也涉及江西、四川等中西部省份。可以说，现代经济改变了瑶川女人的生活观念，改变了瑶川家庭的婚姻地图。同时，这种空间依然是分裂的。经济发展与社会生活、城市与乡村、贫穷与落后、发达与不发达等分裂性图景对婚姻产生了巨大影响。其结果是，追求富裕的部分瑶川家

① ［英］安东尼·吉登斯．现代性的后果［M］．田禾，译．南京：译林出版社，2011：16.

庭，虽然不再面临贫困的威胁，但婚姻的幸福感却下降了。如何兼顾婚姻幸福与反贫困成为宏大空间下的重要议题。

二是交流手段的丰富和农村现代性的加深不仅促使女性婚恋观发生转变，也给婚姻中夫妻的亲密关系带来了挑战。“闪婚”“闪离”现象的出现和增多很大程度上依赖于电子信息技术的快速发展。虚拟交流的便利性和匿名性特征使得许多已婚人士陷入“网恋”，导致家庭角色冲突不断，成为危害婚姻稳定性的“高科技炸弹”。① 而与现代性紧密相关的大规模人口流动带来的首先就是夫妻生活分居，空间上的分离导致夫妻关系淡漠；其次是阶层分离，由于经济状况的改善甚至暴富，阶层的迅速转变影响夫妻关系的稳定；最后，从行政空间来看，在商业和娱乐活动相对发达的中心村，离婚率更高，瑶川调查验证了这一情况的存在。可见，交流手段的丰富、现代性的加深、人口流动的增多、现代乡村行政中心的设置，都成为影响夫妻关系稳定的破坏性因素。

三是情感、生理与物质三者之间的分离。这种分离带有灵与肉的分离属性。瑶川女性与其他地区的所有女性一样，是情感敏感的群体。她们是创业大潮中坚韧的弄潮儿。但是，她们为了富裕不得不忍受生理的自我约束，不得不忍受情感的孤单，不得不忍受夫妻分离与母子分离。她们是现代化进程中坚韧的承担者。她们不仅要承担宏观结构的压力，也要承担地域的压力，还要承担微观公共舆论场所的压力。她们是伟大的，又是渺小的。她们坚韧，却也脆弱。她们是脆弱的被撕裂者。她们需要专业的社会支持。但是，乡村缺乏社工、心理服务、婚姻家庭辅导等方面的专业人才队伍，她们

① 石蕾蕾. 电子信息时代网络恋爱的问题及对策探讨[J]. 电子测试，2013(9)：137.

的无奈选择缺乏应有的倾听者。甚至，她们只能选择自我压抑，自我逃离。比如前文提到的HY，虽然她在离异后创业成功，但是始终没有选择再婚，她只能从有能力购买大量服饰等物质生活中获得自我承认。在瑶川调查的经历表明，除了最初的警惕之外，她们对耐心而细致的访谈有较强的接纳感。诸多的接纳方式表明，她们渴望有人倾听自己内心的声音，不管这种声音是对还是错。家庭治疗理论表明，当婚姻中缺乏倾听时，沟通就会出现阻滞，生理与情感的内在感受可能遭遇不适。其后果是，家庭作为一个团体，需要温暖与支持的氛围，否则就会失去内在动力①；家庭作为一个经济单位，就会出现发展失速或者产权需要分割等问题。

尽管瑶川女人不得不面对分离、压抑，但是必须看到，当今社会女性的地位有了较大提高。调查表明，人们对离婚这一现象的宽容度也越来越高。然而，社会主流的价值观并不会将离婚认定成一件值得称道的体面之事。离婚对于很多当事女性来说也是迫不得已的选择，而且在现实中女性为离婚所付出的成本与男性相较之下更是多出许多。选择离婚并不意味着她们在家庭中的地位已经高到拥有了自由选择的权力或者是更加“看得开”，乃至可以像本章前文论及的小张那样潇洒地“休夫”，绝大部分是因为她们在已然无法挽回的婚姻中身心都备受煎熬、难以度日。配偶一犯再犯的出轨、家庭暴力等都成为加诸女性身上锥心的伤害，除了逃离，她们别无他法。其实，选择离婚这样的“无奈之举”又何尝不是女性家庭地位低下的某种程度的体现。

① ［美］迈克尔·尼克尔斯，西恩·戴维斯. 家庭治疗：概念与方法［M］. 11版. 方晓义婚姻家庭治疗课题组，译. 北京：首都师范大学出版集团，2018.

发展是进行时。我们不能不看到，瑶川女性面对的基本约束依然是传统与现代的两分困境。社会角色分工的“习惯性”，农村社会的“传统”，都使女性在离婚之后面对的境况相较于男性而言更加复杂和困难。经济的困境、舆论的压力、子女的抚养等都加重了离异女性肩上的担子。女性在面对发生巨变的生活时，要承受的不仅是物质生活的变化，更多的是精神上的冲击。在寻求经济地位提高的同时，社会对女性的尊重和平等定义才是能从根本上缓解离异女性压力的途径。

婚姻让两个原本陌生的人结合在一起，两人互相包容、互相磨合，通过共同经营而过上理想的生活。在这个过程中，为了更好地适应彼此，双方或许都会被迫放弃一些坚持，磨平一些棱角。三毛曾说过：婚姻并不是把配偶切成一半，而是因缘分结合的两个人在婚后各自依然是完整的自己。波伏娃亦说，真正意义上的妇女解放，不是阻止女性与男性产生情感上的羁绊，而是让她们即便拥有这种关系也不至于局限、沉沦于其中。若是没有这种意识，那么即便女性是独立的存在，她也依然会为男性而活，这样女性“他者”的身份便很难发生改变。① 因此婚姻成功的秘诀或许就在于对自我的坚持，经济和人格的独立对于婚姻和女性的重要性在当今社会中显得愈加明显。

人们投身婚姻时或许并不一定是因为爱情，但当一段婚姻结束时一定是因为感情和容忍之心的消亡，也许是性格不合，也许是天长日久消磨了激情。待婚姻结束之时，有人庆幸，有人失落，但想必都免不了内心五味杂陈。

① [法] 西蒙娜·德·波伏娃. 第二性[M]. 陶铁柱，译. 北京：中国书籍出版社，1998：827.

婚姻的意义在于两人磨合之后就算有不尽如人意的地方也相互包容、相互支撑。两个没有血缘关系、原本陌生的人的命运因为婚姻这根纽带紧紧地联结在一起，由年轻朝气直至白首相对，经历过挫折磨难之后，愈久弥坚的相濡以沫或许才是婚姻中最珍贵的部分。然而在现代性的冲击下，这份追求变得更具挑战性。社会工作者必须面对挑战，应对挑战。

本章参考文献

[1] [美] 阿列克斯·英克尔斯，戴维·H. 史密斯. 从传统人到现代人：六个发展中国家中的个人变化[M]. 顾昕，译. 北京：中国人民大学出版社，1992.

[2] [英] 安东尼·吉登斯. 亲密关系的变革：现代社会中的性、爱和爱欲[M]. 陈永国，汪民安，等译. 北京：社会科学文献出版社，2001.

[3] [英] 安东尼·吉登斯. 现代性的后果[M]. 田禾，译. 南京：译林出版社，2011.

[4] [英] 安杰伊·齐埃利涅茨. 空间和社会理论[M]. 刑冬梅，译. 苏州：苏州大学出版社，2018.

[5] [苏] B·A·瑟先科. 夫妻冲突[M]. 陈一筠，戴风文，译. 北京：中国妇女出版社，1984.

[6] [古希腊] 柏拉图. 理想国[M]. 王铮，译. 重庆：重庆出版社，2016.

[7] 陈婷苑. 从马斯洛需求层次理论浅析海斯特的女性意识[J]. 黑龙江教育学院学报，2018，37(10)：104－106.

[8] 陈苇. 我国农村家庭暴力调查研究：以对农村妇女的家庭暴力为主要分析对象[J]. 法商研究，2007(6)：91－101.

[9] 陈讯. 候权与赠权：妇女在家庭中的地位是如何转变的：基于鄂中T镇婆媳关系演变历程的分析[J]. 妇女研究论丛，2012(3)：22－27.

[10] 陈讯. 抛夫弃子：理解农村年轻妇女追求美好生活的一个视角：基于

黔南S乡的调查与分析[J]. 贵州社会科学，2014(9)：165－168.

[11] 陈智慧. 和谐社会背景下离异女性问题的对策探讨[J]. 湖南人文科技学院学报，2006，23(4)：79－81.

[12] 崔梦丽. 恩格斯婚姻家庭观对新时代家风建设的借鉴价值[J]. 现代交际，2018(16)：234－236.

[13] 董重，吕康银. 农村女性经济收入及其影响因素研究[J]. 劳动保障世界(理论版)，2011(2)：15－16.

[14] 杜凤莲. 中国城乡劳动力流动对婚姻稳定性的影响[J]. 经济社会体制比较，2010(5)：105－112.

[15] [日] 渡边淳一. 男人这东西[M]. 陆求实，译. 北京：作家出版社，2010.

[16] 费孝通. 江村经济：中国农民的生活[M]. 北京：商务印书馆，2001.

[17] 费孝通. 乡土中国[M]. 北京：中华书局，2013.

[18] 费孝通. 乡土中国 生育制度[M]. 北京：北京大学出版社，1998.

[19] 付红梅，李湘妹. 当代中国的离婚态势分析和婚姻展望[J]. 西北人口，2008(2)：55－58，62.

[20] 高梦滔. 农村离婚率与外出就业：基于中国2003～2009年村庄面板数据的研究[J]. 世界经济，2011，34(10)：55－69.

[21] 官晓菲. 妇女受压迫的根源问题：基于马克思主义妇女观与自由主义女性主义的比较[J]. 学理论，2017(11)：35－38.

[22] 郭俊霞. 农村社会转型中的婚姻关系与妇女自杀：鄂南崖村调查[J]. 开放时代，2013(6)：82－97.

[23] 郭珊珊. 父母离婚对青少年子女的影响及其制约因素的研究[J]. 中华女子学院学报,2005,17(S1)：22-26.

[24] 郭永昌,丁金宏. 中国离婚人口性别比：时期变化与空间差异[J]. 南方人口,2014,29(4)：1-9.

[25] [美] 何成洲,伊丽莎白·韦德. 当代美国女性主义经典理论选读[M]. 南京：南京大学出版社,2014.

[26] 何绍辉,赵俊文. 新生代农民工两地分居问题研究：对湘中 H 村的考察[J]. 青年探索,2009(2)：39-43.

[27] 贺雪峰. 中国农民价值观的变迁及对乡村治理的影响：以辽宁大古村调查为例[J]. 学习与探索,2007(5)：12-14.

[28] [美] 加里·斯坦利·贝克尔. 家庭论[M]. 王献生,王宇,译. 北京：商务印书馆,1998.

[29] 金一虹. 当今我国家庭稳定性变化的心理因素分析[J]. 学海,1994(2)：45-49.

[30] 金一虹. 中国新农村性别结构变迁研究：流动的父权[M]. 南京：南京师范大学出版社,2015.

[31] 靳小怡,任峰,悦中山. 农民工对婚前和婚外性行为的态度：基于社会网络的研究[J]. 人口研究,2008,32(5)：67-78.

[32] [美] 凯特·米利特. 性政治[M]. 宋文伟,译. 南京：江苏人民出版社,2000.

[33] 李梦楠,贾振全. 社会网络理论的发展及研究进展评述[J]. 中国管理信息化,2014(3)：133-135.

[34] 李敏，陈道发. 社会支持理论视域下农村留守儿童的教育问题研究[J]. 教学与管理，2015(18)：45－47.
[35] 李萍. 当前我国农村离婚率趋高的社会学分析[J]. 中国青年研究，2011(5)：17－20.
[36] 李晓芳，郭敬浅. 农村婆媳关系转变与家庭养老功能弱化的研究[J]. 华中师范大学研究生学报，2014(1)：27－31.
[37] 李银河，冯小双. 对北京市部分离婚者的调查[J]. 社会学研究，1991(5)：93－100.
[38] 李银河. 后村的女人们：农村性别权力关系[M]. 呼和浩特：内蒙古大学出版社，2009.
[39] 李银河. 禁欲主义与中国女性访谈录[J]. 中国青年研究，1996(1)：12－15.
[40] 李银河. 李银河：我的社会观察[M]. 北京：中华工商联合出版社，2013.
[41] 李银河. 闪婚符合人性[J]. 现代交际，2005(8)：11.
[42] 李银河. 中国女性的感情与性[M]. 北京：中国友谊出版公司，2002.
[43] 李银河. 中国女性的感情与性[M]. 呼和浩特：内蒙古大学出版社，2009.
[44] 李银河. 中国女性的性观念[J]. 社会学研究，1996，11(2)：36－39.
[45] 李银河. 中国人的性爱与婚姻[M]. 郑州：河南人民出版社，1991.
[46] 李迎生. 现代社会中的离婚问题：成因与影响[J]. 人口研究，1997，21(1)：78.

[47] 林建军．中国式离婚调查报告[M]．北京：法律出版社，2016．

[48] 刘彬彬，崔菲菲，史清华．劳动力流动与村庄离婚率[J]．中国农村经济，2018(10)：71-92．

[49] 刘红升．经济学视域下农村家庭的婚姻行为和生育行为：兼论加利·S·贝克尔《家庭论》[J]．黄河科技大学学报，2018，20(1)：48-56．

[50] 刘世昕，兰天鸣，何林璘等．低处不胜寒：中国农村剩男现象调查之三[N]．中国青年报，2016-02-25．

[51] 刘燕舞．从核心家庭本位迈向个体本位：关于农村夫妻关系与家庭结构变动的研究[J]．中共青岛市委党校青岛行政学院学报，2009(6)：42-46．

[52] 刘燕舞．婚姻中的贱农主义与城市拜物教：从农村光棍的社会风险谈起[J]．社会建设，2015，2(6)：53-69．

[53] 卢伟．离婚成本探析[J]．湖北社会科学，2011(8)：56-58．

[54] 陆华东．经济危机时期的婚姻变动特征：以对 20 世纪 30 年代上海市民的结婚率、离婚率的分析为例[J]．电子科技大学学报(社科版)，2011，13(6)：99-103．

[55] 毛新青．对现代家庭婆媳关系的思考[J]．山西青年管理干部学院学报，2008(1)：88-90．

[56] 梅小栋，赵加伟，朱小茼．唐山地区女性家庭功能和婚姻满意度相关研究[J]．中国煤炭工业医学杂志，2016，19(6)：919-923．

[57] [法] 孟德斯鸠．论法的精神．下册[M]．张雁深，译．北京：商务印书馆，1963．

[58] 孟秋丽. 中国的离婚率与社会结构变化分析[J]. 人口学刊,2000(4):52-54,58.

[59] [法] 米歇尔·福柯. 性经验史(第2卷):快感的享用[M]. 佘碧平,译. 上海:上海人民出版社,2016.

[60] 莫玮俏,史晋川. 农村人口流动对离婚率的影响[J]. 中国人口科学,2015(5):104-112,128.

[61] 聂建亮. 早婚不早育:传统与现代博弈中的农村青年婚姻[J]. 中国青年研究,2009(4):17-20.

[62] [法] 皮埃尔·布迪厄. 单身者舞会[M]. 姜志辉,译. 上海:上海译文出版社,2009.

[63] [法] 皮埃尔·布尔迪厄. 男性统治[M]. 刘晖,译. 北京:中国人民大学出版社,2012.

[64] 齐麟. 从婚姻与家庭功能看性革命[J]. 西北人口,2001(1):28-31.

[65] 任义科,杨力荣. 婚姻合约的脆弱性:留守妇女精神出轨和行为出轨[J]. 南方人口,2014,29(3):28-34.

[66] 任义科,杨力荣,孟格兆. 解脱还是痛苦:从传统文化角度看农村离婚现象[J]. 山东女子学院学报,2015(3):49-55.

[67] 佘明德. 性爱也是药[J]. 大众科技,1999,1(8):21.

[68] 石蕾蕾. 电子信息时代网络恋爱的问题及对策探讨[J]. 电子测试,2013(9):136-137.

[69] 疏仁华. 当代青年农民婚姻消费的特点及原因探析:以铜陵市农村为例[J]. 消费经济,2006(4):55-58.

[70] 宋丽娜. "重返光棍"与农村婚姻市场的再变革[J]. 中国青年研究，2015(11)：84－90,108.

[71] 宋月萍,陈丽月. 女性非农就业是否能有效抵御家庭暴力? 来自中国农村的实证分析[J]. 中华女子学院学报,2015,27(4)：44－52.

[72] 宋智勇. "离婚率上升"现象的社会心理分析[J]. 江西社会科学,1998,18(7)：89－91.

[73] 苏珊. 改革开放和中国农村的婚姻家庭变化[J]. 西南科技大学学报(哲学社会科学版),2005(1)：11－13,70.

[74] 孙廷华. 对"社会角色"的哲学思考[J]. 社会科学,1991(4)：44－47.

[75] 孙炜红,张冲. 中国人口十年婚姻状况的变化趋势：基于"六普"和"五普"的数据分析[J]. 四川理工学院学报(社会科学版),2013,28(4)：15－20.

[76] 谭永. 论激进女性主义的婚姻观[J]. 人民论坛,2011(29)：192－193.

[77] 谭永. 论女性主义婚姻观的发展历程[J]. 商业文化(上半月),2011(10)：361.

[78] 汪国华. 从熟人社会到陌生人社会：城市离婚率趋高的社会学透视[J]. 新疆社会科学,2006(5)：99－104.

[79] 王会,欧阳静. "闪婚闪离"：打工经济背景下的农村婚姻变革：基于多省农村调研的讨论[J]. 中国青年研究,2012(1)：56－61.

[80] 魏红梅. 新时代农村年轻女性婚恋观的调查与思考：基于陕西农村的抽样调查[J]. 理论导刊,2018(4)：58－63.

[81] [法] 西蒙娜・德・波伏娃. 第二性[M]. 陶铁柱,译. 北京：中国书籍

出版社，1998.
[82] 夏吟兰. 对离婚率上升的社会成本分析[J]. 甘肃社会科学，2008(1)：23－27.
[83] 夏吟兰. 离婚亲子关系立法趋势之研究[J]. 吉林大学社会科学学报，2007，47(4)：63－71.
[84] 夏吟兰. 论离婚妇女权益的保障[J]. 中国妇运，2004(11)：34－40.
[85] 徐安琪. 离婚与女性地位及权益之探讨[J]. 浙江学刊，2007(1)：198－206.
[86] 徐安琪，叶文振. 中国离婚率的地区差异分析[J]. 人口研究，2002，26(4)：28－35.
[87] 徐佳. 布迪厄“婚姻策略”概念评析：一种新的社会学理论视角[J]. 长春理工大学学报(社会科学版)，2015，28(10)：61－66，92.
[88] 徐清祥. 中国式婚姻[M]. 北京：中国友谊出版公司，2016.
[89] 许传新，高红莉. 徘徊于传统与现代之间：新生代农民工婚姻家庭观研究[J]. 理论导刊，2014(3)：73－77.
[90] [美] 亚伯拉罕·马斯洛. 动机与人格[M]. 许金声，等译. 北京：中国人民大学出版社，2013.
[91] 杨记. 影响再婚的个人和社会因素分析[J]. 西北人口，2007，28(1)：102－106.
[92] 叶知秋. 弗洛伊德唯性主义批评[J]. 现代妇女，2011(2)：5－15.
[93] 易松国. 离婚原因、后果及社会支持：深圳离婚女性的实证研究[J]. 深圳大学学报(人文社会科学版)，2005，22(4)：12－16.

[94] 玉山县地方志编纂委员会. 玉山县志：1979～2000[M]. 北京：方志出版社，2005.

[95] [美] 约瑟芬·多诺万. 女权主义的知识分子传统[M]. 赵育春，译. 南京：江苏人民出版社，2003.

[96] 张帆，钟年. 亲密关系中的客体化研究[J]. 心理学探新，2018，38(2)：110－116.

[97] 张贵良，雷韬，梁海梅. 婚姻幸福及其相关因素的研究[J]. 社会学研究，1996(4)：106－116.

[98] 张华. 当代青年恋爱婚姻家庭发展的问题与对策[J]. 中国青年研究，2015(1)：65－70，96.

[99] 张思齐. 离婚对家庭成员影响的差异性探讨：基于当代西方社会学者研究的视角[J]. 国外社会科学，2017(2)：107－118.

[100] 张智敏，陈贤寿. 再婚、再婚生育问题研究：对湖北省 1%人口抽样调查的分析[J]. 中国人口科学，2000(4)：51－55.

[101] 中共中央马克思恩格斯列宁斯大林著作编译局. 家庭、私有制和国家的起源[M]. 北京：人民出版社，1999.

[102] 中共中央马克思恩格斯列宁斯大林著作编译局. 马克思恩格斯选集(第四卷)[M]. 北京：人民出版社，1995.

[103] 中国妇女大百科全书编委会，中国婚姻家庭建设协会. 中国妇女大百科全书[M]. 长春：北方妇女儿童出版社，1995.

[104] 朱冬梅，徐双爽. 农民家庭婚姻危机的经济学分析[J]. 西北人口，2015，36(6)：89－93.

[105] Alamgir M. Famine in South Asia: Political economy of mass starvation[M]. Cambridge, Mass.: Oelgeschlager, Gunn & Hain, 1980.

[106] Becker G S. A treatise on the family[M]. Cambridge, Mass.: Harvard University Press, 1981.

[107] Bianchi S M, Subaiya L, Kahn J R. The gender gap in the economic well-being of nonresident fathers and custodial mothers [J]. Demography, 1999, 36(2): 195 - 203.

[108] Boyle P J, Kulu H, Cooke T, et al. Moving and union dissolution [J]. Demography, 2008, 45(1): 209 - 222.

[109] Goode W J. World revolution and family patterns[M]. New York: Free Press of Glencoe, 1963.

[110] International Labour Organization. Women at work: Trends 2016 [M]. Geneva: ILO, 2016.

[111] Jackson P B, Henderson K A. Deviance removal and global self-esteem: Evidence from the Harlem longitudinal study of urban black youth[J]. Research in Human Development, 2006, 3(4): 229 - 249.

[112] Lester D. Regional differences in divorce rates [J]. Journal of Divorce & Remarriage, 1999, 30(3 - 4): 121 - 124.

[113] Sun S H L, Chong W E, Lim S H. Gender and divorce in contemporary Singapore [J]. Journal of Comparative Family Studies, 2014, 45(1): 127 - 143.

本章附录

附录1　瑶川镇离异女性状况访谈提纲

您好，我是江西财经大学人文学院的学生，为了撰写毕业论文，设计了这份访问提纲。请您依照您的实际情况回答以下问题。您的回答将对我了解和研究农村女性离异状况有很大的帮助。我承诺本次调查所获得的信息都只用于论文写作，并将严格保密。感谢您的支持与配合！

江西财经大学人文学院

2018年8月

一、对村支书或村妇女主任的访谈

1. 您所在的村经济发展怎么样？（外出打工人员情况等）

2. 您所在的村共有几对已经离异的夫妻？

3. （已离异夫妻中）女方是哪里人？

4. 您知道她们各自离婚的原因吗（可多选）？（经济条件差、婆媳矛盾、家庭暴力、感情不和、出轨）

5. 您知道她们离婚的途径吗？（私下和解、诉诸法庭、女方直接离开）

6. 您知道她们有几个孩子吗？如今由谁抚养呢？

7. 您知道他们男女双方是否已经再婚了？（男方已再婚、女方已再婚、男女双方都已再婚、男女双方都未再婚）

8. 村民是否会议论离异女性？

9. 您觉得女性在离婚后会面临哪些问题？

二、对离异女性的访谈

1. 您的年龄多大?

2. 您来自哪个村?

3. 您的职业是什么?

4. 您的学历是什么?

5. 您是什么时候离婚的?是您主动提起的吗?

6. 您离婚的原因是什么(可多选)?(经济条件差、婆媳矛盾、家庭暴力、感情不和、出轨)

7. 您离婚的途径是什么?(私下和解、诉诸法庭等)

8. 您家中有几个孩子?

9. 孩子如今由谁抚养?

10. 您离婚后经济方面有什么变化吗?

11. 您是否再婚?若再婚,有没有再生育孩子?

附录 2 青年离异女性基本情况

序号	姓名	年龄	职　业[①]	学历	子女情况	是否再婚
1	LX	30	个体经营	大专	2 孩,男方抚养	否
2	WLY	35	全职主妇	初中	2 孩,男女双方各一	否
3	ZHL	22	服装导购	初中	无	否
4	LY	32	不详	初中	3 孩,男方抚养,再婚后已育	是
5	HLL	33	小学教师	本科	1 孩,共同抚养	否

续 表

序号	姓名	年龄	职 业	学历	子女情况	是否再婚
6	JXX	28	销售	高中	无	否
7	CJ	29	个体经营	高中	1孩，共同抚养	否
8	LLY	34	全职主妇	初中	2孩，男方抚养，再婚后已育	是
9	ZXH	34	全职主妇	初中	3孩，男方抚养，再婚后已育	是
10	HSF	30	个体经营	初中	2孩，男女双方各一，再婚后已育	是
11	WXY	33	全职主妇	初中	1孩，男方抚养，再婚后已育	是
12	HY	34	超市老板	高中	1孩，女方抚养	否
13	YQ	27	美容店技师	初中	1孩，男方抚养	否
14	RYX	35	不详	小学	2孩，男方抚养，再婚后已育	是
15	CLP	30	保险销售	高中	1孩，女方抚养，再婚后已育	是
16	WD	33	全职主妇	初中	1孩，男方抚养，再婚后已育	是
17	ZLQ	32	全职主妇	高中	再婚后已育	是
18	ZBF	34	全职主妇	初中	1孩，男方抚养，再婚后已育	是
19	YF	30	初中教师	本科	2孩，男女双方各一	是
20	SJ	29	外出务工	高中	1孩，男方抚养	否
21	TBX	27	个体经营	高中	1孩，女方抚养，再婚后已育	是
22	CL	28	个体经营	高中	2孩，女方抚养	否
23	ZXD	32	全职主妇	初中	2孩，男方抚养，再婚后已育	是
24	ZY	33	全职主妇	高中	1孩，女方抚养	否
25	YQY	30	全职主妇	高中	再婚后已育	是

续 表

序号	姓名	年龄	职 业	学历	子女情况	是否再婚
26	MLY	34	全职主妇	初中	1孩,女方抚养,再婚后已育	是
27	TL	29	全职主妇	初中	再婚后已育	是
28	ZYQ	31	全职主妇	高中	1孩,女方抚养,再婚后已育	是
29	YJ	33	全职主妇	初中	2孩,男方抚养,再婚后已育	是
30	CC	35	全职主妇	初中	1孩,女方抚养,再婚后已育	是
31	YMX	32	全职主妇	高中	2孩,男女双方各一	是
32	CFL	30	全职主妇	初中	2孩,男女双方各一	是
33	DYC	27	全职主妇	高中	1孩,男方抚养,再婚后已育	是
34	WJ	32	全职主妇	初中	1孩,女方抚养,再婚后已育	是
35	YF	33	超市收银	高中	2孩,男方抚养,再婚后已育	是
36	YFT	32	全职主妇	大专	2孩,女方抚养	否
37	YSY	28	外出务工	初中	1孩,男方抚养	否
38	ZXL	34	全职主妇	高中	1孩,女方抚养,再婚后已育	是
39	XTT	29	全职主妇	初中	1孩,女方抚养,再婚后已育	是
40	FXY	29	外出务工	高中	1孩,男方抚养	否
41	CY	30	外出务工	初中	1孩,男方抚养	否
42	HMY	31	全职主妇	大专	1孩,女方抚养,再婚后已育	是
43	HZM	32	全职主妇	高中	1孩,男方抚养	是
44	CYY	33	全职主妇	高中	1孩,女方抚养,再婚后已育	是

注:① 此处的职业为离婚后的状态。

第四章　枫村儿童：家庭解体与关系疏离

米勒曾经在对亲密关系进行分析时引述家庭解体对儿童危害的数据证实："现在的观念截然不同了，婚姻只是一种选择，哪怕孩子就快要出生了。"①他担忧人们会因为婚姻观念、亲密关系的改变而轻率地忽视孩子的存在。在杜村和瑶川的调查表明，米勒的担忧同样值得重视。在一些案例当中，选择是否进入婚姻、是否维持婚姻往往和儿童有关。有些调查对象可能因为没有孩子而加快离婚；有些调查对象会因为孩子而选择隐忍；有些调查对象则选择以自己为主，不顾儿童的权益。可见，择偶、婚姻等亲密关系与亲子关系紧密联系在一起。由此，需要关注的正是家庭解体后，儿童照顾该如何解决。从学术史的角度来看，学界已经注意到，必须从整体评估的角度来思考社会工作如何平衡儿童、成人与家庭需求之间的关系。② 为此，本章选择在国家级贫困县介入儿童照顾的实际情况作为分析对象，进而思考家庭解体对儿童的影响。

① ［美］罗兰·米勒. 亲密关系［M］. 6 版. 王伟评，译. 北京：人民邮电出版社，2015.
② ［英］Fiona Mainstone. 精通社会工作中家庭整体评估：平衡儿童、成人及家庭需求［M］. 陈婉珍，黄景莲，译. 上海：华东理工大学出版社，2019.

第一节　儿童照顾：社会工作介入枫村反贫困工作

一、枫村的贫困问题

（一）枫村概况

自人类社会诞生以来，贫困就一直是困扰人类的难题，人类社会的发展史本质上就是反贫困的历史。反贫困是我国政府工作的长期目标，也是实现中华民族伟大复兴中国梦的重要战略之一。贫困是一个多维的概念。从生物学角度来看，贫困是指一个家庭的总收入不能够维持生命体征所需要的最低生活必需品的数量。①《1990 年世界发展报告》提出，当某些个人、家庭、群体缺乏资源去获得社会公认的、一般人都能享受的生活条件或无法参加社会活动时，他们就处于贫困状态。② 我国学者童星、林闽钢认为贫困是经济、社会和文化落后的总称，是因为收入低下而导致生活所需基本物质和服务的缺乏，以及处于没有发展机会和手段的生存状态。③ 印度学者阿玛蒂亚·森（Amartya Sen）则认为贫困应该被视作基本可行能力的丧失，而不仅仅是收入低下。④ 这些观点都指出了贫困者不仅收入低，而且很难获得其他

① Rowbtree B S. Poverty: A Study in town life [M]. London, New York: Macmillan, 1901: 298.
② 世界银行. 1990 年世界发展报告：贫困问题·社会发展指标[M]. 北京：中国财政经济出版社，1990.
③ 童星，林闽钢. 我国农村贫困线标准研究[J]. 中国社会科学，1994(3)：86－98.
④ [印] 阿马蒂亚·森. 以自由看待发展[M]. 任赜，于真，译. 北京：中国人民大学出版社，2002：63.

基本的权利和摆脱贫困的能力。处在转型期的中国，在社会经济快速发展的同时，也伴随着农村贫困问题的挑战。为帮助农村地区脱贫，国家不仅制定出台了一系列扶贫政策文件，还积极倡导社会力量参与农村反贫困工作。枫村是原国家级贫困村，在国家政策扶持、地方政府大力推进脱贫攻坚和社会工作参与帮扶后，已经在2017年顺利实现脱贫。其后，枫村的工作重点是巩固脱贫攻坚成果，进而实现乡村振兴。

早在2016年，本团队就已经注意到枫村的实际情况。枫村地处江西省上饶市横峰县东南部，东邻上饶县（现为上饶市广信区），西接莲荷乡，南邻铅山县，北靠港边乡。全村总面积12平方千米，距离县城3 500米。全村现有耕地面积1 725亩，山林面积7 656.5亩，地势以低山丘陵为主。气候温和湿润，土地肥沃，水资源丰富，有利于发展农业生产。耕地土壤类型为黄壤和壤土，粮食作物有稻谷、马铃薯、豆类等，经济作物以油菜、油茶、板栗种植为主，养殖业以养猪、鸡、鸭、鹅为主。①

贫困有相对贫困和绝对贫困之分。虽然枫村已经实现脱贫，但相较于周边地区，村民生活还是比较艰困的。枫村贫困户卡类型：贫困户138户，共457人。其中红卡29户，57人；蓝卡69户，268人；黄卡40户，132人。从贫困户属性来看，包括低保贫困户86户，288人；一般贫困户46户，163人；五保贫困户6户，6人。从致贫原因的类型来看，包括缺少劳动力致贫10户，35人；因病致贫28户，97人；因学致贫5户，20人；因残致贫55户，182人；因灾致贫2户，6人；因自身发展动力不足致贫38户，117人。从脱贫年限的情况来看，2014年脱贫户数9户，19人；2015年脱贫户数9户，25人；

① 横峰县志编纂委员会. 横峰县志[M]. 杭州：浙江人民出版社，1992：31.

2016年脱贫户数10户，40人；2017年脱贫户数100户，343人；2018年脱贫户数10户，30人。①

（二）枫村反贫困概述

为了扎实推进脱贫攻坚工作，横峰县政府和县委成立脱贫攻坚工作小组，以改变横峰县贫穷落后的面貌。工作小组根据枫村的贫困特征和可利用资源，制定了一系列精准有效的政策和措施。同时为促进社会工作力量注入枫村扶贫工作，县民政局和枫村两委积极与高校社工志愿者对接，组织开展了有效的扶贫措施。

一是产业扶贫，壮大农村集体经济。枫村建造了一座集体所有的光伏发电站，贫困户通过集体经济帮扶、产业资金直接帮扶、光伏收益帮扶等方式获得收入补贴。此外，枫村还因地制宜种植水蜜桃165亩、马家柚55亩、百香果15亩。2018年种植高产油茶、马家柚、皇菊、火龙果、大叶茶树和油菜的面积达1 741亩，产业扶贫资金达227.5万元，带动人口达2 483人。在金融产业扶贫过程中，横峰县农商银行给贫困户提供了0.55万元到5万元不等的贷款资金，用于贫困户发展养殖业、个体经营以及资金周转等；为了更好地建设“一户一站”式扶贫光伏电站，横峰县农商银行给枫村29户贫困户提供了34 450元来发展第二产业，借款年限是15年，借款利率和贴息利率均为4.9％。

二是教育扶贫，爱心助学和“送教上门”。从2015年开始，乡政府为部分贫困学生提供助学金。不仅给家庭经济困难的大学生和高中生提供资助，为寄宿初高中学生发放生活补助，还给建档立卡贫困家庭的学前教育幼儿

① 资料来源：横峰县扶贫调研报告。

发放助学金，形成从幼儿园到大学的资助体系。“送教上门”是一种特殊的教育安置方式，融合了“零拒绝”和“全纳教育”两种教育理念。① 枫村小学为残疾儿童开展“送教上门”服务，保障所有儿童的受教育权。“送教上门”服务遵循家庭自愿、定期入户、免费教育的原则，注重挖掘残疾青少年的教育潜能，提高其认知能力和适应生活、适应社会的能力。

三是健康扶贫，为贫困人群缓解疾病困扰。首先，贫困家庭人口可以免费参加城乡居民基本医疗保险和大病保险，由国家财政全额补助。其次，对于特困供养人员、最低生活保障对象以及其他建档立卡的贫困户，提高住院医疗保险报销比例。最后，政府继续实施“光明·微笑”工程、儿童白血病和心脏病免费治疗、尿毒症免费血透、重性精神病免费救治、妇女宫颈癌和子宫癌免费手术等重大疾病救治。

四是高校社工志愿者驻村，开展专业服务。2018 年中央财政支持的社会工作教育扶贫项目（江西）以枫村为服务点之一，安排高校社工志愿者为留守儿童、妇女和老人开展个案辅导、小组工作和社区活动。年轻的社工志愿者发挥自己的专业优势，积极落实中央财政项目。他们针对贫困留守儿童，以暑期课业辅导为主，开设“登堂少年营”活动；针对留守儿童亲子关系改善，开展“手牵手，共成长”亲子教育小组；针对留守老人，成立了“老年康乐”小组；并对个别服务对象开展个案工作和心理辅导。驻村社工坚持全村覆盖服务，为贫困群众提供心理疏导、精神关爱、关系调适、能力提升等社会服务，帮助贫困群众转变思想观念、树立自我脱贫信心、拓宽致富路径、提升

① 杨赛男，赵斌．“送教上门”内涵、困境及建议[J]．绥化学院学报，2018，38(10)：20－23.

自我脱贫能力。

枫村根据自身的实际情况，从以上各个方面制定相应的扶贫措施；积极响应“一村一品、一户一策”等扶贫政策，分门别类，真正做到了精准扶贫；并且将产业扶贫、教育扶贫、健康扶贫等和高校专业的社会工作扶贫方式相结合，取得了良好的效果。但是，枫村扶贫工作依然存在需要进一步优化的空间。例如，贫困资金发放对象、发放标准等方面的政策制度不够严密，对贫困户的相关数据缺乏科学精准的分析等，使得持续巩固扶贫效果的难度提高。

二、枫村贫困家庭的儿童照顾概况

根据联合国在1989年通过的《儿童权利公约》，儿童可以界定为18岁以下的任何人。《应用汉语词典》(2006年版)将“儿童”定义为较幼小的未成年人，习惯指14岁(含14岁)以下的人。考虑到对成人的依赖程度和照顾需求，本章中所论及的儿童指的是0～14岁的未成年人。

儿童照顾是一个兼具私人生活和公共政策问题的概念①，它可以分为生活照料和教育两个层次。生活照料是指为儿童提供日常生活和生理方面的照顾，教育是指帮助儿童进行社会认知建构和为他们的入学做好准备。正如在杜村、瑶川调研所发现的那样，家庭生活与婚姻状况对于儿童照顾的影响甚大。而生产、生活等的时空分离提高了儿童照顾的难度，尤其是贫困家庭可能因为忙于生计而忽视了儿童照顾。

枫村地处山区，本地工业不发达，大多数贫困家庭的父亲为了生计不得

① 高翔. 美国儿童照顾政策述评：兼论对中国儿童照顾政策的意义[J]. 晋阳学刊，2013(3)：95-100.

不选择外出务工，将照顾孩子的重担留给母亲或者祖辈，不管是父母一方外出还是双方外出都会对儿童照顾产生不良影响。这些留守儿童长期缺少关爱和父母照顾，可能会出现生活、教育、心理等问题，甚至安全也无法得到保障，可能遭受意外伤害和不法侵害。①

生活照料是儿童最基本的生理需求，父母不在身边的留守儿童，其生活质量无法得到保障。驻村社工开展暑期夏令营活动期间，在与留守儿童的交流中了解到他们的监护人一般只注重他们吃饱穿暖，并不关注其生活质量的提高，更难以关注儿童的实际精神需求。儿童期对营养物质的需要比成人更高，年迈的祖辈并不懂得一日三餐的营养搭配，只是按照他们的生活习惯做饭，这不利于儿童的生长发育。相对于其他儿童来看，枫村的留守儿童普遍比较瘦小，这正是营养不均衡所导致的。而且就目前来说，单亲照顾和隔代照顾都存在家庭结构不完整的问题，难以为儿童提供全面的生活照料。枫村贫困家庭单亲监护一般是指父亲外出务工，母亲在家中照顾孩子。家庭中需要抚育的子女通常不止一个，由母亲单独照料会呈现诸多问题。母亲精力有限，在照顾孩子的同时还要做家务、干农活、照顾老人，甚至还要在农闲时进城做短工，使得她们对孩子的照顾没有那么周到。

教育方面，父母长期在外导致留守儿童的家庭教育缺失，可能会影响到其未来发展。家庭教育是儿童最初社会化的最重要的方式，家长通过自身的言传身教将社会价值观传递给孩子。② 尽管不能对隔代抚养进行简单的

① 徐芳敏. 关于农村留守儿童家庭抚育弱化的思考：读费孝通的《生育制度》[J]. 法制与社会，2009(29)：234－235.

② 段升阳，刘丙元. 从个人私利到社会责任：家庭教育社会职能的实现[J]. 中国教育学刊，2018(9)：39－44.

污名化分析，但据调查，枫村的老人接受教育的时间较短，祖辈的知识较为匮乏，无法给儿童提供教育上的帮助。也就是说，实事求是地来看，他们的知识结构、价值观念和教育理念已经远跟不上时代的发展节奏，对儿童的学业、精神、道德层面的引导作用很小，难以担负起教育责任。这样，一些枫村儿童也成为“假期候鸟”的一部分。他们中的一部分人被在城市务工的父母接走，参加城里的补习班。至于由母亲照顾的儿童，母亲一人所要承担的家庭责任过重，无法分出更多的时间和精力在儿童的教育上。他们的父母长期两地分居，也会因缺乏沟通而影响感情，家庭结构的稳定性受到挑战。[①]父母长期吵架导致的家庭不和谐，自然而然地会影响到儿童学业成绩的提高和综合素质的发展。

心理方面，父母角色缺位会使儿童心理素质变差，缺乏安全感，并且存在人际沟通障碍。马斯洛需求层次理论从低级至高级划分了人的基本需要，即生理需求、安全需求、归属与爱的需求、尊重需求以及自我实现的需求。[②] 留守儿童与父母空间上的分离，导致他们之间只能通过电话、视频等来沟通交流，孩子对家庭的归属和爱缺失。[③] 由于缺少正常的、持续的家庭亲情氛围，农村的留守儿童容易衍生出一些不良的心理性格特征，可能会出现暴躁、易怒、孤僻、抑郁、自卑等问题。留守儿童会比父母双方抚育的儿童表现得更胆小、自卑、游离于群体之外和孤僻任性等，并且这些心理问题还

① 张礼，蔡岳建. 农村留守儿童家庭教育的问题与对策[J]. 学前教育研究，2008(7)：63－65.

② [美] 亚伯拉罕·马斯洛. 动机与人格[M]. 许金生，等译. 北京：中国人民大学出版社，2013：19－30.

③ 史祥武. 留守儿童家庭教育存在的问题与对策[J]. 甘肃教育，2019(7)：24.

会外化为行为问题。① 留守儿童的心理不健康导致其行为开始出现偏差，各种超越道德底线、违反规则的行为开始出现。

安全方面，留守儿童由于缺少监护、安全教育等原因，其安全事故不断发生，尤其是溺水、触电、性侵、中毒等安全事件，给社会和家庭带来了极大的伤害。例如，枫村地处山区，与之相关的山地危险及其安全教育比较薄弱。因此农村留守儿童存在迫切的生命安全教育需要。留守儿童面临的安全隐患主要包括两方面：一是来自他人的非法侵犯或者人身伤害；二是留守儿童因缺乏父母的正确引导，产生越轨行为，违法犯罪甚至危及自身和他人的生命安全。②来自公安部的相关资料显示，在被拐卖儿童群体中，人数最多的是流动儿童，第二位的就是留守儿童。枫村留守儿童在课余和节假日等无人监管的时候，通常是随心所欲，成为绝对自由的人，脱离老师和监护人的管束。但是，由于他们年龄普遍偏小，缺乏自我保护意识和能力，导致安全事件时有发生。

第二节　关系疏离：一个贫困家庭的儿童照顾问题

一、社工来了

受中国社会工作教育协会指导，笔者所在的单位承担了教育扶贫对口

① 戴斌荣. 农村留守儿童的心理特点及教育对策[J]. 教育理论与实践，2012，32(5)：44－47.

② 周宗奎，孙晓军，刘亚，等. 农村留守儿童心理发展与教育问题[J]. 北京师范大学学报(社会科学版)，2005(1)：71－79.

支援单位的任务。社工在枫村的帮扶大体可以分为三个阶段：第一个阶段是在当地民政局的支持下，进入当地小学、乡村进行调研，做需求评估；第二个阶段是驻村工作，重点针对留守老人、留守妇女、留守儿童开展服务；第三个阶段是以社区文化动员为重点，推进整体服务。在这三个阶段当中，我们非常关注"三留守"人员之间的互动关系，注重从互动关系中判断家庭面临的亲密关系破裂的风险。为了推进互动关系的优化，我们建立了"登堂少年营"，该少年营成了枫村儿童的快乐驿站。考虑到此前在杜村、瑶川所做的调查研究，离异家庭的儿童成为项目关注的重点人群之一。

二、个案基本情况

在开展"登堂少年营"的活动中，我们注意到了个案案主（小黄）并开始与他初步接触。小黄是一个 13 岁的小男孩，现在上小学五年级，家住枫村炉前小组。他有点腼腆害羞，在开始与笔者交流时很不自然，不太爱说话。他的父母原本均在广东务工，后由于母亲出轨，导致父母感情不和。父亲现在上饶市内务工，母亲独自在广东。因为父母都很少回家，他和爷爷奶奶生活在伯父家，爷爷奶奶要同时照顾四个孩子（这一情况与本书后面的玉县儿童个案十分相似）。爷爷奶奶因此感到精力不够，只能为他提供最基本的生活照顾，缺乏情感交流。他家是建档立卡贫困户，姐弟三人上学和家里的生活开支全靠父亲一人承担。去年，他家在政府资助下建造了二层小楼，但是外墙还没粉刷，也没有钱装修，暂时无法入住。无疑，政府的扶贫力度是空前的，对小黄家也很关注。但是，政府很难进入小黄的交往世界，这恰恰为社工介入留下了空间。本团队的介入也得到了政府的支持。

初次见面时，他有些郁郁寡欢。但是，经过慢慢相处，社工发现他自小乖巧、懂事、有礼貌，很讨人喜欢。但是，因为母亲常年不在家，小黄从小缺乏母爱和安全感，防备心较重，对陌生人尤其是女性有抵触心理。他曾经表示，他觉得自己最快乐的时候，是小时候和父母一起在广东务工地生活的那段时光。可见，父母的照顾对儿童身心健康成长相当重要。但是，小黄与母亲长期分离，父亲为了生计只能在外务工，大概每隔几星期才回来一次，每次回来只待几个小时，陪伴孩子的时间很短，与孩子沟通不够。空间距离和沟通缺乏，使得他和父母的心理距离拉大。

在最初准备对小黄进行个案辅导的时候，社工给他做了一个“房树人”测验（见图 4.1）。让他在纸上画出房子、树木和人，边画边问问题。从这个测验中，笔者发现他与家庭成员之间缺乏情感交流，内心封闭，防备心较强，不会轻易对别人打开心扉。

图 4.1　小黄的“房树人”测验

从他画的“房树人”可以看出，小黄存在矛盾心理。他在画作上方画了一个明亮的太阳，说明他内心渴望温暖。可是，图中的太阳是局部的，而非整体。同时，他在局部露出的太阳旁边画了三团云朵。社工让他本人解释为何要画三朵云。他说，云朵是飘忽的，也可能是乌云，得看天气情况。这一解释颇具象征意义。在他看来，云朵不过是一种符号，一种不确定的符号，可以是象征天气晴朗的白云，也可以是象征让人看起来不那么快乐的乌云。在他的内心中，这是一种不可控制、不可捉摸的状态。这一状态取决于太阳。可见，小黄有其自身的感知逻辑。

值得注意的是，他又在自己周围画了一个地下室，将自己封闭起来。这表明他不愿意轻易向别人袒露自己的内心，自我防御感强，缺乏安全感。画面中，房、树、人的整体位置偏下，表明案主可能会有恋母情结。但是，通过访谈，社工发现他又对母亲抱有怀疑态度，甚至对所有女性都抱有一种敌视态度。画面中的人一只手断裂了，犹如折翅的小鸟，呈现了一种无力感。社工经过和他深入交流，发现他又注重现实，不自信，对安全方面较为关注。他渴望被关注。

总体来看，小黄认为周遭世界是不确定的。他希望得到确定的爱、确定性高的安全感；他试图在亲子关系中寻求被关爱的安全空间，如果寻而不得，他试图自我保护，尽管这种自我保护带有一定程度的逃避性质，甚至带有怨恨心态。因此，对小黄进行合理的干预是必要的。

三、缺位与补位

（一）父母缺位的儿童照顾模式

如前所述，在小黄的生活中承担照顾责任的是祖辈，其父母是长期缺位的。这种长期与父母在空间上的分离，只能与祖辈生活在一起的状态，是一种典型的隔代抚育模式。隔代抚育一般是指儿童的父母因外出务工或其他原因无法亲自照料儿童，由祖辈代为照顾和承担抚育责任的状态。[①] 祖父母的年纪相对较大，在照顾孩子时难免会力不从心。而且小黄的奶奶经常在他面前提起母亲的不好，这会潜移默化地使小黄对母亲产生既渴望又憎恶的复杂心理。

这种照顾模式或许是这个家庭无奈选择的结果，但对孩子成长的影响却是长期的。正如人们所说，幸运的人一生都被童年治愈，不幸的人却要用一生去治愈童年。童年时期的良好的生长背景、有爱的家庭环境、和谐的亲子关系，能塑造一个人健全的人格、应对处理任何事情的能力、强大的心理素质和抗压能力。而拥有不幸童年的人，长期处在一个缺爱或压抑、放纵的环境，难以长出健全的灵魂，他在往后的余生都会努力修复、治愈童年的不幸。这些不幸包括对人际关系处理的影响、对工作抗压能力与处事方式和态度的影响，甚至还包括爱人和被爱的感知力，以及对下一代的教育等方方面面。父母感情不和已经或多或少地影响到了小黄，从他面对女性时的些许抵触心理就不难看出。

（二）亲子关系疏离的原因

父母感情不和是导致小黄和父母疏离的首要原因。一般而言，儿童在经历父母离异、感情不和等情况时，或多或少地会失去他们的童年，变得更加敏感、更加封闭。[②] 在交谈中，他总是刻意回避关于母亲的话题。他的回避表明，家庭结构的残缺带来了消极影响，家庭功能出现了紊乱。一般而

① 宋璐，冯雪. 隔代抚养：以祖父母为视角的分析框架[J]. 陕西师范大学学报(哲学社会科学版)，2018，47(1)：83－89.

② ［美］威廉·A. 科萨罗. 童年社会学[M]. 张蓝予，译. 哈尔滨：黑龙江教育出版社，2016：232－233.

言，结构功能理论主要是探讨社会中系统与系统之间是如何相互依赖并整合在一起的，它强调社会的稳定、秩序和均衡。① 结构功能理论运用到家庭社会工作中，就是把家庭视作社会系统的一个组成部分，它可以满足成员生理上、心理上的需求。家庭是社会的组成细胞，在社会这个大系统中发挥着至关重要的作用，家庭在满足社会需要和维持基本秩序方面同样也具有重要的功能。② 家庭的基本功能是抚育儿童，为其身心健康发展提供帮助，使其适应社会发展。③ 母亲出轨导致父母长期分居，从而导致一个缺失的家庭结构，使其无法发挥出日常照顾、情感需求满足和教育等功能。小黄最初因年龄太小，并不是很明白父母之间感情不和的原因。但是逐渐长大的他接收到来自周围对其母亲的各种议论，对其身心发展产生了不良影响。如本书前文所论，在农村，公共空间的口头传播具有强大的舆论影响力。在这些舆论的影响下，他对母亲产生了一种复杂的情感。他既渴望母爱，又有一点怨恨母亲对家庭的背叛，导致他的内心更加敏感。

父亲工作太忙，父子之间缺乏沟通是亲子关系疏离的另一个原因。留守儿童正处于对家长的依恋时期，亲子之间的积极沟通能够提高家庭的亲密度。④ 家庭成员的亲密度对留守儿童的社会适应性与未来的长远发展都有着非常重要的影响。小黄的父亲虽然很关心自己的孩子，但是工作繁忙，

---

① [美] 埃什尔曼. 家庭导论[M]. 潘允康，等译. 北京：中国社会科学出版社，1991.

② 王启群. 试论家庭在社会协调发展中的基础作用[J]. 贵阳师专学报(社会科学版)，1998(4)：12－14.

③ 陈淑芬. 家庭功能分析的理论体系简介：家庭功能分析的相关概念[J]. 中国全科医学，2006，9(2)：167－169.

④ 武海鸣，吴莹. 农村留守儿童亲子关系面临的问题及调适[J]. 今日科苑，2011(2)：31.

两三周才能回家一次，每次回家只能待几个小时。父子之间很少有机会坐下来静静地交流内心的想法，他们之间的共同话题越来越少，使得家庭亲密度大大降低。随着时间的流逝，亲子之间的关系越来越疏远，亲情趋于淡漠。小黄说，他最喜欢父亲回来的时候，和他一起去干农活，因为他可以和父亲聊一聊自己的事情。可见，他是一个勤劳的孩子，他对父亲还是相当依恋的。一般来说，对母亲的依恋影响留守儿童的成长。① 由于情况特殊，他只能将这种依恋寄托在父亲身上。这种依恋感让他对亲情充满了渴望。他说，父亲经常出现在他的梦境里。这说明，小黄渴望被爱，渴望在被爱中获得自尊。正如自尊理论研究者针对家长在儿童获得自我保护、获得安全时的重要性所论及的那样："当你把'接受'这个礼物馈赠给孩子，当你真正看到、重视和欣赏他们时，就是为孩子准备了能够保护他们一生的铠甲。……你就是婴儿眼中的整个世界，是所有舒适和安全感的来源、恐惧和疼痛的驱逐者。在每一个清醒的时刻，他都通过你的反馈了解自己。你就是这个'新人'看清自己的镜子。"②

然而，小黄并未获得坚韧的铠甲。社工发现，事实监护人与小黄的心理交流较少也是原因之一。小黄很能体谅父亲，在学校学习刻苦努力，很少让家里人操心。爷爷奶奶年纪大了，都很关心他，在日常衣食方面从来没有亏待过他。但是，祖辈的受教育程度低，在学习上无法提供帮助，也没有意识到情感沟通对孩子成长的重要性。他们认为让孩子吃饱穿暖是首要任务，

① 范丽恒，赵文德，牛晶晶．农村留守儿童心理依恋特点[J]．河南大学学报(社会科学版)，2009，49(6)：131－136．

② [美]马修·麦凯，帕特里克·范宁．自尊(原书第4版)[M]．马伊莎，译．北京：机械工业出版社，2022：296．

再说孩子学习成绩好不需要过多操心。

在和小黄建立了良好的信任关系之后，他主动告诉笔者他的烦恼。最近几次考试他的成绩不太理想，因此心情十分不好，和几个好朋友之间也发生了一些小的摩擦，不知道应该怎么处理。他不愿意把这些烦恼告诉爷爷奶奶，因为平时爷爷奶奶也只关心他的日常生活，感觉告诉他们了也没有太大的作用。他也不愿意告诉爸爸，害怕他担心。可见，小黄在父母的离异阴影中过早懂得人情冷暖，知道疼爱父亲。无疑，小黄提前知道了家庭责任的重要性。但是，正是这份早熟，让他的性格遭遇了过早的自我压抑。他缺乏交流对象，有时候，他也会因此十分暴躁。在爷爷奶奶的帮助下，社工和他的父亲进行了几次电话联系。经过深入交流发现，小黄的父亲内心十分关心他，但是精力却有限，他必须为家庭生计而努力。而且，他认为爷爷奶奶对孙子疼爱有加，肯定会把儿子照顾得很好，平常也就没有过多关注孩子的内心世界。

可见，家庭核心角色长期缺位，使得家庭在留守儿童成长过程中所能提供的支持十分有限。

首先，父母缺位的家庭无法为儿童提供全面的日常照顾和安全保障。本来就不完整的家庭降低了小黄的安全感，年事已高的爷爷奶奶无法成为他坚强有力的保护伞。长期以来，他都缺乏自信，存在自我封闭心理。从小学校长那里了解到，小黄的学习成绩挺好的，但是当笔者问他学习方面的问题时，他总是说自己数学和语文成绩都不好，说明他不太自信。而且最初笔者和小黄交谈时，他总是以“不知道”“没有为什么”等来回答，不愿意与社工过多交流，封闭自己。

其次，家庭成员的情感沟通不畅。虽然在现代社会，交通和通信工具都越来越发达，社会成员之间的沟通联络已经不再受到空间的阻隔了，但是对于小黄来说，他和家庭成员之间的密切配合与亲密互动仍然受到空间的极大影响。因为他的父母都没有在他身边陪伴他，不能关注到他的成长和情感发展。因此，无法把爱转化为具象的行动。小黄知道父亲爱他，但却找不到具体的、记忆深刻的场景来描述这份爱。在他眼中，人间有爱，却触手难及。

最后，家庭的教育功能无法正常发挥。家庭教育不像学校教育那样正规和系统，但是它以潜移默化的形式对子女产生影响。家庭教育具有它自身独特的性质，这也决定了它在每个人的成长中具有重要作用。[①] 学习方面，当小黄遇到解决不了的难题时，父亲没有精力帮他解决。当他学习上有进步的时候，父亲也难以采取最直接有效的方法给予他鼓励和支持。道德教育方面，父亲外出之后孩子交给爷爷奶奶照顾，而爷爷奶奶大多数时候对他比较溺爱和放纵，容易导致道德情感的缺乏。同时，由于空间的因素，小黄也无法享受家校合作带来的发展机会。

（三）改善亲子关系

在初步了解了小黄的基本情况后，社工对他先后开展了 8 次个案服务。这些服务主要是为了达到以下几个目标：

（1）贴近趣缘关系，打开他封闭的内心。在第一次交谈时，社工就意识到小黄不愿意过多与社工沟通。他在回答一些问题时表现得比较敷衍，不愿意回答过多，防备心比较重，不想过多透露自己的信息。在之后的一次交谈中，社工偶然得知他喜欢打篮球。于是，便和他约定一起去官塘小学打篮球，告诉他可以叫上自己的朋友，以此为契机改善社工和他之间的关系。小

① 夏扉．论家庭教育的特性及其教育对策[J]．中山大学学报论丛，2007(1)：18－22．

黄渐渐愿意向社工吐露自己的想法，但是他依然很少提及母亲。可见母亲出轨事件给他的心灵造成了巨大的影响，要改善亲子关系还需从这里入手，让他正确看待父母感情不和的问题。

(2) 帮助他与家人建立亲密关系，填补家庭情感缺失。人与人之间的沟通是出现心理相融的基础，心理相融又是产生密切关系的基础，人与人之间的密切程度是由人们之间的沟通多少来决定的。充足的沟通时间和沟通频率是与孩子之间形成良好亲子关系的保障。在进行个案工作时，社工尝试引导他父亲尽量多与孩子沟通，并掌握良好的沟通方式，多鼓励孩子表达自己的想法。除了关心孩子的衣食住行等基本生活问题之外，父亲还应该关注孩子的情绪变化、内心感受等方面。在沟通过程中，父亲还要学会倾听，从倾听中了解孩子最真实的感受，增进彼此的信任和了解。

(3) 增强监护人的沟通意识。虽然爷爷奶奶在日常的生活中也会和小黄进行沟通，但是沟通的内容仅仅局限于身体健康、安全等基本问题，很少去主动关心他的人际交往、内心感受等方面，忽略了彼此的情感交流。监护人是儿童在生活中接触得最多的人，但是他们的情感需求却不能得到监护人的关注，这必然会对儿童的长远发展产生不利的影响。在和小黄的爷爷交谈之后，社工逐步引导他逐渐意识到深入沟通的重要性和必要性，增强他的沟通意识。

(4) 贴近生计畅沟通。社工注意到，小黄对于女性始终保持着一定距离。对于陌生人，总是带着某种拒绝的态度。社工还发现，小黄干农活很麻利。他已经知道如何到地里采摘农产品。他的这种能力很让其爷爷奶奶感到欣慰。作为驻村工作者，社工深知陪伴的力量必须到达田间地头。也就是说，社工介入乡村儿童照顾必须贴近每一个家庭的生计方式。因此，社工坚持帮他一起采摘蔬菜，与他一起干农活。作为女性，社工所擅长的农活终于让小黄打开了心扉。借助生计陪伴，社工告诉小黄，他的母亲也很能干。父母的分离并非完全由母亲导致。进而言之，这种分离是一定结构对家庭影响的呈现。对于反贫困社会工作而言，针对一定的结构提出基于文化治理的制度创新和实务开展路径是必要的，在此不进一步详述。

由上可见，社工开展实务的过程实际上涉及四种不同的关系：一是代际关系，二是朋辈关系，三是亲子关系，四是专业关系。其中，前三种是亲密关系。这表明，专业关系需要正确梳理亲密关系才能展现其有效性。这四种关系必须面对一定时空条件下的特定情境（见图 4.2）。

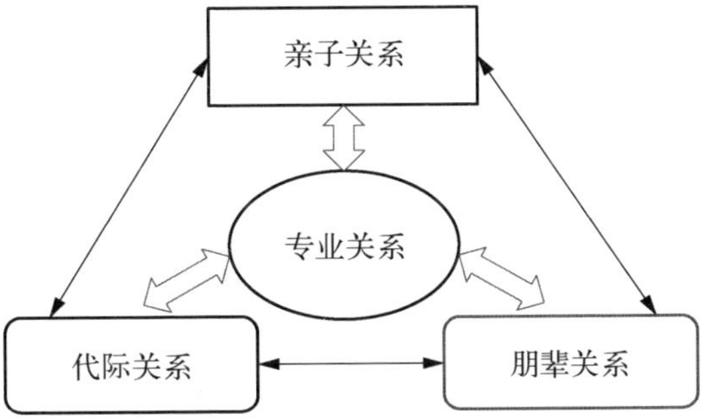

图 4.2　专业力量优化小黄的关系网络

第三节　人口流动空间与乡村代际关系

一、现代化、贫困与关系疏离

小黄只是一个个案，但却折射了人口流动空间带来的巨大影响。现代化进程和工业发展的空间分化，必然会引起农村人生产和生活方式的变化。表面看来，进入枫村只有一条乡村公路，并且乡村公路必经邻村门洞。过了门洞，一片山间盆地铺展开来。枫村似乎是带有一定封闭性的世外桃源。但历史地来看，枫村是近代以来中国经济空间演化的典型。在枫村附近不到 1 千米处，坐落着中华人民共和国成立前的浙赣铁路的小站。浙赣铁路始建于 1899 年，是中国最早的铁路干线。今天，浙赣铁路成了沪昆铁路干线的一部分。离沪昆线不远处，有高速公路、省道。而原来的铁路小站则与乡村风光一起成为当地的文旅景点。铁路、公路不仅仅是物质的输送线，更是信息流动的空间，是文化传播的载体。于是，信息判断能力、文化冲突处置能力摆在了枫村村民面前。一位年近 90 岁的老人告诉社工，村里有能干的人，他们了解外面的世界。老人同时也感叹，各家念的“经”越来越不一样了，即便能干的人也不得不念一念家里的“苦经”。

在很长一段时间里，受政策限制，村民们大多数不得不待在家里。改革开放后，本就离浙江等沿海地带较近的枫村很快就改变了原来的谋生方式，突破了既定的生计空间。这样，枫村很多村民都愿意去工业更发达的沿海城市务工。其结果是必然与家中的孩子在空间上长期处于分离状态。近年来，现代交通和通信工具进一步发生变革。20 世纪 60 年代，第一条信息网络在美国问世。90 年代末，网络开始在中国进入商业化普及阶段。“网络社会”成为各学科关注的议题，包括卡斯特在内的学者认为网络社会是一个世界普遍交往的结构与存在。进入新媒体时代，包括外出务工的父母等社会各类群体都可以通过视频、语音、电话等多种方式和留守儿童进行沟通。在交通通信便捷的条件下，枫村的通婚圈发生了变化。枫村年轻人的择偶对象早已经超出本县、本省。但是，技术只是带来了对时空进行超越的手段，而心灵上的距离却是无法跨越的。同时，地域心理取向、文化取向存在差异。这些都需要从择偶就开始进行合理的处理。然而，并非所有人、所有家庭都能成功地应对这些挑战。小黄父母的婚姻就是应对挑战失败的表现。可见，空间鸿沟对于代际关系的维系与优化的挑战依然存在。

扩而言之，改革开放和科技变革促进了我国东部、中部和西部地区经济的发展，却也在一定程度上导致了地区之间、城乡之间的发展不平衡。枫村地处中部农村，农民主要以农业生产为收入来源。贫困家庭的父母为了生计，也为了给孩子提供更好的物质生活条件，主动选择外出务工。在城市中谋生的他们尚且不能保证自己的日常生活，更不可能将孩子带到城市中生活、接受教育。所以，他们的孩子只能留守在农村老家。亲子关系中的情感和交流在两地相隔中被消磨、摧毁。空间上的距离直接导致成长支持、日常照料和教育等家庭功能无法得到正常发挥，对脆弱的亲子关系造成巨大的冲击。

农村留守儿童与父母的亲子关系疏离状况并不仅仅是由于父母外出务工导致的家庭支持结构离散造成的，更深层的原因是，在整个经济社会发展战略选择当中，为了积累经济社会发展所需要的条件，区域经济战略、城乡关系布局一度以东部地区、城市作为优先选择的对象。相应地，各种制度结构安排和社会资源利用不太均衡。从具体情况来看，农村教育资源尚无法和城市相提并论。很多农村中小学师资力量不足，更无法配备心理教师或者学校社工，无法及时为留守儿童提供心理和情感帮助。留守儿童亲子关系改善不仅需要家庭的关爱，更需要制度创新，需要社会其他主体的关爱与介入,只有在家庭这个载体中形成对留守儿童的支持合力,才能为大部分时间在家庭中度过的留守儿童提供足够的支持。尤为重要的是,需要创新发展观为儿童照顾提供制度支持,进而为经济社会的高质量发展创造条件。

贫困家庭中亲子关系具有特殊性,一方面表现为贫困家庭自身的特殊性,经济拮据使得父母往往处于压力高峰期,而子女则处于青春期,这两个年龄段的人相对敏感,情绪容易波动;另一方面,亲子矛盾和家庭贫困密切相关。这两个方面相互交织,影响着贫困家庭的亲子关系发展。充足有效的社会资源能够为亲子双方提供情感和物质上的支持和慰藉,而贫困家庭亲子双方乃至整个家庭所拥有的社会资源是贫乏的。对贫困家庭中的父母而言,他们往往忙于生计,几乎没有社交活动。而且父母缺少和孩子接触的机会,对孩子的内心世界也缺乏正确的认知。

二、乡村亲密关系再造与儿童照顾

留守儿童亲子关系疏离现象是伴随着我国现代化建设的高速发展而产生的,它在未来相当长的一段时间里还会继续存在。从优势视角来看,留守儿童的出现是一个家庭为了生计而作出的无奈选择。不过,从现实的角度来看,这是农村家庭面对真实生活,面对具体的情境而不得不作出的理性选择。① 这一选择反映了在追求工业化、城市化、现代化的总体发展战略背景下,社会结构对乡村社会、传统家庭强势渗透的结果。从乡村社会来看,这种总体战略所带来的后果必然是原有社会支持关系紊乱,家庭必须面对工

① 田丰,郑少雄. 前世今生:留守儿童社会形态的多样化考察[M]. 北京:社会科学文献出版社,2019:94.

业化、城市化、现代化所带来的风险。留守儿童家庭未必就是贫困家庭，但是贫困家庭面对生计挑战时，其理性选择的优先项往往是离开乡村，奔向城市，拓展生计空间。这样，不可否认的是，留守儿童往往被暴露在依恋关系紊乱、沟通受阻、人格被标签化等风险当中。留守儿童所面临的种种风险表明，乡村社会的择偶、婚恋、亲子等亲密关系急需重构。

无疑，留守儿童面对的是残缺家庭所带来的风险。正如苏联教育家苏霍姆林斯基说过："良好的情感是在童年形成的，如果童年蹉跎，失去的将永远无法弥补。"基于情感交流的亲子关系是任何事物都无法替代的，也是儿童的社会关系中最重要、最持久的一种关系。如何让留守儿童的父母与孩子之间的亲情不因为距离的阻碍而变得淡薄，让留守儿童深切感受到父母对他们的关心和爱护，让孩子的留守生活多些色彩，远离家乡的父母责任重大，留守儿童的监护人的作用也必不可少，政府和社会各界也应该高度重视，这样才能为留守儿童创造和谐、包容的社会生活环境。

来自枫村的实务表明，营造一种有助于提升儿童安全感、幸福感的家庭氛围和社会环境并不容易。按照部分学者的观点，乡村社会是熟人社会，亲密关系内的交往是频繁的。但是，事实上，行动能力强的留守老人需要在照顾儿童需要的同时，还得在田间忙于劳作，他们并没有太多时间用于社会交往；行动能力弱的留守老人往往遵守古训，轻易不出门。至于留守妇女，需要大量精力从事劳作，照顾一老一少，社会交往也比较少。大体来看，枫村的邻里交往频率并不像想象中的高。原子化的现象同样存在，邻舍关系同样需要改善。为此，枫村社工团队综合邻舍关系、亲子关系的需求，针对关系再造，组织了大量小组活动，以促进家庭亲子交往、村内邻舍交往，进而提升社区凝聚力。

小组活动的参与者包括：① 留守儿童；② 留守儿童的家长或爷爷、奶奶；③ 社工。其中一次小组活动是亲子果盘比拼。具体内容是要求留守儿童和自己的家长(如果家长不在，由爷爷、奶奶参加)以一方的笑脸为模板，用水果拼出一个笑脸。拼完之后，由所有小组成员投票决定哪个小组最佳。

显然，活动设计的目的是针对亲子关系或祖孙代际关系的优化。活动试图检验两种关系的默契度和友好度。活动临近结束时，意外发生了，留守儿童小柳抱着自己的妈妈号啕大哭，孩子的母亲也随之大哭。待母子平静后，社工让孩子的母亲谈谈感想。她说："我以为自己了解孩子。但是，这次活动告诉我，我并不了解孩子。他很近，却似乎很遥远。我居然无法与孩子一起展现他最灿烂的笑容！"看得出来，孩子的母亲很懊悔。她深深地体会到了亲子关系的挑战。事后，社工与之单独进行了访谈。她说，表面看来，自己为了孩子提前离开了打工的城市。但是，事实上，这种疏离感在此之前就已经在慢慢滋长。回到家后，一方面要忙农活，忙家务，忙挣钱；另一方面要照顾双方老人，处理大量亲戚来往、邻居来往的事情，其后果就是自己虽然回来了，但是与孩子对话的时间依然很少，即便有限的对话也是与学业有关。这样，母子之间可以共情的对话内容很少。至于孩子的父亲，也只是每周一个电话，电话里与孩子的沟通同样很少。这位母亲的分析表明，这是一个远距离空间的亲属关系交往的典型案例。快速的现代生活与传统的乡村交往一起发挥作用，挤占了亲子时间，家庭亲密关系被扭曲了。

同时，案例也表明在介入留守儿童亲子关系疏离问题时，我们要更加关注留守儿童更高层次需求的满足。这位哭泣的儿童说，妈妈无法和自己一起用水果摆出自己快乐的笑脸，这让自己很没面子。这里的“没面子”一词的内涵很丰富。他觉得妈妈并不关注自己，也没有走进自己的内心，自己得不到尊重。这表明，社工介入亲子关系时需要提升代际交往技能，满足社交需求，帮助留守儿童增加安全感；尊重服务对象，同时鼓励亲子之间相互尊重；在活动过程中帮助服务对象充分感受自身的价值。家庭系统理论认为家庭系统问题来源于沟通交流方式的问题，问题的解决可以增进家庭成员之间的感情。因此，在介入留守儿童亲子关系疏离问题时，还要为亲子之间的沟通和互动创造更多的机会，及时沟通，进行危机干预，帮助亲子之间消除误会。要帮助亲子认识到出现问题并不可怕，重要的是要努力解决问题。

亲子关系再造只是乡村亲密关系改善的一部分。事实上，这是一个系统工程。亲子关系也和婚姻状态紧密相关。孩子的妈妈还解释说，孩子的父亲工作非常忙，经常要加班。所以，他既难以做到与孩子充分沟通，也难以做到与妻子充分沟通，更谈不上夫妻共同加强与孩子的共情。一般而言，共情能力强者，往往能在社会交往中获得良好的社会资本，获得优质的社会支持，进而建构起良好的风险防范能力。这种情况在本书的后一章节也存在。在乡村社会，自己遭遇困难时，许多妇女会羞于告诉娘家。这样，由于自身缺乏值得信任且有效的沟通渠道，难免会把负面情绪转移给孩子。她的解释表明，以家庭为中心的亲密关系再造对儿童照顾有直接影响。

三、反贫困社会工作实务需要帮助儿童建立自尊感

上述实务还表明，反贫困社会工作需要以儿童为基点，思考防止贫困代

际传递的有效机制。为此，有必要着眼长远，从内生动力方面建立一种有尊严地追求幸福生活的强大且可持续的驱动力。这一驱动力的建设恰恰需要从健全孩子的人格抓起。

人格理论是人们对整体人性的体验、描述、解释，并在此基础上对人的行为进行预测和改变的概念体系。在经典的人格理论当中，学者们认为，人格的含义一般包括四个层次：① 人格是个体的身心系统，具有整体性；② 人格是个体内部的动力组织，这一组织系统决定人的外在行为模式；③ 人格是个体行为和思想的独特模式；④ 人格是包括个体独立性、自信心、尊严感等方面的特质的统一体。[①] 反贫困社会工作需要面对的一个问题是扶志。这里的"志"实质上是一个牵涉到驱动力与行为取向的问题。从人格理论来看，它决定着人的行为的推力，包括寻求快乐、回避痛苦的倾向，自我实现的愿望与潜力，追求卓越、克服自卑的基本动机，合理认知且有效应对环境的需要。可见，扶"志"需要落实到有利于人格正常发展的日常生活世界中去。

从实务过程来看，参与小组活动的枫村家庭面对现代化进程中的经济空间落差这一大环境，只能寻求家庭分离的局面，从而获得更高的家庭收入，避免长期陷入贫穷的状态。因而，人们普遍把在外就业与自我实现联系在一起。从前述的理性选择来看，这并没有太多可苛责之处。但是，从人格理论来看，环境是影响人格健全的关键性因素之一。家庭成员的分离构成了儿童人格发展与形成的基本环境。这一环境是以牺牲儿童人格的某些特质为代价的。比如，自卑感的上升，对尊严感的过度敏感，自我实现未能在大范围的社会交往中获得承认从而影响自信心，等等。进一步来看，这些代

① 郭永玉，刘毅，尤瑾. 人格理论(上)[M]. 上海：上海教育出版社，2021：2－3.

价很有可能影响儿童成年后的发展。可见，反贫困社会工作介入儿童人格的形成具有长期性，具有战略价值。

在人格特质当中，自尊在“扶志”中起着关键作用。何谓自尊？康德强调，自尊首先意味着自身存在的绝对价值。[①] 它不是抽象的，而是体验性的。例如，上文实务中的母亲之所以也和孩子抱着一起哭，是因为她感到愧对孩子，让孩子又产生了自卑感。她第一次体验到自己伤害了孩子的自尊。与之相反，一位来自贫困家庭的儿童小励则建立了一种自信感。他在小组活动中不仅摆出了奶奶的笑脸，而且自己用画笔对奶奶的笑脸进行了漫画式的呈现，他的奶奶也为之骄傲。这样，代际关系的融洽为儿童人格的健康发展提供了强有力的支持。小组活动结束之后，社工了解了两个儿童的学业状况。结果表明，小励的成绩更好。小励的故事也表明，对于隔代抚养不能轻率地贴上负面标签，而是要深入评估和分析抚养过程中儿童人格成长的具体状况。

两个不同儿童的故事表明，自尊对于个体的心理发展至关重要。有学者明确强调：“只有自尊，才能真正维系你的生命。”[②]因为通过维护自尊，人们可以意识到自我价值，进而获得满足基本需求的强大动力，否则生活自然困窘。自尊充足的孩子最可能走上幸福之路。正因为这样，帮助儿童树立强大的自尊是为人父母的最重要的任务。从这个角度来看，小柳妈妈的愧疚恰恰是社工推进实务的重要资源：通过活动，她深深地了解到通过优化亲

① [德] 瓦尔特·施瓦德勒. 论人的尊严：人格本源与生命的文化[M]. 贺念，译. 北京：人民出版社，2017：5.

② [美] 马修·麦凯，帕特里克·范宁. 自尊(原书第 4 版)[M]. 马伊莎，译. 北京：机械工业出版社，2022：1.

子关系，并让孩子获得自尊的满足感的重要性。为了让留守儿童融入社会、通情达理、自信满满，社工需要优化代际关系，让儿童在幸福的亲密关系中正常成长。这就需要让父母重视孩子，发现孩子的负面情绪和心理创伤，从而帮助父母细致地思考与孩子的交流方式是否恰当。

本章参考文献

[1] [印] 阿马蒂亚·森. 以自由看待发展[M]. 任赜，于真，译. 北京：中国人民大学出版社，2002.

[2] [美] 埃什尔曼. 家庭导论[M]. 潘允康，等译. 北京：中国社会科学出版社，1991.

[3] 陈淑芬. 家庭功能分析的理论体系简介：家庭功能分析的相关概念[J]. 中国全科医学，2006，9(2)：167－169.

[4] 戴斌荣. 农村留守儿童的心理特点及教育对策[J]. 教育理论与实践，2012，32(5)：44－47.

[5] 段升阳，刘丙元. 从个人私利到社会责任：家庭教育社会职能的实现[J]. 中国教育学刊，2018(9)：39－44.

[6] 范丽恒，赵文德，牛晶晶. 农村留守儿童心理依恋特点[J]. 河南大学学报(社会科学版)，2009，49(6)：131－136.

[7] [法] 弗朗索瓦·德·桑格利. 当代家庭社会学[M]. 房萱，译. 天津：天津人民出版社，2012.

[8] 高翔. 美国儿童照顾政策述评：兼论对中国儿童照顾政策的意义[J]. 晋阳学刊，2013(3)：95－100.

[9] 横峰县志编纂委员会. 横峰县志[M]. 杭州：浙江人民出版社，1992.

[10] 史祥武. 留守儿童家庭教育存在的问题与对策[J]. 甘肃教育，2019(7)：24.

[11] 世界银行. 1990年世界发展报告：贫困问题·社会发展指标[M]. 北京：中国财政经济出版社，1990.

[12] 宋璐，冯雪. 隔代抚养：以祖父母为视角的分析框架[J]. 陕西师范大学学报(哲学社会科学版)，2018，47(1)：83-89.

[13] 童星，林闽钢. 我国农村贫困线标准研究[J]. 中国社会科学，1994(3)：86-98.

[14] 王启群. 试论家庭在社会协调发展中的基础作用[J]. 贵阳师专学报(社会科学版)，1998(4)：12-14.

[15] [美] 威廉·A. 科萨罗. 童年社会学[M]. 张蓝予，译. 哈尔滨：黑龙江教育出版社，2016.

[16] 武海鸣，吴莹. 农村留守儿童亲子关系面临的问题及调适[J]. 今日科苑，2011(2)：31.

[17] 夏扉. 论家庭教育的特性及其教育对策[J]. 中山大学学报论丛，2007(1)：18-22.

[18] 徐芳敏. 关于农村留守儿童家庭抚育弱化的思考：读费孝通的《生育制度》[J]. 法制与社会，2009(29)：234-235.

[19] [美] 亚伯拉罕·马斯洛. 动机与人格[M]. 许金声，等译. 北京：中国人民大学出版社，2013.

[20] 杨赛男，赵斌. “送教上门”内涵、困境及建议[J]. 绥化学院学报，2018，38(10)：20-23.

[21] 张礼，蔡岳建. 农村留守儿童家庭教育的问题与对策[J]. 学前教育研究，2008(7)：63-65.

[22] 周宗奎，孙晓军，刘亚，等. 农村留守儿童心理发展与教育问题[J]. 北京师范大学学报(社会科学版)，2005(1)：71－79.

[23] Rowntree B S. Poverty：A study of town life[M]. London，New York：Macmillan，1901.

第五章 玉县[①]儿童：家庭关系与“瘾”的生成与疏导

和杜村、瑶川、枫村不同，本章所涉及的实务地点在赣南。赣南是客家人聚居之所，历来非常重视家庭、家族文化。小黄、小柳两个枫村儿童遭遇的是亲子关系的困扰。小黄、小柳遭遇的困扰如果得不到有效解决，可能会影响他们在未来正确处理性别、代际方面的人际交往关系。与上一章不同，本章的案主聚焦于兄弟之间的朋辈关系的紊乱。这种紊乱与父母的婚姻家庭关系紧密相关。针对这种紊乱，本章所开展的实务主要以家庭沟通的优化为重点。不过，值得注意的是，两章的案主都体现了贫困家庭不得不面对的家庭关系的时空疏离问题。

① 玉县系化名。

第一节 玉县留守儿童基本情况及案主概况

一、当地留守儿童基本情况

玉县位于江西省赣州市北部，全县常住人口共905 439人。在全县常住人口中，居住在城镇者为396 118人，占总人口的43.75%；居住在乡村者为509 321人，占总人口的56.25%。该县是人口大县、劳动力资源大县、劳动力输出大县，近十年来常年外出务工人口均保持在20万以上。随着经济社会的发展，近年来玉县劳动力就业态势发生了较大变化，总体来看，外出务工总量依然维持在20万左右。玉县当地劳动力出于经济利益原因，外出到其他城市成为“流动的共同体”，而他们留在家中的孩子则成了“留守儿童”。

在本研究中，社工采用了封闭式问卷调查法。根据研究的需要，问卷以家庭沟通问题为核心，共设置了33道题（见本章附录）。问卷涉及留守儿童家庭沟通基本概况、学校情况、个人评价、焦虑与否、是否合群、幸福与满足等方面，通过问卷调查，社工可以判断家庭沟通对儿童的自我意识的影响。

笔者随机选择了当地一所中学，以学生班级为基本单位进行随机整群抽样，抽取出一个班级发放问卷。本次调研共发放75份问卷（73份有效、2份无效）。问卷回收率100%，有效率97.33%。对所获得的问卷，运用SPSS 22.0进行了基本的频数分析和T检验。在73份有效问卷中，男生40人，占比54.79%；女生33人，占比45.21%（见表5.1）。其中留守儿童（此处指与爷爷奶奶或外公外婆生活在一起的儿童）共54人，占比73.97%（见表5.2）。

表 5.1　当地儿童监护情况分类统计

题　目	选　项	人数及比例		总　计
		男	女	
你和谁(监护人)生活在一起?	父母	7(77.78%)	2(22.22%)	9
	单亲	4(50.00%)	4(50.00%)	8
	爷爷奶奶或外公外婆	28(51.85%)	26(48.15%)	54
	其他亲戚	1(50.00%)	1(50.00%)	2
总计		40(54.79%)	33(45.21%)	73

表 5.2　当地儿童监护情况

题　目	选　项	人数及比例		总　计
		男	女	
你和谁(监护人)生活在一起?	父母	17.50%	6.06%	12.33%
	单亲	10.00%	12.12%	10.96%
	爷爷奶奶或外公外婆	70.00%	78.79%	73.97%
	其他亲戚	2.50%	3.03%	2.74%
总计		40	33	73

由此可见,玉县这所中学留守儿童数量较多,但男女比例相差不大,基本相当。由表 5.2 可判断,该班儿童的基本监护情况为祖辈监护(73.97%),父母双方中有一人在家监护的占比 10.96%,由其他亲戚监护的占比 2.74%,无自我监护情况。由表 5.3 可知,$p=0.532>0.05$,可知儿童留守情况与性别没有显著相关性。

表 5.3　当地儿童留守情况与性别交叉表

题　目	选　项	人数及比例		总　计
		男	女	
你和谁(监护人)生活在一起?	父母	7(77.78%)	2(22.22%)	9
	单亲	4(50.00%)	4(50.00%)	8
	爷爷奶奶或外公外婆	28(51.85%)	26(48.15%)	54
	其他亲戚	1(50.00%)	1(50.00%)	2
总计		40(54.79%)	33(45.21%)	73
χ^2	2.201			
p	0.532			

二、个案来源及案主家庭基本情况

如前所述，玉县外出务工人员数量在 20 万左右，约占总人口的四分之一，且绝对数量庞大。由此可以预测当地处于留守状态的儿童也不在少数，故而本团队选择在玉县进行留守儿童沟通阻滞个案研究是有相关依据的。

2020 年，本团队参加了“中国四十年减贫经验：农户生命历程调查研究”课题的实地调查。在访谈时，社工发现了东东一家，他们家是十分典型的留守儿童家庭，于是选择其作为社工介入和研究的案例。东东一家是典型的联合家庭，祖辈奶奶、她的三个均成家的儿子以及第三代孙辈都生活在同一个家庭中。图 5.1 为东东一家的家庭结构图。

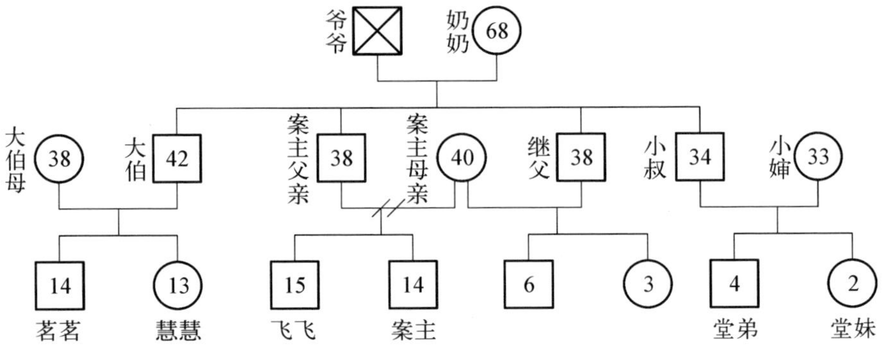

图 5.1　东东的家庭结构图

(一) 案主家庭结构

这是一个典型的传统家庭结构。案主的大伯、父亲、小叔与奶奶都住在一起,案主本人才 15 岁。他是正在上八年级的中学生,其哥哥飞飞 16 岁,在当地县城的重点中学读高一。案主从小跟奶奶长大,奶奶承担了其大儿子与二儿子的四个孩子的照顾工作,他们均是留守儿童。在这一点上,案主奶奶所面临的情况和前面章节中的枫村老人有相似之处。

案主的小家庭是由其父亲、哥哥(飞飞)和他本人组成的。案主的母亲是外省人,在广东打工时认识了案主的父亲。由此可见,他们的婚姻正体现了吉登斯、鲍曼等人所说的现代性特征:亲密关系在流动性中生成,又受流动性影响。据调查,是案主的母亲主动追求其父,并相继生下了两个儿子。但夫妻两人并未领取结婚证,属于事实婚姻。也就是说,他们的婚姻未完成由传统婚姻到法理型婚姻的转变,未登记的事实婚姻导致出现了很多问题。

案主的母亲育有四个子女,另外两个是再婚后所生。具体来说,就是其母亲在案主 10 岁时离家出走,回到老家,并和她本村的人领证结婚,又生育了一儿一女。关于离家出走的详细原因,基于隐私伦理,社工在此不作赘述。案主的母亲在生育了案主的哥哥和案主后，分别养育到 5 岁和 4 岁，然后送回老家由案主的奶奶抚养至今。出走之前，夫妻二人一直在外务工，一家人一年仅能团聚两次（过年和孩子暑假前往父母务工的城市）。

案主一家在当地并无房产，一家寄居在其大伯家中。案主的大伯家有一儿一女，分别是 14 岁和 13 岁，也是由奶奶抚养。大伯夫妻俩在广州做生意，家里的两个孩子从小就跟奶奶长大。同样，他们仅暑假回来接孩子们去广州以及过年时返乡。可见，案主一家中的儿童和父母团聚的时间皆以学校制度规定和风俗约定为前提。这样，他们生活的时空条件是分裂的，代际情感的共享是短暂的。

案主的小叔 30 岁时才成家，没成家前也住在案主的大伯家，当时整个大家庭都住在一起。由于整个家庭的经济条件不是很好，再加上小叔偶尔赌博没有多少积蓄，而当地娶媳妇的彩礼将近 10 万元，故而小叔拖延至 30 岁时才成家，并贷款买房搬离了大家庭。

（二）家庭经济状况

由上可知，案主一家是联合家庭。2019 年之前，案主所在的小家庭是和他的奶奶、大伯一家四口以及未成婚的小叔一起生活的。案主自己家没有房子，一家九口人共同生活在大伯家里。如前所述，母亲离开案主家时，没有带走任何一个孩子，两个男孩均留给案主父亲抚养。并且，由于案主母亲和父亲未领取结婚证，不存在离婚后支付孩子抚养费这一情况，故而由案主父亲一人承担两个孩子的养育费用。笔者访谈时得知，2020 年 9 月，东东的哥哥飞飞就要进入当地重点中学读高一，这对东东的父亲而言既深感幸福，又压力骤增。在县域教育中，进入重点中学并不容易。父亲对东东的哥哥抱有很高的期待。在后文中,读者们可以看到,这种抚育压力难免会影响父子之间的良性沟通。

东东的父亲说:"老二过一年也要上高中或者技校啥的,到时候要支撑起两个孩子读高中的费用,压力好大。唉,老大是会读书的,以后还是要上大学的,大学学费又蛮贵,还要读四年。而且,我年龄也大了,没法像年轻的时候赚得那样多了,也不知道以后怎么办。现在我们住在我大哥家,这也不是办法啊,总不能一直住下去。"显然,离异降低了这个家庭的抗风险能力。对于未来,案主的父亲既无奈,又焦虑。有时,他难以掩饰这种负面情绪。他自责,自己不能给孩子们富裕的生活。所以,回家时,为了减少自责,他尽量在孩子面前展现出老好人的形象。这样,在家庭教育中,就少了一个权威声音。

(三)案主学习情况

目前,东东的学习成绩很差,初一时数学成绩每次都在 10 分以下,七门科目总分 540 分,东东一般只能考一百多分,门门不及格。社工在和东东访谈时得知他每次考试都空着大题不做,因为不会做。社工与东东家人沟通后得知,东东小学时的成绩还是不错的。直到升入中学后,由于要学习的知识比以前更多,也更难理解,加之初一时结交了家人口中的"小混混"同学,于是他在学习上就掉队了。

奶奶说他现在的数学成绩实在是差,就考几分。奶奶说,现在老师讲课的时候他已经一句都听不懂了。案主的堂妹慧慧告诉笔者,东东在他六年级的时候就听不懂了,五年级的时候还好,后面就一直这么差了。奶奶补充道,东东小学的时候,他数学老师免费给 80 分以下的学生补课。但东东能考到80分以上，他都不用去补课。升入初中后，东东的成绩就差了。可见，学习环境的变化对东东产生了较大影响，优质的师生关系能够在一定程度上缓解留守儿童面临的挑战。然而，案主的哥哥飞飞则把东东成绩下降归因于他结交了“小混混”朋友，没学好。于是，社工试图在介入过程中与案主进行深入沟通，探寻其成绩下降的真实原因。

第二节　案主家庭沟通阻滞问题的表现

一、案主日常行为表现与沉重的标签：他是网络成瘾少年吗？

家人和老师曾经认为东东是网络成瘾少年。但是介入前期接触到的事实表明，这一看法似乎并不合理。社工与东东进一步接触后发现，东东平时课余时间基本不在家，空闲时间里都是和他的小伙伴一起在外闲逛、骑自行车、玩耍。由此可见，东东家庭内部的朋辈群体可能存在沟通问题，所以他才在家庭外部寻求朋辈群体支持。技术现代化与文化产业的丰富影响着青少年的娱乐。[①] 年轻人喜欢生活在能够释放天性的场景中。这样的场景充满着迷人的一面，年轻人进入这些场景的机会不断增加。东东也难以回避时代的科技与文化的烙印。

社工进一步发现，每次到东东家时，他几乎都不在家，都出去玩了。有一次，社工在东东家待至晚上9点多，他依旧未回家。于是，社工和案主提前约好下次见面的时间。除此之外，社工和东东奶奶聊天时得知，他甚至经常

① [美]G. H. 埃尔德. 大萧条的孩子们[M]. 田禾，马春华，译. 南京：译林出版社，2002：244-246.

不回家吃饭，而是去朋友家吃。奶奶告诉社工，东东在外面有很多朋友，小学时的朋友都仍在和他一起玩。他经常下午三点多放学后就出去玩。出去时，他会和奶奶说晚上不回来吃饭了。东东爱出门的行为很容易给人留下不好的印象，误以为他可能是个调皮捣蛋的孩子。因为整天在外瞎逛、不待在家学习，在大众的印象里不像“好学生”的样子。这些事实表明，东东的生活空间并非以虚拟空间为主，同时，他并不缺朋友，但和家人沟通较少。

这些陈述还让社工回想起第一次来到案主家时的情景。当时，社工发现沙发上放了毯子。于是在后续访谈中聊到几个孩子的房间分配问题时，社工提出了沙发上堆放毯子的疑惑后得知：东东在和哥哥吵架后，这几个月都睡在客厅的沙发上。于是社工在接下来的每次访谈中都会观察一下东东家的沙发上是否依旧放着毯子。

社工：你回来啦？

东东：嗯。

奶奶：过来坐，这里凉快。

社工：东东是和他哥哥睡一个房间吗？

慧慧（东东堂妹）：之前是，但是他们吵架后，东东就睡在沙发上了。

奶奶：他们兄弟俩今年吵了两次，之前他们三个（茗茗、慧慧、飞飞）都跟他不对付。那回他们两个打得蛮厉害。

奶奶：东东都哭了。东东他哥哥掐他脖子，东东抓他哥哥的脸。他们互相打，抓住了往死里挑（方言，打）。

其实，社工在知道东东爱玩后，心里很好奇他是不是就像他家人口中所说的那样，在外面经常打架斗殴、欺负小朋友。奶奶说，东东经常在外玩耍、走动，所以东东的身体素质很好。奶奶的这种肯定让社工觉得，需要认清楚东东的优点。优势视角理论告诉人们，每个个体、团体和社区都有自身的优势和资源。社工开始换一个角度思考东东经常外出的行为。在和东东、家中其他孩子聊到未来目标时，社工发现东东每到周末的早上，吃完早餐后都会绕着整个镇跑步。身体素质好是东东的一个优势，也是东东自身被忽略的优点。这样，社工在看待东东的问题时，会从他的优势和资源出发，让东东意识到自己的潜能，帮助他发现自己的优点、树立自信心，让他乐于和家人沟通交流内心的真实想法。

经过几次访谈，社工发现，即使东东在家，他和家人的沟通交流也十分少。因为他在家时，一直都在玩手机，基本都在玩手机游戏。东东的手机并不是家里人给的，而是东东的朋友给他买的，东东和其他小伙伴经常去这个同学家吃饭、打游戏。由于东东未满 18 岁，国家规定未成年人每天只能玩 2 个小时的手机游戏，且青少年模式的开放时间是上午 8 点到晚上 11 点，为了能持续玩游戏，他在手机里下载了七八个游戏。除了玩游戏外，东东偶尔会看一些搞笑视频。而在晚上 11 点后，所有游戏均不能玩时，他会给手机边充电边外放音乐入眠。据奶奶说，她好多次早上起来听到他手机里的音乐还在放，从晚上放到早上。

社工：你一般每天玩多久游戏？

奶奶（在一旁搭话）：天天都玩，上厕所都带着手机，洗澡睡觉都要放歌，没停过。

东东：游戏是我用自己的身份证注册的，青少年玩《王者荣耀》每天只能玩 2 个小时。早上 8 点开放到晚上 11 点。

社工：那这样每天玩的时间也不多啊。

东东：但是我有七八个游戏（笑）。

社工：你除了玩游戏，还有其他的娱乐吗？

东东：看短视频，玩快手，看搞笑视频。

与东东天天出门玩耍形成对比的是，东东家里的其他几个孩子除了上课外，都是在家待着，基本不出去玩。但他们和东东具备一个共同点：在家时，他们写完作业后的休息时间就是玩手机、刷视频，偶尔看看电视和小说。可见，这是一个网络时代的基本场景。其中，两个男孩（东东的哥哥和堂弟）玩手机也仅玩游戏。笔者好奇案主家的留守儿童们除了玩手机之外还有没有其他娱乐方式，得到的回答就是他们除了玩手机就是玩手机。也就是说，当所有孩子回到家中时，他们的交流就是围绕手机里正在玩的、正在看的东西展开的。他们几个人之间极少沟通内心真实的想法，无论是开心的还是难过的事情。

社工：你们平时除了上课，都有什么娱乐方式？

东东哥哥：就是玩手机呗。（其他两人笑笑不说话。）

东东哥哥：除了这个没有什么了。

社工：不跟朋友出去玩吗？

东东哥哥：很少。

由此可见，信息技术给人际沟通带来了巨大影响。信息技术的发展丰富了人们生活的场景，加速了亚文化的迅速传播，但是与此同时，也导致人与人之间的直接沟通减少，户外活动减少。受电子游戏市场结构的影响，垄断性的电子游戏对青少年影响甚大。这种垄断性使得青少年群体在整体中处于一种单一的电子文化驱动当中。

在后续访谈中社工得知，东东家的留守儿童们在遇到不开心、难过的事情时很少会选择和家里的兄弟姐妹交流沟通，他们认为彼此之间存在“代沟”。有些比较隐私的话语，他们会选择憋在心里或是和朋友沟通，和家人、老师沟通似乎并不在他们的选择之中。可见，这是一个网络游戏越发达、个体越孤独的隐喻性家庭空间。所谓网“瘾”的背后，是线下生活的孤独个体在群集。在这个空间里，东东同样是一个孤独者。如果其人格被如此塑造的话，他对亲密关系的理解将会出现结构性扭曲。

二、师生沟通缺乏

在最初关于当地留守儿童家庭沟通情况的 73 份问卷当中，社工发现大多数儿童对老师有一种天然的畏惧感。他们不敢和老师沟通，不敢向老师提问题。东东也具备以上特征。一方面，他的老师所表现的行为和所说的话语在一定程度上导致了这种情况；另一方面，青少年的求助文化和求助心理未得到很好的塑造。社工问东东不愿意向老师提问的理由是什么，东东的回答是不好意思问，要是老师教了还是没听懂继续问也不好，自己没那么厚脸皮。由此可见，在东东的认知里，向老师咨询问题是一件让人蒙羞的事情，他很不好意思开口。无疑，这是一个错误的认知。这种错误认知不仅东东有，慧慧也认为老师一般不会讲得很细，尤其是东东这种基础差的，更听不懂了。而且，如果提问，他们觉得会让老师感到厌烦。

对此，家人对东东的误解很大。据调查，他不愿向老师请教问题，还有可能和小学时被老师冤枉打碎玻璃一事有关系。老师、家人都认为东东参与到了打碎玻璃事件中。在和笔者的交谈中，东东告诉社工，玻璃不是他打碎的。说话时，他一脸无奈和伤心，似乎是对于自己家人都不信任自己的事情有点难过。由此可见，案主家庭的沟通阻滞现象已经十分固化，家人间的信任岌岌可危。

社工：上回打破玻璃那事吗？

东东：那玻璃不是我打烂的。

慧慧：都赔钱啦！

东东：那个时候，六年级的时候，我走在二楼，听到楼上玻璃被打碎的声音。我就上去看了，然后就说是我打烂的。那上面没有监控，有监控的话我看他怎么说。

东东：我们数学老师不管的，他说只要我们不影响到他上课，我们爱咋地咋地，“听不听就是你们的事情了”。他说他每天上课讲 7 到 8 个小时，嗓子很疼。我们去问，他肯定不会理我们的，他都那样说了。

东东的解释触及一个关键问题：乡村教育为什么这么难？一方面，乡村中小学面临着师资紧缺的难题；另一方面，乡村的硬件设施较为落后。作为贫困县的玉县，这两个问题更为突出。这样，教师的课堂教学工作量巨大，无法做到细致管理，更无法及时有效地纠错，因而只能采取强力压制。这样的学校管理方式自然无法做到深入观察学生的细微变化。其结果是，乡村教育无法实现高质量发展。至于在乡村建立专业社工队伍，则需要更长时间才能进入政治决策议程。

社工：你们班上打架的情况多吗？

东东：好多。大部分人去欺负那一小部分人。那些被欺负的又不敢和老师说。现在的班主任没之前那个好，之前的时候，班上没有人打架，大家都不敢。那个班主任是语文老师，她定做了一个教鞭，上面刻了弟子规的。谁不听话，就去做平板支撑。我现在的班主任没以前的严格，不会管我们。

上述对话表明，在师生沟通过程当中，教师如何运用合情合理的惩戒权塑造优质的师生关系非常重要。同时，东东现在的班级还存在校园霸凌现象。东东和笔者说，现在的班主任没以前的班主任严格、不会管他们，导致现在班上大部分同学会欺负小部分同学，那些被欺负的同学都不敢反抗。社工问他是不是施暴者，东东说他是中间的，也就是旁观者。他说有人想过欺负他，但他打得他们不敢动他。从微观社会学对暴力的分析来看，情境定义包括恐惧在内的情绪互动①，他的暴力行为定义了他在情境中的地位。在这一情境中，他获得了情绪控制权，即通过别人的恐惧维护了自己的安全。

由此可见，东东他们整个班级的氛围是十分压抑、畸形的，一个班级的学生分为施暴者、受虐者和旁观者。老师在班级中的作用被弱化，由班级中的施暴者掌控了权力。这种畸形的“食物链等级”使得孩子们的重心已经无法放在学习上，而只能关心如何保护好自己、免受欺负、明哲保身。可见，对施暴者进行有效惩戒对东东的沟通取向影响甚大。东东说，班上有很多留守儿童，大家都知道，无法通过家长来解决。也就是说，亲密关系无法让自己获得免于恐惧的机会。他们只能选择要么依附于施暴者，要么以实力定义安全情境，要么直接成为施暴者的领袖，要么成为软弱者逆来顺受等。

总而言之，案主班级的教师除了完成新课标规定的教学任务外，基本不

① ［美］兰德尔·柯林斯. 暴力：一种微观社会学理论［M］. 刘冉，译. 北京：北京大学出版社，2016：139.

管教学生。课后时间，该班老师与学生几乎是“零沟通”。在老师向学生表达出课后不愿被打扰的信息后，本来就不敢主动与老师沟通的学生们更是不可能主动和老师交流。东东还说，老师只关心班级学业总体成绩在全校的排名，并不关心学生之间的关系是否融洽。因为班级总体排名对老师的地位、声誉、收入影响甚大。排名本来是用于促进教育的，但事实上大量排名导致学校、教师把手段当成了目标，育人这一基本目标反而被忽略了。这样，学校与家庭未能形成教育合力。校园暴力仍然在继续。除此之外，案主家庭内部的沟通也过于僵化，过于单一。

三、同辈沟通边界僵化

在深入接触东东一家后，社工发现东东与家里其他留守儿童普遍存在一个问题：他们与家庭外的其他人的沟通问题不大，但与自己家里人的沟通却少之又少。简而言之，相比和家里人交流自己的内心想法，他们更愿意在朋友面前表达自我。这是一个非常有意思的现象。在学界，甚至有人认为，似乎中国人都不太愿意和家人表达得过于直接，也不愿意沟通得过于深入。这种行为用中国人自古以来的一句话“报喜不报忧”来形容十分贴切，这句话在家人面前更是表现得淋漓尽致。但是，这些观点都是指向成年人群体的。那么，未成年人呢？

社工在检查案主家孩子们的家庭沟通基本情况表时发现，在关于“心情不好时和谁沟通”“学校里的事情会和谁说”这两个问题上，四个留守儿童填写的答案均勾选了“和朋友说”“很少和家人说”的选项。由此可见，东东家的内部沟通阻滞现象很明显，案主家庭子系统沟通边界僵化严重。案主直接和笔者说，外出去朋友家玩、吃饭，是因为那里有伴。当笔者疑惑道，家里不是也有兄弟姐妹们时，案主回复道，他们不是伴，跟他们玩不来。

社工：你们遇到不开心会和谁讲？

慧慧：我会跟同学讲。

东东哥哥：我比较少说，就是自己消化。郁闷一段时间，自己就想通了。

茗茗：我心情不好的时候，就会在那里睡觉。

社工：那东东呢？

东东：不会，我不会说。憋在心里，自己消化。玩得开心了就忘记了。

社工：你平时碰到问题、困难，怎么处理？

东东：我自己一个人处理，自己解决。

综上所述，东东家的子系统之间存在一定的沟通边界僵化现象。生态系统理论的成果或许对此有一定阐释力，它主要分析个人与系统之间的相互作用，强调环境对于人类行为的重大影响。生态系统的关键在于将服务对象放在一个有层次的系统之中，将服务对象与其各个子系统当作一个整体来看待。为此，社工重视通过改变各子系统之间的沟通阻滞问题，从而改变个人行为。如果将家庭看作一个社会系统，它是由互相联系的各个子系统构成的，那么它们会互相影响，并且每个子系统都有助于家庭沟通功能的发挥。案主家庭子系统之间沟通过少，联系不紧密，家庭子系统之间的沟通传递出现问题导致整个家庭的沟通呈现一种阻滞现象。

四、代际沟通内容与方式单一

东东和家人的沟通内容、沟通方式都过于单一，缺乏多样性。沟通单一对东东行为的影响使他对家庭也比较排斥。要想实现沟通，必须先有渠道。但东东和父亲之间的沟通方式仅仅是打电话，这可能与他们自身的家庭结构有关（一家三口均为男性），而打视频（作者注：当地口语）对于他们来说似乎有点难为情。案主和社工聊到与父亲的沟通方式时，东东表示他们就打打电话，没有其他的沟通方式。至于为什么不选择开视频，东东的解释是不好意思。可见，长期缺乏面对面沟通的结果之一是儿童产生了羞涩感和被动感。这种心理状态可能会影响儿童建构良好的社会关系网络，影响他们夯实社会资本的主动性。有这种心理状态的并不是只有东东一个。他的堂妹慧慧补充道，她和父母会打视频电话聊天。但当笔者询问他们是否会主动给父母打电话时，案主家的留守儿童们均表示不会主动打电话给父母，都是他们打过来。

社工：你们的沟通方式是什么？

东东哥哥：就打电话，没有其他方式了。

社工：不打打视频？

东东：不好意思。

慧慧：我妈妈有时候会打视频。

社工：打电话都聊些什么？

东东哥哥：就聊学习和生活，奶奶怎么样。

社工：一般都聊些啥啊？

东东：就问我会不会还是经常走来走去，会不会和同学出去玩，也会问问成绩、奶奶的身体状况、家里的兄弟姐妹们怎么样。

社工：会聊些其他的吗？比如不开心的事情会不会和爸爸说？

东东哥哥：不会和他说这些，父子之间说不出口。

可见，东东的父亲经常会打电话给东东和他的哥哥飞飞，但沟通内容一般仅限于东东的学业问题、奶奶的身体状况和东东的外出行为。东东的父亲与东东之间的沟通内容过于固定化。除了询问以上三个方面的问题外，不会再涉及东东的其他方面，如心理状况、情绪状态等。至于更深层次的为人处世、价值观塑造等方面的教育，这对这个家庭来说更是一种奢望。这是一种父与子、上与下的沟通内容匮乏现象。社工询问案主是否希望父亲关心他的心情之类的，而不仅仅是固定的三个问题，东东沉默了一会儿后说不想被父亲细问，他也不会和父亲说，父子之间说不出口。可见，对话缺乏持续性，这种缺乏持续性的沟通使得家庭内部形成了一种恶性循环。内部沟通不畅，他只能到家庭之外寻求获得心理支持。

由于沟通内容的匮乏以及这种固定沟通模式的存在，留守儿童在与父母和祖辈沟通时，会出现固定的回答模板。这种相互间的交流成了一种固定化的沟通模式，那么沟通还能起到沟通的效果吗？这种现象极有可能是一种代际传递，因为东东的奶奶每次与东东的父亲的主动沟通也是这样，她仅在遇到棘手情况难以处理时才会选择打电话给儿子们，如当几个孩子之间闹矛盾闹得很凶时。

五、代际沟通中的信息传递与接收受阻

这种单一的、由父母至子女、由上至下单向传递的沟通现象，或者可称为由子女至父母的沟通传递匮乏现象，在第三代孙辈出生后会出现转变。第三代孙辈的出现会促进第二代父母主动与父辈进行沟通，增强了孙辈、父

母与祖辈(子女与父母)的反向沟通。例如在本案例中,当第三代孙辈留守在家由祖辈抚养时,作为祖辈子女的第二代父母们若想了解孩子的状况,就会主动地询问他们的父母,出现第二代至第一代(子女至父母)的沟通传递现象。第三代孙辈的出现无形中加深了这种逆向沟通,即使孙辈们在这种沟通传递过程中充当了一次“工具人”,但也促进了第二代向第一代的主动沟通。

这种父与子、上与下的沟通内容匮乏现象不仅仅存在于东东的小家庭之中,在东东奶奶抚养的东东大伯家的两个留守儿童与其父母之间也存在。他的堂弟堂妹与东东的单亲式留守儿童不同,他们是传统意义上的完全留守儿童。他们的父母在与其沟通时,沟通方式也比东东和父亲之间更加多元一些,偶尔会选择打视频的方式进行沟通。但是慧慧的父母与他们之间沟通时的话语会比东东与其父亲之间更加尖锐一些。这或许与东东是单亲家庭中的孩子、东东父亲自身性格有关。由于东东的母亲以一种决绝的方式离开了家,他的父亲对东东和其哥哥都抱有一种愧疚之心,不忍心对他们要求过高,说过多苛责的话。与之相反的是,东东的堂弟堂妹有一个完整的家庭,故而其父母与大多数父母一样都希望子女成才。于是,在对子女进行管教时他们就更严格,会出现沟通话语尖锐导致父母与子女沟通阻滞的现象。

东东哥哥和社工分享了自己的感受。当成绩差时,爸爸不会骂他们,就是用一种比较和缓的语气和他们说。但是茗茗和慧慧的爸妈骂他们的话语比较尖锐且难听(怎么这么笨啊、学习不努力啊、就是太懒了、天天玩手机不学习等),他站在旁边听着都觉得难受。由此可见,慧慧和茗茗的父母对他们学业上的期望是很高的。茗茗补充道,他爸爸很少会骂他们,如果骂的话,说了几句就不说了。东东在旁边补充道，今年寒假因疫情在家的时候，伯父管他们学习管得特别严格——得一直待在房间里学习，出来休息太久会被说。

在寒假里的这种严肃的家庭氛围中，东东父亲的随和和大伯的严格形成了鲜明的对比。慧慧和笔者说大叔叔（东东父亲）是一个很幽默的人，他还会和他们开玩笑。有一次她在房间，大叔叔进来和她聊天，开比较幽默的玩笑。如果她爸妈出门，就大叔叔在家的话，他们都会出来玩的。然后大叔叔就在那里笑，说她爸妈一走，他们就暴露出本性了。由此可见，东东的父亲和家里其他孩子的沟通模式是幽默风趣型的，但和自己孩子的沟通交流就略显生硬了。

当沟通传递过程出现信息偏差时，传递者与接收者会因沟通不当而导致两者误解的产生。奶奶和社工分享的一件家庭琐事验证了这一点。奶奶说：“去年我小儿子的新房子就在河那边装修，有一天我过去帮忙卖装修的废品，回来得晚了。在炒菜的时候，慧慧和东东发生了矛盾，吵起来了。他们都发脾气了，慧慧生气了就打电话跟她妈妈说东东怎么怎么样。然后她妈妈就和我小儿子说，别让我到处走，要看住孩子们。她妈妈的心情我也理解，就是让我看好孩子。但慧慧她妈妈和我小儿子那样说，我小儿子又生气了。他说我把慧慧他们都带得那么大了，他家的刚出生，说我都没时间帮他带孩子了。过年的时候，他叔叔都没在慧慧家吃饭。”在熟人社会，是否一起吃饭是判断亲密关系的一个行为风向标。隔代教育与多子女家庭共同居住带来的矛盾让老人很苦恼。

综上所述，沟通要考虑信息接收者接收到的信息是否和信息传递者输出的信息具有一致性，即表达是否准确。在有效沟通的过程中，参与沟通的双方不仅仅是在简单地分享和输出自己的信息、思想和情感，而是在输出和传递自己信息的同时，也要考虑信息接收者的接收情况。在沟通过程中，信息本身固然重要，但信息传递者同样重要。社会心理学家发现，信息的传达方会影响接收方对信息的接收。①

正是由于家庭沟通（朋辈群体和代际沟通）和师生沟通均出现了阻滞问题，故而案主会选择在家庭外部、校外、班级外部寻找新的沟通对象。于是，便有了家人诸如此类的评价：结识了大家口中的“坏学生”；学会了打架斗殴、寻衅滋事。这种被建构出来的形象最终导致案主和家人之间的距离越来越远，互不沟通、互不理解。而家庭中缺失的沟通，东东在家庭外寻求满足。他试图运用朋辈关系来获得内心的支持，家庭亲密关系越来越难以成为他的行为选项。这种恶劣的家庭关系陷入一种死循环，只能靠外界力量来打破，这正是社工本次介入的初心。

第三节　沟通阻滞产生的原因

前两节的描述表明，东东面对的是一种假性亲密关系。因为真正的亲密关系是有质量的情感联结，是基于深度沟通的彼此理解和信任。② 然而，东东家人和东东本人并不懂得具体该如何做，尽管他们在节日时会有一些程序化、仪式化的交流。表面看来，家庭内部看似亲近，但是兄弟之间、代与代之间却常常貌合神离，甚至交往关系极为微妙而脆弱，信任度极低。东东

① ［美］G. H. 埃尔德. 大萧条的孩子们［M］. 田禾，马春华，译. 南京：译林出版社，2002：244－246.
② 史秀雄. 假性亲密关系［M］. 北京：中信出版集团，2017：4.

家作为贫困家庭的寄居者，无疑比较被动。爱是一种能力，也是一门具有艺术特质的科学。父亲的和蔼、幽默形象只是面对离异现实的一种无奈选择，是一种爱的表达，而非一种能力呈现，更非科学表达。但是，假性亲密关系的出现并不仅仅是由个体决定的。从功能论来看，假性亲密关系并不必然产生消极后果。重要的是要针对生成的因果逻辑进行合理的分析与干预。为了成为建构亲密关系的引导者，社工有必要进一步系统且细致地分析沟通阻滞产生的诸多原因。

一、长辈受教育程度有限

东东父亲每次打电话回来均会询问东东和哥哥的学习成绩，他希望东东去上补习班。他说，自己读书时，大学和重点中学招生人数少，这是一代人的遗憾。因此，他不希望自己的孩子也做打工仔，像自己一样过着不稳定且困窘的生活，甚至无法维系自己的爱情与婚姻。由此可以看出，他对孩子的教育非常重视。但受限于自身的文化水平，他自身很难辅导孩子功课。对此，他有些无奈。而家庭沟通阻滞问题是比辅导功课还更需要一定文化积累才能解决的问题，像东东父亲这类留守儿童的父母在面对沟通问题时，更是一筹莫展。他们甚至由于受教育程度的限制，根本没有发现家庭沟通出现了问题。我们所认为的沟通阻滞问题在他们眼中可能是无稽之谈。加之，留守儿童的父母为了养家糊口在外务工，能够投入监督孩子、指导孩子、关注家庭问题的时间更是少之又少，最后只能寄希望于学校的老师和课外补习班。据调查，他的工作时间往往和东东的日常生活周期之间存在一定程度的矛盾。而东东这种在学校已听不懂老师讲课、课外辅导班又不愿意去的情况更是让他感到十分棘手。为了维系自己的代际权威,他承认,自己有时候会显得有些恼羞成怒。但是,东东父亲的这种恼怒很难得到其他长辈的有效支持。他们的文化水平(见表 5.4)和沟通艺术同样需要提高。

表 5.4　案主家长辈文化水平

文化水平	长　辈	受教育程度
小学毕业	奶奶	小学三年级
初中毕业	大伯	初三
	大伯母	初三
	案主父亲	初三
	小叔	初二
	小婶	初三

由表 5.4 可知,案主父亲一代的亲人文化水平均不是很高。具体来看,案主父辈那一代的外出务工的同龄人大概是初中毕业,他们处于文盲和有文化之间的水平。他们明白读书的好处,也希望孩子能弥补自己的遗憾,但是教育孩子、发现并处理沟通阻滞问题对他们来说几乎是不可能做到的事情,因此寄希望于社工可以帮助案主家庭解决沟通问题以及孩子教育问题。

二、家庭结构的特殊性

东东生活的家庭的特殊性是导致其出现偏差行为(学习成绩差、不回家吃饭、打架斗殴)的原因之一。如前所述,东东从小跟奶奶长大,东东奶奶养育了其大儿子与二儿子的四个孩子，他们均是留守儿童。东东的小家庭由东东父亲、东东哥哥（飞飞）和东东构成。本章关注了家庭系统中的亲子沟通与家庭子系统之间的沟通阻滞现象。由于东东家里仅东东与其父亲和哥哥三位男性组成，缺乏母亲角色的存在，故而当三人之间的子系统出现沟通问题时，缺乏一位中间人协调解决，加剧了子系统之间的沟通固化以及沟通内容的单一现象。

东东的父亲、大伯和大伯母、小叔和小婶都属于第一代农民工。第一代农民工出现地域上的流动是为了赚钱养家。再加上中国人自古讲究落叶归根，因此他们到了无法被雇用的年纪时就会重新回到原来的乡村生活。[①] 在这个大家庭里，父辈这一代人外出务工的最大目标就是挣钱养家，对于下一代的最大期待就是希望他们认真学习，改变命运。残酷的是，知识未必一定能改变命运。知识是属于谁的知识？何种知识才有力量？诸如此类的问题并非他们所能系统把握的。他们能把握的是日常生活体验：城市生活优于乡村。

他们这一代人基本都认为多读书总是有用的，至于具体哪里有用他们也说不出来。他们往往从乡村社会走出去的地方知识精英中寻找例证。无论是收入，还是工作的稳定性，这些地方知识精英中的一些人足以成为他们口中的榜样。其实，深究这一代农民工对孩子的教育观念，他们虽然无法具体表达出让孩子多读书的原因，但是他们了解城市生活。从实际情况来看，九年制义务教育为他们提供了进入城市的某些技能，传递了城市的价值，这

① ［美］G. H. 埃尔德. 大萧条的孩子们［M］. 田禾，马春华，译. 南京：译林出版社，2002：244－246.

让孩子们对城市有了一个初步的了解。东东的父辈们大多受过小学与初中教育，他们知道城市教育比乡村教育优越。他们在城市的体验还告诉他们，教育一方面为个人立足城市所需的技能培训打下基础，另一方面缩短了和城市人的社会文化距离，包括语言、城市价值和社会行为等，这为他们在城市建立社会关系从而较为容易地融入城市创造了条件。他们希望自己的孩子缩短融入时间。然而，如何把自己的观念、自己对孩子的希望充分表达好却是一件十分困难的事情。而家庭教育结构中面临的这种挑战在东东家同样存在。

三、线下沟通频率过低

由于地域上的分隔，东东与父亲的线下有效沟通对于案主家来说是一个很难解决的问题。而且，祖辈抚养孩子会比较节俭一些，奶奶只有在有事情发生的时候——东东交学费、补习费，东东闯祸，家里孩子闹矛盾无法解决时——才会打电话给东东的父亲。但东东家有个优点，也是他的优势之一，便是父亲经常会打电话回来。也就是说，东东的父亲是十分愿意主动关心孩子的生活状况与学习情况的。

但是，这些沟通交流均停留在线上。由于在外务工工作较忙，再加上无法经常请假回家，留守儿童东东与父亲的见面机会是一年一到两次。案主父亲在外务工，有自己的职业时间；东东在家上学，有自己的学校时间。所以两者的时间存在一个错位现象，缺乏一个结合点，沟通时间缺乏重合性。这种现实中的接触过少、时长过短，导致留守儿童与父亲在现实中出现沟通阻滞现象。

社工：你们的父母经常打电话给你们吗？一年回家几次啊？

茗茗：一两次吧。

东东哥哥：一年一两次吧，我们暑假会去他务工的地方。

东东哥哥：打电话就是一个星期两三次的样子。

社工：东东会接电话吗？

东东哥哥：差不多都会接的。

父亲与孩子之间的沟通时间过短、沟通频率过低对家庭亲密度有严重影响。这种家庭亲密关系问题若未得到解决，将对案主成年后的亲密关系建立造成不良影响。由此可见，充足的沟通对儿童的沟通能力培养具有重大影响，有利于减少沟通阻滞的产生。

四、家庭沟通主动性差

在 73 份问卷中，无论是留守儿童还是非留守儿童，当他们心情不好时，几乎一半的儿童选择和同学朋友交流；五分之二左右的儿童选择憋在心里，不和人沟通，自我消化；仅不到十分之一的儿童会选择和父母沟通。从图 5.2 可知，选择与祖辈沟通的儿童为零。由此可见，在玉县，儿童与长辈的沟通主动性不高。

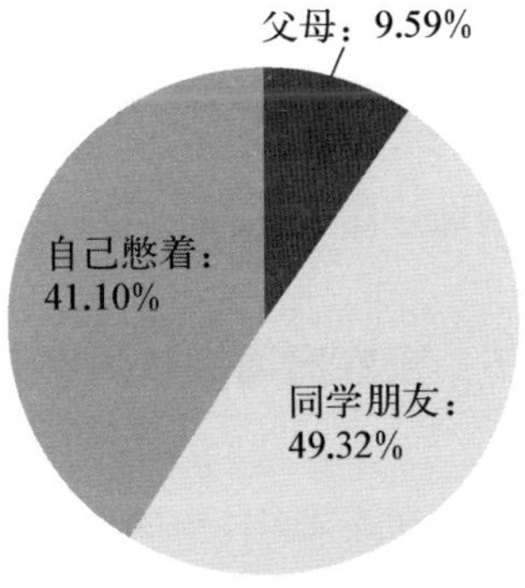

图 5.2　儿童心情不好时沟通对象分析

在东东家中，不仅存在与父母、祖辈沟通主动性过低的问题，而且家庭中朋辈群体之间也存在沟通主动性差的问题。当社工询问他们是否会主动给父母打电话时，案主家的留守儿童们均表示不会主动打电话给父母，都是他们打过来。由此可见，案主家的留守儿童都很少主动给父母打电话，缺乏沟通主动性。笔者和东东哥哥交流时，哥哥和社工说，他们和父亲打电话的时长基本是十分钟左右，他们也很少主动打电话给父亲。并且，东东家庭中的子系统之间也很少进行更加深入的沟通，他们认为超过三岁就存在代沟，兄弟姐妹不能算是可以说心里话的玩伴。案主认为和兄弟姐妹玩不到一块去。

社工：你们会主动和父母联系吗？

一起回答：不会，很少。都是他们打过来。

沟通是后天习得的一种技能，家庭子系统之间的沟通过少，不利于儿童与朋辈群体的交友活动。留守儿童社会化的第一站就是家庭，若是在家庭中没有习得良好的沟通方式，会对留守儿童未来的社会化产生不利影响。人是具备社会属性的，而人与人的信息传递就是通过语言的表达进行的。

从生命历程的角度来看，儿时的家庭沟通阻滞若不得到解决，将对留守儿童成人后的学习、工作和生活带来更严重的影响。格伦·埃尔德在《大萧条的孩子们》中通过引人注目的数据证明了历史变迁对于个人发展的影响——不仅体现在孩子的某个发展阶段，而且贯穿其整个生命历程。个人的发展和衰老嵌入生命历程之中，嵌入社会结构、人口和文化所构成的历史情境之中。①

五、家庭沟通信息的准确性不足

在本章中，沟通的准确性是指留守儿童与家人沟通时，双方能够清晰、

① [美] G. H. 埃尔德. 大萧条的孩子们[M]. 田禾，马春华，译. 南京：译林出版社，2002：244－246.

明确地表达各自的想法和观点的能力。沟通是人与人进行互动的社会心理过程，沟通者的背景知识、技能、态度和文化背景会影响沟通目标的实现。有效的双方互动能够促进沟通信息交流过程的产生。①

东东和他哥哥之间存在非常明显的沟通准确性不足现象，导致他们产生了矛盾，相互误解，甚至升级为暴力相向。东东认为他哥哥和他打架是觉得他抢了家里的网络带宽导致哥哥打游戏很卡。社工和东东哥哥沟通后了解到事情真相并非如此，哥哥和社工说，他们打架的理由是他希望东东能听话。他不希望东东和那些人出去逛，不回家。因为东东哥哥认为在小混混里讲究“江湖义气”，谁的拳头大听谁的，所以他选择打架这一方式来管教不听话的弟弟。在社工将这些理由告知东东后，东东表现出了怀疑，不敢相信他哥哥很关心他的事实。由此可见，兄弟俩的亲密沟通、表达对彼此的关心过少了。不仅如此，兄弟之间的表达方式过多地展现为丛林特征。

社工：你之前为什么和你哥哥打架？

东东：我和我哥打架，是为了游戏。他说我会抢网络，导致他打游戏很卡。他看到我在旁边，就打我了。

社工：上回你哥哥和我们说，他不希望你和那些人出去逛，不回家。他和你打架是希望你能听他的话。

东东：我哥他是随便我，才没有管我呢！我出去的时候，他说随便我。

社工：并不是哦，他上回说和你打架是为了打赢你，让你听他的话。

东东（小声说）：他又不会这样管我。

---

① ［美］桑德拉·黑贝尔斯，理查德·威沃尔二世．有效沟通［M］．7 版．李业昆，译．北京：华夏出版社，2005：6－7.

社工：他是不会表达自己的真实想法，你看他在我面前不就说了和你打架的真实原因了吗。

调查发现，在沟通中，表达的准确性不足导致了沟通的信息传递出现了障碍——信息的传递者传递了错误的信息，而接收者也未理解传递者所传递的真实信息。这与生物学里神经兴奋的传递有着异曲同工之妙。在生物学中，神经兴奋的传递须由神经递质作为中间媒介，才能将上一个神经元的兴奋通过它传递给下一个神经元。沟通的过程与神经元间的兴奋传递有点相似，沟通中的信息传递者为上一个神经元，信息接收者即为下一个神经元，而言语则是发挥枢纽作用的神经递质。但是，东东哥哥并未选择言语沟通，而是选择了暴力教训。误解由此加深。

很明显，哥哥和东东是错误信息的传递与接收的受害者们。社工在与之交流时，将哥哥和他打架的真实想法传递给了东东，东东听后虽然对哥哥关心他的事实还是保持怀疑态度，但从他的质疑声中，我们同样可以发现东东其实内心很希望得到家人的认可与关爱。

第四节　社会工作介入家庭亲密关系的效果与反思

一、家庭情况与优势资源的获取

介入的过程是关系建构、信息获取、实务开展与知识生产的综合体。就某个角度而言，介入也意味着社工与案主一起反思、一起前行。因此本节并非科学主义的定量效果评估，更多的是过程性地呈现与反思相结合的内容。

与家庭成员建立关系的阶段是从社工与家庭成员进行访谈开始的。这个阶段主要是收集隔代抚养家庭与案主的相关信息，与家庭成员建立关系。通过家庭成员侧面去了解案主的情况。因为根据生态系统理论可知，家庭是一个系统，是一个整体，构成家庭的每个成员互相影响和依赖。因此，留守儿童出现问题，大多和一定环境下的家庭沟通出现了问题有关。留守儿童处于隔代抚养的大家庭环境下、机体与环境之间的交互作用下、不同子系统之间的相互作用下，因而影响并促进了留守儿童的发展。

社工来到案主家中进行调查研究与访谈，目的是更直观地了解家庭成员之间的沟通互动和沟通阻滞情况。在沟通互动的过程中观察家庭成员之间的关系，对案主的内部潜在资源进行了解。

社工：奶奶，我来啦！

奶奶：瑶瑶（社工的小名）你来啦，快进来。

社工：好的，我换下鞋子。他们都在家吗？

奶奶：没有，东东出去玩了。（奶奶招呼家里的孩子出来，在餐桌旁坐下。）

社工：都坐，大家都坐下来。东东出去玩了？

东东哥哥：嗯。他和朋友一起出去玩了。

社工：我今天过来就是和你们聊聊天。

慧慧：聊什么咧？

社工：就是聊些家常，聊聊你们平时的生活啊。

社工：我看到沙发上放了一床毯子，是做什么用的呀？

奶奶：噢，东东在那里睡。

社工：东东不是和他哥哥睡一个房间吗?

慧慧：之前是，但是他们吵架后，东东就睡在沙发上了。

如前所述，社工进入案主家庭时，发现案主家的沙发摆放得有点奇怪，上面放着一床毯子，茶几上堆满了书籍。也许是因为沙发和茶几上都放着东西，所以家里来客人时都是在餐桌旁招待的。除此之外，沙发磨损情况严重，比过年后社工来拜年时严重许多，于是社工心里存疑，并在聊天过程中表达了自己的疑惑。原来东东在和哥哥吵架后便一直睡在沙发上，不再和哥哥睡一张床。这说明，兄弟之间出现了危机。并且，已经发生的危机往往会在日常生活中展现出来。前文已论及两者之间的矛盾，此不详述。对此，从介入效果来看，社工主要引导案主家人谈及案主东东的基本情况，从家人的角度了解案主。社工了解到其家人如何看待案主现有的问题行为。这些认知实际上是社工解决问题的际遇性资源，有利于下次访谈时和案主奶奶交流，了解祖辈的生命历程以及案主父亲的原生家庭情况。

同时，从优势视角来看，需要走出对隔代抚养的污名化认知。事实上，隔代抚养家庭有利于老年人获得生命的骄傲感、日常生活的成就感。在对话中，奶奶对自己孙辈满堂非常自豪，也愿意带孩子，虽然自己感到有些累。甚至，她对于能够让两家人的孩子聚在一起感到自豪。但是，不能不看到，祖辈对孙辈的教育方式、沟通方式与祖辈自身的文化水平和受教育程度息息相关。留守儿童要想从隔代抚养家庭中习得正确的沟通技巧，很大程度上取决于隔代抚养家庭中长辈对沟通的理解以及对留守儿童沟通技巧的习得该采取何种教育方式。

从家校关系来看，社工和案主奶奶沟通时了解到奶奶自己在小学三年级时辍学回家。关于辍学的原因，奶奶给出的回答是，她那个时候还小，不爱读书，家里的事也需要她帮忙。家里的兄弟姐妹也多，有八个孩子，七个女孩，一个男孩；她排第二，她弟弟排第六。奶奶说她 8 岁时进了学校读书，10 岁的时候和一个女同学吵架后她的语文书被扔了。她当时还小，怕老师，也不知道要怎么和老师讲。她就剩下一本数学书，上语文课的时候，拿着数学书，上数学课的时候，还是那本书。慢慢地，她就跟不上学习进度了，就不愿意去学习了。说到这里，奶奶补充了一点，说东东这个孩子和她一样。也就是说，奶奶往往把自己儿时的故事当作一种看待问题的角度。正因为有这样的经历，她对东东多了一些包容。由于前述的师资情况，县域教育很难做到家校一体，奶奶本身虽然缺乏向学校求助的意识，但对学校的师资也有一定了解。她朴素地认为，不是所有的老师都能够关注到学生的变化。这样，当东东犯错时，她的惩戒权威难以起到真正的作用，她与学校沟通的动力也很弱。

从人生历程来看，这种缺失很正常，不能简单苛求。奶奶具有典型的农村祖辈的生活特征。奶奶一生就是在忙地里的活、忙家务活、养育孩子。奶奶和社工说，她是在飞飞四岁、茗茗和东东三岁、慧慧两岁的时候开始带他们的，因为他们的父母要外出赚钱。在奶奶的认知里，带好孩子就是给他们做饭洗衣，注意他们的安全问题。至于督促孩子学习，对奶奶来说是一件很困难的事情，这受制于奶奶自身的知识水平。除此之外，奶奶的身体也不好，多年前她曾患过结核病，现在需要定期去医院拿药。受制于身体状况，奶奶同时带四个孩子十分辛苦。对于奶奶来说，要同时监管四个孩子的安全问题和学业问题也是十分棘手的挑战。总之，在这样一个贫困的大家庭当中，奶奶已经做到了所有力所能及之事。

不过，客观而论，案例家庭中的四个留守儿童从牙牙学语时便由奶奶抚养，他们均存在不同程度的沟通不良问题，这在一定程度上与祖辈、父母的沟通知识缺乏有关。因此，社工在解决案主家庭的沟通阻滞问题时，最重要的一个环节就是教授案主奶奶一定的沟通技巧。但沟通是相互的，一个家庭中出现沟通阻滞现象不仅与祖辈有关，让家里的留守儿童习得正确的沟通方式也是很重要的一个方面。尤其考虑到祖辈年纪已大，学习、掌握新知识的能力没有儿童强，故而社工从关系网络的互动性角度出发，把重点放在留守儿童沟通技能的学习上。

回顾起来，社工通过倾听、关心并适当地给予回应来了解祖辈的生命历程、受教育程度等信息，以及她对案主的行为表现、学业的看法。生命历程理论认为，个人早期原生家庭与父母的教养方式对个人成年后的行为方式有着重要影响，追溯过去能帮助人们理解现有的言行和观点是如何形成的。故而，社工通过了解祖辈的过去，来了解案主父亲的成长环境、原生家庭情况、沟通方式是否受到祖辈的影响。案主父亲本身就生于多子女家庭，在儿时，多子女家庭互动较多，但是，成年之后，他们主要靠自己打拼。因此，他在面对孩子时呈现为一种矛盾状态，有幽默感，但难以在孩子心中建立家长的权威感。

从知识生产的效果来看，介入家庭亲密关系需要整体性思维。人生历程作为隐性的知识存在，对于奶奶的认知影响很大。比如，奶奶对于家校关系的处理，正是基于人生经历的判断与影响。人生历程的整理是情境化的，是琐碎的。基于此的知识生产需要一种深度对话。对话则需要在合理把握情境中的细节时进入他者的内心世界，观察其观念是如何生成的，以及人们的观念是如何影响他们对制度、交往对象的认知的。

二、接触案主：信任关系的建构

社工介入亲密关系的难点之一是建立良好的信任关系。在建立信任关系的过程中，细腻的观察与客观的立场非常重要。同时，对于案主进行合理的包容也十分重要。当社工第一次进入案主家时，东东不在家，在第一次访谈结束后，社工告诉家里的其他留守儿童下次家访的具体时间，叮嘱他们帮忙提醒东东那天要留在家里，别出去玩。不过，由于东东对社工的到来有些疑惑不解，所以即使社工让家里的留守儿童提前约好了时间，第二次他依旧不在家，依然选择在外面玩耍。在实务开展过程当中，总会存在大大小小的随机性事件。有效应对这些随机性事件，是社工的基本能力。此时，社工保持冷静的情绪并随机调整工作方案。基于此，社工边和案主奶奶进行生命历程访谈，边等待东东回家，大概九点的时候，东东回来了。

社工：你回来啦？

东东：嗯。（东东在外面玩得满头大汗，一回来就在沙发上吹风扇，不太想交流，也可能是因为和社工不太熟悉。）

奶奶：过来坐，这里凉快。

社工：东东是和他哥哥睡一个房间吗？

慧慧（东东堂妹）：之前是，但是他们吵架后，东东就睡在沙发上了。

社工：你和爸爸经常打电话吗？大概多久打一次啊？

东东：会打，两天打一次。

社工：最近这次打电话都聊了些什么啊？

东东：问我作业写完了没有，这次考了多少分。

社工：哦，那你爸爸还会关心你的其他事情吗？

东东：（他）就问我会不会还是经常和同学出去玩，一般都会问问我的成绩、奶奶的身体，还有就是家里的兄弟姐妹们。

社工：你希望爸爸问你一些其他的事情吗？

东东：不希望。

从以上对话中可以看出东东与父亲沟通的内容单一。从结构性的角度来看，"作业写完了没有，这次考了多少分"等对话反映了东东父亲对东东学业的重视。东东父亲询问"奶奶身体如何"反映其对东东奶奶的关心和重视。但这两点恰恰反映了东东父亲忽视孩子本人的感受。东东知道奶奶在爸爸心中的重要性，不过他更渴望父亲对自己内心的想法、精神的取向等方面的关心。

从介入效果来看，在初始接触过程中，介入亲密关系的关键之一是破除陌生感。即便在家里，东东的回答也很简短，甚至经常是单字。刚开始的交谈大多是一问一答式，他没有主动交流的意向。所以，社工需要消除东东的心理防范意识，建立信任关系，探索导致案主学习态度消极、不愿与家人沟通、表现出问题行为的原因。为此，社工决定从解决其被污名化的问题切入，增强东东在笔者面前的自我暴露。

三、案主对被污名的困惑

从情感依附理论来看，家庭对亲密关系建构的影响贯穿一生，家庭沟通中的创伤往往会导致儿童的社会支持被弱化。① 家人已经出现了对东东污名化的现象。隔代抚养家庭的沟通阻滞现象进一步激化了矛盾，急需社工帮助家庭成员解开误会，重新认识和接纳东东。

污名化首先体现在交往关系方面。奶奶说东东小学时成绩还行，班里老师给 80 分以下的同学补课，东东都不用参加的，但是到了六年级，他的成绩开始下降。东东的家人认为他很聪明，对于学习成绩下降，从“好班”降入“差班”，是因为他跟“坏孩子”一起玩耍太多，才导致学习成绩下降。这一因果逻辑让家人很愤怒。东东哥哥称那些玩伴为“小流氓”“小混混”，由此足见对这些带坏自己弟弟的“坏孩子们”的不喜欢。但奶奶却对东东的这种交友方式没表达出不满，奶奶认为东东很会交际，也是一项很不错的能力。奶奶也希望他好好学习。暑假期间，她多次和东东沟通，希望他去上补习班。但东东去体验了几节课后就不愿意再去上补习班了，不去的理由他却不愿意和奶奶说。于是，奶奶便逐渐对东东产生了误解，认为他是因为懒惰而不愿意学习的。

关于东东选择和这些“坏孩子”在一起玩的理由，东东家人给出的答案竟出奇地一致。哥哥认为东东需要那些朋友带他一起玩，他朋友会给他钱，然后拿钱请别人一起吃东西，就有很多人跟着他。东东可能是六年级的时候跟一个有钱又有手机的同学交朋友的。东东还经常去该同学家里吃饭，他能从这种交往行为中获得快乐。东东哥哥还给社工举了他身边的一个例子：

我就认识一个同学，他爸妈在当地，经常要出门工作，中午没法回家做

① ［美］亨利·马西，内森·塞恩伯格. 情感依附：为何家会影响我的一生［M］. 武怡堃，陈昉，韩丹，译. 北京：世界图书出版公司，2013：213.

饭,就给他钱让他出去吃。他就会去买一些零食吃。有一次我去他家,他妈妈给他做好了饭,炸好了鸡腿。我们就一起吃饭,一起出去玩,无心学习。而且现在六年级的课程比五年级还少,早上一样四节课,下午经常是两节课,周五下午就一节课。相当于我2点多去学校,3点多就下课了,就可以出去玩了,就在周围逛。

家庭内部的朋辈群体和东东缺乏沟通的事实在这个家庭里已经表现得淋漓尽致。他们三人不仅在语言上不理会东东,在行为上也表达了对他的讨厌和嫌弃。他们觉得他会告状、天天在外面玩不回家、和小混混打架斗殴。他们不认可其行为方式,并认为东东不是一个好孩子。"好"与"坏"是一种朴素的判断,也导向一种简单的管理方式。分"好班"与"差班"使学校对孩子们的判断有了依据,甚至是最重要的依据之一。为了让孩子从"坏"变"好",让孩子进补习班成为广泛选择。

关于学习,他们认为东东是一个不爱学习,对学习一点都不上心、不积极、不努力的学生,因为家里给他报补习班他都不愿意去。他们给东东取了外号"东鳖头子",不过家里的茗茗和慧慧也分别有外号。于是在家里时,三个人通过不搭理东东、排斥他、不和他讲话等儿童自认为正确的对待"坏孩子"的方式去对待东东。于是,由于缺乏沟通导致亲人之间出现了对东东污名化、贴标签的现象。

奶奶:对啊,今年他们兄弟俩吵了两次架,之前他们三个都很讨厌他。东东站到他们面前,他们就躲走。东东和他们说话,他们就不理他。东东也是比较调皮一点,家里几个孩子都不和他在一起玩。

社工:你们为什么要躲着东东啊?(三人沉默。)

奶奶：他们就是讨厌他。

东东哥哥：不是，他经常就是……我们在玩，他看到就会去和奶奶说。不知道怎么了，和他没说几句话，他就一脸不高兴，就去告状。这样我们就不再和他一起玩了。

慧慧：因为以前的时候，我们在玩手机的时候，“东鳖头子”会偷偷告诉奶奶我们在玩游戏。他是故意的，破坏我们的关系，然后奶奶就会过来说我们。这是告密行为！

奶奶：前几年的时候，东东只要站到他们旁边，他们就叫他滚、走开。今年就好些了，有话聊了。

家人认为东东自认识“小混混”后，除了学业被耽误外，东东的性格也发生了变化。尤其是跟着“小混混”玩了之后，性格就不一样了。他们觉得东东处于青春期，正是叛逆的时候。东东家人和社工说，东东跟着“坏孩子”学会打架斗殴了。东东的兄弟姐妹纷纷表示没有人可以欺负东东，只有他欺负别人、敲诈别人的份儿。奶奶和社工说东东之前还偷过她的钱。

当社工核实以上他们描述的事情的真实性时，问他们是否询问过事情的真相，他们均表达了沉默。哥哥和社工说东东才不在乎这些，他现在就是叛逆期。由此可见东东所在的隔代抚养家庭的沟通阻滞问题十分严重。社工建议案主家人多和案主沟通，或许事情的真相并不是像他们想象的那样。但是，家人并不乐意。他们觉得自己对东东非常了解。可见，在熟人环境中，人们往往会认为自己非常了解对方。

东东哥哥和社工说，他以前发现东东有这些情况的时候想来“管教”他，但奶奶又不让。东东那个时候就和别人混，“小混混”讲究谁的拳头大，然后哥哥认为只有先把东东打服了，他才不会再去和别人混了。“但奶奶不让我打。”奶奶在旁边补充道：“那次他们打得很凶，一个掐脖子，一个揍人。东东都被揍哭了。”显然，东东哥哥这种“谁的拳头大就听谁的”的教育方式是不合适的。由此可见，东东和哥哥之间已经到了不沟通就直接动手的状态。也就是说，他们之间的沟通方式已经出现了很严重的裂缝，暴力有可能成为最优先的选项。

东东不愿意上补习班这件事情一直让奶奶无法理解。但是，事实的真相是东东发现补习班的套路后，却不想和奶奶解释太多。于是，这个误解就一直存在，直到社工出现。发生在东东身上的每一件事情都在增加他和家人之间的误会，僵化他和家人之间的边界，加剧这个隔代抚养家庭的沟通阻滞。

由上可见，互联网改变了人际沟通的方式，但未必能从根本上改善人际沟通状况。一方面，互联网带来了沟通场景的改变；另一方面，互联网带来了认知归因的错误，案主的家人一直认为造成案主学习成绩下降的原因是案主跟随“坏孩子”玩耍、沉迷于手机游戏和对学习的消极态度。社工从日常家人互动和家庭教育方式等角度，引导案主家人重新审视造成案主学业问题的真正原因。习得新的沟通方式也不可能一步到位，而是要逐步分析家庭问题，并在与家庭成员沟通的基础上不断尝试。

四、案主的真实情况：去污名化

及时管理污名化是婚姻家庭和儿童照顾中的重要问题，尤其是儿童时期，如果污名问题得不到及时处理，很容易导致亲密关系出现疏离。为此，社工试图了解真实的东东是不是像他家人口中所形容的那样恶劣。为了帮助东东管理污名化，社工与之进行了对话，并核实了相关问题。

第一，关于奶奶在意的补习班事件的真相。东东发现了补习班的坑人套路才不愿意去上补习班。奶奶是这个隔代抚养家庭中的权威，由于沟通阻滞现象存在，导致家里无人主动询问东东事情的真相，直接接受了奶奶的判断。经访谈，东东和社工进一步细谈了拒绝上补习班的原因：

那补习班是骗人的，说好了就去试听数学的，后面又一直打电话叫我去听语、数、英三科，我干脆数学也不报了。他们就是想我们听了之后给钱。奶奶不懂，他们就是在骗奶奶。我去听的那几次，他们就是发个卷子，做完了讲。讲完了还不让走，说是让我们写作业。写什么作业啊，一本练习册都没有。他们那段时间经常打电话给我爸爸，让我去补课。我爸和他们说，他们要是补完课能让我考试及格，要求不高，就60分，我爸多给他们几百块都行，然后他们再也没有打电话给我爸了。

由此可见，补习班的经营者试图扩展市场空间。东东则因为厌恶，采取了让奶奶不悦的行为选择。从陈述来看，东东还是比较看重补习的质量的。父亲的标准则非常明确。这个只需要及格的标准表明，他对东东的预期并不高。恰恰是这种预期不高的标准让补习班经营者知难而退。污名产生的根源来自基础教育的市场化。

第二，关于斗殴的污名形象。东东的兄弟姐妹们说，东东会敲诈勒索其他同学，参与打架斗殴事件。社工在询问东东后得知，他每次打架都是因为对方先语言挑衅或语言侮辱。至于所谓的敲诈勒索，东东的解释是在逗他们玩。因此，在家庭沟通当中，社工有必要介入同辈群体交往关系的教育，有必要协助有关家庭指出错误的交往方式可能会导致青少年走向犯罪的道路。东东所陈述的打群架就是典型例证。

社工：之前他们说看到你欺负同学，有这回事吗？

东东（笑）：我那是逗他们玩的，开玩笑。就四年级的时候这样干过。

社工：你和别人打过架吗？

东东：打过，很少。一般都是他们说话很讨厌，先挑衅的。初一的时候，在小区后面那里有蹦床、水床，玩的地方，我和我朋友在那里玩，有两个小混混突然向我们泼水。我就和他们打起来了，我一个人打他们两个，把他们鼻血都打出来了。我朋友在旁边看着。然后那两个小混混走的时候说“你给我等着”。他们第二天带了几个人来找我们，里面还有两个是六年级的。我带了一个很壮的朋友。我们两个打他们五个，打赢了。他们走的时候又说“给我等着”。第三次的时候，他们带了十多个人，我们和他们一碰面就跑，看着他们又气又追不上我们的样子，笑死我们了。

上述陈述表明，东东打架斗殴的现象确实存在，但并不像家人描述的那样频繁和严重。也就是说，家人对东东斗殴行为作了扩大化理解。这种理解使得家人对他有很高的防范心理。

第三，关于学习主动性差的污名。关于家人认为东东不主动学习的事情，社工发现东东其实对读书还是抱有期待的，他会主动做作业，只是遇到不会做的题会空在那里，不会寻求同学和老师的帮助。对初二新开的物理课，他表现出了很大兴趣，和慧慧说物理很简单，只要把实验步骤记住就能考一百分。而且他还主动和社工讲述了进物理实验室做实验的事情，很开心地描述了物理老师给他们演练的两个物理小实验。东东和社工分享道：“我觉得物理很有意思，只要上课听讲、记住实验步骤，就能考一百分。”可见，东东面临的真正挑战是不能仅仅按照自己的兴趣学习，其后果便是产生偏科问题。社工告诉东东，如果真喜欢物理，就不能厌恶数学。他若有所思，并最终同意了社工的看法。

第四，关于教师权威性的判断。社工发现东东对老师存在畏惧感，对向老师请教问题存在一种错误的认知，也不愿向老师请教问题，这可能与前文述及的小学时被老师冤枉打碎玻璃事件有关系。在那次事件中，老师、家人都认为是东东打碎了玻璃。在和社工的交谈中，东东告诉社工玻璃不是他打碎的，在讲述时，东东一脸无奈和伤心，似乎是对自己家人都不信任自己的事情有点难过。

社工：为什么会说是你打破的？

东东：有人看到我在那里，我和老师说了不是我，但我说了他也不听。那老师只认钱，只要给了钱，什么事情都能解决得了。

慧慧：然后奶奶就一直说他。

第五，关于同辈群体游戏是否健康的问题。同辈群体游戏是人格培育的重要内容。埃里克森等学者对此早有论述，此不详述。从调查来看，东东家人对东东误解最深的一件事情就是认为他“学坏了”，因为他和朋友们天天在外面“鬼混”、不回家，回家就玩他朋友送他的手机。社工在和东东聊天时发现，他自己也称天天在外面玩、不回家为“鬼混”行为，说明他在内心里将这种行为定义为不好的、坏的行为，所以才会用“鬼混”去形容。但其实，东东和朋友们出去玩，大多是玩骑自行车、捉迷藏的游戏，并不是家人认为的在外一直打架斗殴、欺负别人。东东告诉社工，他喜欢骑自行车是因为他喜欢那种自由的感觉。社工注意到东东的手机壳上有电影《哪吒之魔童降世》里的一句台词：我命由我不由天。由此可见东东是一个追求自由的孩子，这是他的优势。

社工：你同学送你手机了？

东东：嗯，OPPO的，他出钱买的，两千多。

社工：他为什么送手机给你啊？

东东：陪他一起玩。他家就妈妈在，他妈做饭给我们吃。他妈妈就希望他待在家里，别出去玩。我们就会在他家里打游戏。他妈妈也想我们陪他在家里玩，那样更放心一点。因为他经常在外面走来走去的，每天都在外面玩到很晚才回家。

社工：那你们是怎么认识的？

东东：就在无聊的时候，我想进网吧看一下，他看我没身份证，就说帮我刷一下，就认识了。

社工：你们一般去哪里玩啊？

东东：就在小区里。我们飙车，就自行车啊，可以吹风。

社工：为什么不想回家啊？

东东：在家的话这也不能干，那也不能干。

作为同辈群体的桥梁，社工需要完整地梳理信息，并告知服务对象。当社工将哥哥和他打架的真实理由（想管教他，希望他不要天天在外面玩）告知东东时，他表示不敢相信哥哥是真的关心他。从东东那里了解了事情真相后，社工进一步帮助其家人理解和接纳了东东。东东本人也通过社工知道了家人对他的关心。对此，东东深知因为未掌握正确的沟通技巧，尤其没有就有关争议及时合理地沟通才导致了双方误解的产生。社工注意到，作为一个中间转述人，东东发生了从小声质疑到沉默的转变。由此可以发现，东东其实还是希望得到家人，尤其是他哥哥的认可和关爱的。他需要温馨的亲密关系，渴望得到认可。这为他学习沟通技巧提供了良好的思想基础。

五、学习自我暴露沟通技巧

社工之前了解到东东与父亲的沟通存在时间过短、沟通内容单一以及沟通双方缺乏主动性的问题，从而推断东东与其父亲有提升沟通中的自我暴露能力的需求，故本次服务的目标就是帮助东东及其父亲认识沟通中的自我暴露，学习如何在沟通中进行自我暴露。

刚开始，东东一直不理解“自我暴露”的概念，不理解社工讲述它的目的何在。社工通过概念形象化，向案主解释自我暴露的含义，对自我暴露的概念做进一步的澄清。听完社工的解释后，东东表示愿意做出改变。他尝试去理解一个全新的概念，这说明东东具有强烈的改变意愿。

社工：如果我们和爸爸聊天，我们可以主动暴露一些什么话题呢？

东东：嗯，我觉得可以跟他说一些我在学校遇到的事情，比如我每次考试考了多少分，和班上同学处得怎么样这些。

社工：还有哪些话题吗？

东东：不晓得我爸对哪些话题感兴趣。

社工：那你是不是可以主动去问一问他，这不又是一个话题了。

东东：我从来没有问过。

社工：可以问问他，这样就有话题了。你可以关心一下他的工作，工作中遇到什么开心的、不开心的事情啊。还有你最近学习到的东西，是不是也可以讲给他听。

东东：我和我爸聊天，都是他问我答，我基本上不会主动提问。

社工：那现在如果跟你爸爸打电话，你会问些什么呢？

东东：嗯，我会主动一点，问问他最近的情况，最近身体情况怎么样，那边天气有没有很热。

在东东已经掌握了自我暴露和与父亲沟通的一些技巧后，社工建议并鼓励他给爸爸打个电话，现场练习一下学到的方法。社工希望通过实践行动对东东的思维进行强化。东东对社工的建议表达了惊讶，但最终答应给父亲主动打一个电话试试。

这次东东与其父亲的电话持续了九分钟（沟通时间相较之前延长了），更重要的是父子对话的主题与内容更加丰富了。东东一共提了六个问题，这些问题主要是围绕着父亲的工作、生活、身体健康来展开的。在沟通过程中，东东占据了主动性。但是社工发现东东在与父亲通话时面无表情，缺乏情感的表达。

针对这个问题，社工和东东进行角色扮演游戏，以利于丰富其肢体语言。角色扮演带来的启示不是人有时会成为毫无主动性的角色机器，而是如何由虚幻角色（一个假想的角色）微妙地转为现实的议题。[①] 同样的话语，社工先用带有感情的语气和丰富的面部表情表达，然后再用一种生硬的、面部毫无表情变化的方式表达，最后问东东喜欢哪一种表达方式。通过角色扮演，社工让案主做出合理判断。在此基础上，社工向东东指出沟通当中需

① ［美］戴维·迈尔斯. 社会心理学［M］. 11 版. 侯玉波，乐安国，张智勇，等译. 北京：人民邮电出版社，2016：127.

要改善的方面，希望他能慢慢改变现在的表达方式。

除此之外，笔者发现东东的父亲在整个通话过程中，对他问的第一个问题是“你作业做完了吗？奶奶身体怎么样？”在东东讲完一件事后，只用了“嗯嗯”来回应，父亲对东东分享的生活没有表现出强烈的兴趣，而是接着用命令的口吻告诉东东“假期不要贪玩，别出去乱跑，少玩点游戏，在家认真写作业”，聊天至此，东东已经没有继续聊下去的兴趣了，就挂了电话。此情此景，让社工想起陈鹤琴关于儿童游戏的论述，他认为儿童需要玩物，儿童的工作就是游戏，游戏即工作。当然，游戏必须是有利于身心健康的。无疑，东东的父亲虽然能做到认真倾听，但不知如何通过语言对孩子进行积极的反馈，不善于表达对孩子的关心。同时，他没有意识到自己以家庭权威的方式发出指令会导致孩子的负面情绪。他更多地从污名的角度看待游戏，而没有与孩子深入沟通游戏的内容是什么，是否有利于身心健康，也没有对此进行合理引导。

这样，社工意识到加强代际沟通技巧的辅导是必要的。为此，社工进行了电话辅导，提醒东东的父亲：在亲子沟通过程中，应多倾听孩子的述说，完整了解他们内心的真实感受，对孩子的感受及时做出回应。只有这样，才能基于信息完整性而提高沟通质量，孩子才愿意与家长沟通内心的想法。除此之外，社工委婉地告知他东东对沟通现状的不满。社工建议其父亲改变现有沟通模式，主动分享一些自己工作和生活上的趣事，丰富聊天话题。最后，社工鼓励他尝试站在孩子的角度思考一下，在更了解孩子想法的同时，适当延长聊天时间，并在轻松的聊天氛围中积极将孩子往正确的方向引导。

经过个案访谈和对父子之间沟通方式的辅导，奶奶告诉社工，家里其他几个孩子与东东的关系缓和很多。值得一提的是团体辅导。当下是数字化时代，社交媒体已经普及，对青少年采取简单的指令式的禁止，往往适得其反。从某个角度来说，网络已经渗透于社会工作的诸领域，对于朋辈群体的辅导也需要社工思考如何发挥社交媒体的正功能效应。在初次团体性访谈后，社工就和东东的兄弟姐妹沟通，让他们多和东东联系。东东不回家的话，他们可以通过QQ、微信询问他何时回家，多关心他的日常生活。在听了社工的建议后，他们第一步就是加上了东东的QQ，几个经常玩游戏的男生还互相加了游戏账号。游戏是当代年轻人全新的交友方式和联络工具。这一工具往往和一定的角色选择有关，年轻人往往选择游戏中的一些角色进行讨论。从共享的话题来看，讨论游戏场景的确有助于拉近青少年之间的距离。

社工：你们和东东现在相处得怎么样了？

慧慧：以前是不怎么说话的。

奶奶：以前他们几个很讨厌人家，今年不会啦！前面你来和他们聊天之后，就又更好一些了。

社工：刚刚奶奶说最近你们会在一起聊天，是从什么时候开始转变的？

慧慧(悄悄和我说)：就是你上次和我们聊天的时候。就是那次你和我们说要加他微信、QQ啊，我就加了他QQ。他们不是要一起打游戏吗，那个游戏要先成为好友才能一起玩的，他们就在游戏上加了好友，在那上面有联系。然后他们三个就经常一起打游戏了。

在第一次访谈之前，社工曾给东东做过一项儿童自我意识量表分析，发现他的得分偏低。自我评价偏低说明东东缺乏自信，他的内心是自卑的。他认为自己经常干坏事，是个不被人喜欢的坏孩子，甚至他的家人也很厌恶他。如图 5.3 所示，他认为自己不是个好人、脾气不好、在学校表现不好、一直在给家里带来麻烦、干了很多坏事。

2. 我是一个幸福的人 A是 B否✔
3. 我很难交朋友* A是 B否✔
4. 我经常悲伤* A是 B否✔
5. 我聪明 A是 B否✔
6. 我害羞* A是 B否✔
7. 当老师找我时，我感到紧张* A是✔ B否
8. 我的容貌使我烦恼* A是 B否✔
9. 我长大后将成为一个重要的人物 A是 B否✔
10. 当学校要考试时，我就烦恼* A是✔ B否
11. 我和别人合不来* A是 B否✔
12. 在学校里我表现好 A是 B否✔
13. 当某件事做错了常常是我的过错* A是 B否✔
14. 我给家里带来麻烦* A是✔ B否
15. 我是强壮的 A是 B否✔
16. 我常常有好主意 A是 B否✔
17. 我在家里是重要的一员 A是✔ B否
18. 我常常想按自己的主意办事* A是 B否✔
19. 我善于做手工劳动 A是 B否✔
20. 我易于泄气* A是 B否✔
21. 我的学校作业做得好 A是 B否✔
22. 我干了许多坏事* A是✔ B否

图 5.3 东东自我意识量表

按《Piers-Harris 儿童自我意识量表》规定，总得分为 46～58 分为正常范围；得分小于 46 分为自我意识水平偏低，提示该儿童可能存在某些情绪或行为问题或社会适应不良，有自信心不足、自我贬低或自暴自弃倾向；得分

大于58分为自我意识水平过高，提示该儿童可能对自己要求过高，过于求全责备或存在焦虑情绪，对挫折的耐受能力不足。某一项得分低，表明存在这方面的问题："行为"得分低，提示该儿童认为自己的行为不得当；"智力与学校情况"得分低，提示该儿童有学习方面的困难；"焦虑"得分低，提示该儿童有情绪问题；等等。

表5.5显示了东东的自我意识量表的得分情况，他的总得分是36分。根据量表得分规定，小于46分为自我意识水平偏低，这表明东东可能存在自信心不足、自我贬低或自暴自弃倾向。再看每一项得分，"行为"得分为6分，说明东东认为自己日常的一些行为是不恰当的行为。

表5.5 留守儿童东东 Piers - Harris 自我意识量表得分明细(前测)

分类(满分)	得　分
行为(16分)	6
智力与学校情况(17分)	6
躯体外貌与属性(13分)	2
焦虑(14分)	8
合群(12分)	10
幸福与满足(10分)	4
总分(80分)	36

于是，在这次访谈中，社工从优势视角出发，挖掘东东身上的优势和潜能。最终东东表达了他对未来的真实打算，而不再像之前几次笔者询问他的目标时那样避而不答。这次东东在笔者面前实现了自我暴露，他告诉笔者埋藏在他内心的真实愿望——当兵。

社工：你会想以后去干什么吗？

东东：根本没有想过这个问题。

社工：如果没考上高中，你会怎么办？

东东：我们音乐老师说，很多没有考上高中的都去打工了。我爸让我初三毕业后就和他一起打工。我就不服气，我为什么要做和他一样的工作？然后我想去当兵。

社工：为什么想去当兵？

东东：语文老师说过这个，我就知道了。我想去当兵，高中的时候去。我现在的视力很好。

从这段对话中可以看出：第一，东东具有独立自主的优势，他有自己的目标；第二，他想寻求一条和父亲不一样的道路，这是值得肯定和赞赏的；第三，“不服气”说明他有倔强的性格；第四，他对自己的判断——“视力很好”——说明他对当兵是有了解的，同时，这还说明他在确定目标后也为之做好了初步的准备，这也是他的优势之一——主动实践目标；第五，东东对师生关系并非完全排斥，他对语文老师在非正式课堂中有关“当兵”的说法保持了信任，并且回家后查阅过相关信息。这说明，他在人际沟通过程中有信息把握能力。

由上可见，从优势视角来看，东东是一个目标驱动感强的孩子，为了自己设定的目标，他愿意努力。最后，在社工的帮助下，东东和爸爸、奶奶商量了一下，同意爸爸的要求：为了防止游戏成瘾、优化时间管理，周一至周五把手机交给奶奶，周末再拿回来。此后，东东迈上了父亲所说的正确道路。东东的案例说明，在亲密关系遭遇挫折时，社工需要扮演家庭关系沟通者、亲密关系辅导者的角色，这在其中可发挥重要作用。

六、亲密关系、家庭教育与反贫困：关于东东案例的再思考

东东的案例涉及一系列亲密关系的知识建构，主要涉及四种亲密关系：夫妻关系、亲子关系、朋辈群体关系、祖孙关系。这四种关系对东东产生了较大的影响。作为贫困县中的贫困家庭，东东的学业和家庭教育、社会交往等紧密相关。

（一）沟通阻滞与亲密关系受损

农村留守儿童身心健康发展受到社会各界的重视，但目前学界对于留守儿童的亲子沟通、代际沟通和朋辈群体间沟通问题的研究（以下简称“家庭沟通”）相对不足。本章运用生态系统理论、优势视角理论和家庭沟通理论对留守儿童进行了个案研究，分析了家庭沟通不畅的原因，实践了专业社会工作介入留守儿童的干预过程。

研究发现，家庭沟通不畅是家庭系统功能失调的外在表征，案主家庭系统中核心监护成员的监护意识缺失和其工作的高流动性以及“代际鸿沟”是导致家庭系统功能失调的内在因素。若深究工作高流动性的原因，则与吉登斯所说的现代性息息相关。吉登斯和苏珊·福沃德均介绍了六种“有毒父母”的类型：不称职父母、操控型父母、酗酒型父母、身体虐待型父母、言语虐待型父母和性虐待型父母。[①②] 本研究中的案主父母大约属于“不称职父

① ［英］安东尼·吉登斯. 亲密关系的变革：现代社会中的性、爱和爱欲［M］. 陈永国，汪民安，等译. 北京：社会科学文献出版社，2001：137－144.

② ［美］苏珊·福沃德，克雷格·巴克. 原生家庭：如何修补自己的性格缺陷［M］. 黄姝，王婷，译. 北京：北京时代华文书局，2018：19－20.

母”这一类。案主的母亲早年离开案主家庭，未尽到母亲的职责；其父亲也常年在外务工，疏于对案主的关心和照顾。但根据案主的基本情况，社工认为案主的家庭其实并不属于以上六类中的任何一类。因为案主的父亲并没有不管教案主和他哥哥，也没有舍弃自己作为父亲应尽的责任，每次打电话都会关心案主的生活和学业。虽然他仅仅关心生活和学业，但是并不能因此就判定案主父亲为不称职的父亲。

除此之外，家庭的人口空间分布问题也影响家庭沟通效度。也就是说，场景改变了人际沟通。首先，经济空间资本化改变了空间上人口的流动性。其次，技术发展信息化使沟通空间实现了跨地域、虚拟与现实的转化。最后，信息技术极大地拓展了文化创意空间，它给个体、家庭、组织的生活与生产带来了前所未有的机遇和挑战。[①] 而科技产业集中度越高的地方，就业岗位的增长就越快。同时，产业结构调整和生产组织方式变革导致就业机会大幅向第三产业聚集。因此，这就是大量农村剩余劳动力向大城市流动务工的原因，案主的父亲便是这流动的共同体中的一员。由于父亲外出导致家庭隔代教育的出现，这一现象具有双面性。首先有利的一面是，祖辈在家抚养孙辈，能够让他们重新找到生命的意义。不利的一面是，父母不在身边，留守儿童的约束性过低，代际沟通也过弱。同时，信息技术的兴起使得留守儿童试图从网络中寻找代际沟通的替代性对象。当留守儿童在朋辈交往、学业提升等方面受挫时，这种替代性冲动尤其强烈。

因此，社工通过个案服务管理的方式，逐步打通了案主家庭子系统边

---

① [加] 丹尼尔·亚伦·西尔，[美] 特里·尼科尔斯·克拉克. 场景：空间品质如何塑造社会生活[M]. 祁述裕，吴军，等译. 北京：社会科学文献出版社，2019.

界,引导多元主体重构家庭系统,为案主发展提供相对稳定的系统环境。激发案主内在潜能,发挥主体能动性,有效促进案主家庭沟通的纵深发展。本章中所述的实践对于专业社会工作介入农村留守儿童家庭沟通困境提供了一种可能路径。在本研究中,社工对案主的专业服务最终提升了案主的亲子沟通能力,改善了案主一家的沟通模式,服务达到了预期目标。但还是暴露了本研究的诸多不足和局限。

就现有研究来说,关于留守儿童的研究大多以亲子沟通为主,也有学者研究留守儿童家庭教育、隔代教育问题,但涉及留守儿童家庭中代际、亲子之间和朋辈群体间的沟通问题的研究并不多。因此,借鉴已有经验,从留守儿童家庭沟通的角度出发,运用社会工作相关研究方法,社工分析了以下几个方面的问题:案主家庭沟通阻滞问题的表现——案主日常行为及表现,案主家庭子系统沟通边界僵化现象;案主家庭沟通状况——沟通内容、沟通方式缺乏多样性,沟通传递与接收的阻滞现象;沟通阻滞产生的原因——家庭沟通的准确性不足、特殊的家庭结构、线下沟通频率过低、家庭沟通主动性差以及长辈受教育程度低。社工试图通过帮助留守儿童提升沟通能力,来解决亲子之间、代际以及朋辈群体之间的沟通阻滞问题,以期为这个贫困的家庭保留代际共同发展的希望。

(二)反思

对东东家庭沟通的介入对社工本人触动甚大。也许,这才是社工与案主建构共同成长关系的一种经验。

如前所述,玉县地处双循环的肯綮地带,是劳务输出大县,是贫困县。东东的父母也在沿海地区工作。改革开放以来,我国一直推行中西部地区支持东部地区大发展的战略。虽然我国早已出台中部崛起战略，但是区域均衡发展依然在路上。因此，诸如东东一家这样的家庭沟通状态，事实上是由经济发展空间战略再生产出来的。故而，相关的反思包括两个方面：

第一，宏观上，推进县域社会现代化时如何体现亲密关系的和谐是一个巨大的挑战。在现代化进程中，虽然婚姻圈的地理空间扩大了，许多家庭成员分居多地，他们居住在不同的地域，但需要维系既定血缘关系的难度提高了。不能回避的是，这种“流动关系”对家庭、农村社区造成了负面影响，导致出现了本章研究的这类特殊群体——农村留守儿童。流动对于家庭和农村社区产生了重大影响，而农村家庭又如何去适应这种流动才能维持原有的家庭关系或者村庄关系，这是一个永恒的话题。然而，在面对现代性时，社会工作者能快速贡献的力量微乎其微。要解决这个问题，需要多方的共同努力。尤其是留守儿童教育问题，还与学校、社区、政府等的支持与政策有关。也就是说，留守儿童之困正是社会生态系统之困。在介入过程中，玉县师资问题对留守儿童家庭沟通影响甚大，但是，在短期内，社工无法通过资源整合来获得有效的政策支持。例如，县域关于留守儿童的相关政策支持非常薄弱。

同时，虽然国家早已提出要建设宏大的社会工作人才队伍，但玉县系贫困县，社会组织发育不充分，政府对社会工作人才队伍的财政支持受到了经济发展程度的影响。因此，包括社会工作者在内的专业人才进入县域开展可持续的实务也十分少。总而言之，在实际运行中，基层缺乏社工思维，未能制定相关政策、吸引专业人才。也就是说，关于留守儿童的研究不仅缺乏宏观层面的政策支持，微观层面的专业人才的支持也很匮乏。

第二,以终身学习的理念加强社会工作者的能力建设。在实务介入过程中,社工也有一种本领恐慌的心理。反思起来,社工犯了一些错误,这些错误包括:① 服务不够全面。由于服务时间有限,社工的介入活动无法长期地、持续性地进行,不能针对案主的问题提供全面的服务方案,因此该服务主要解决了阻碍案主家庭沟通的主要矛盾的主要方面。② 社工个人专业能力和经验具有局限性,以及个人人生阅历和关于家庭沟通问题的实务经验有所欠缺,在个案服务过程中,分析不够深入,提供给案主的服务方案未必是最佳的。③ 由于个人专业能力的不足,无论是在理论应用方面,还是在实务操作方面,都存在不够深入的问题。④ 跨学科知识生产能力需要提高。在介入之后,社工注意到沟通阻滞问题的解决还需要借助家庭教育学、管理学、传播学等领域的知识,由此才能把显性的知识融会贯通,并转化为综合服务手段。比如社工对待游戏的看法就不够全面,由于缺乏家庭教育学的知识,这方面的实务开展得并不充分。⑤ 在介入阶段,社工在与案主建立关系时花费了过多时间。虽然有这些不足,但社工还是希望,本研究可以促进社会工作缓解农村留守儿童隔代抚养家庭中的沟通阻滞问题。

本章参考文献

[1] [英] 安东尼·吉登斯. 亲密关系的变革：现代社会中的性、爱和爱欲[M]. 陈永国，汪民安，等译. 北京：社会科学文献出版社，2001.

[2] 陈鹤琴. 家庭教育[M]. 北京：商务印书馆，2019.

[3] [美] Dennis Saleebey. 优势视角：社会工作实践的新模式[M]. 李亚文，杜立捷，译. 上海：华东理工大学出版社，2004.

[4] [美] 戴维·迈尔斯. 社会心理学[M]. 11 版. 侯玉波，乐安国，张智勇，等译. 北京：人民邮电出版社，2016.

[5] [加] 丹尼尔·亚伦·西尔，[美] 特里·尼科尔斯·克拉克. 场景：空间品质如何塑造社会生活[M]. 祁述裕，吴军，等译. 北京：社会科学文献出版社，2019.

[6] 罗纳德·B. 阿德勒，拉塞尔·F. 普罗科特. 沟通的艺术：看入人里，看出人外[M]. 黄素菲，李恩，王敏，译. 北京：北京联合出版公司，2017. [美]

[7] [美] 玛格丽特·米德. 代沟[M]. 曾胡，译. 北京：光明日报出版社，1988.

[8] [美] 尼尔·波兹曼. 童年的消逝[M]. 吴燕莛，译. 北京：中信出版集团股份有限公司，2015.

[9] [德] 尼克拉斯·卢曼. 信任：一个社会复杂性的简化机制[M]. 瞿铁鹏，李强，译. 上海：上海人民出版社，2005.

[10] [美] G. H. 埃尔德. 大萧条的孩子们[M]. 田禾，马春华，译. 南京：译林出版社，2002.

[11] [美] 桑德拉·黑贝尔斯，理查德·威沃尔二世. 有效沟通[M]. 7版. 李业昆，译. 北京：华夏出版社，2005.

[12] [美] 苏珊·福沃德，克雷格·巴克. 原生家庭：如何修补自己的性格缺陷[M]. 黄姝，王婷，译. 北京：北京时代华文书局，2018.

[13] 童敏. 社会工作理论：历史环境下社会服务实践者的声音和智慧[M]. 北京：社会科学文献出版社，2019.

[14] [美] 威廉·A. 科萨罗. 童年社会学[M]. 程福财，等译. 上海：上海社会科学院出版社，2014.

[15] 姚纪纲. 交往的世界：当代交往理论探索[M]. 北京：人民出版社，2002.

[16] [德] 于尔根·哈贝马斯. 交往与社会进化[M]. 张博树，译. 重庆：重庆出版社，1989.

[17] [德] 于尔根·哈贝马斯. 现代性的哲学话语[M]. 曹卫东，等译. 南京：译林出版社，2004.

[18] 张领. 流动的共同体：农民工与一个村庄的变迁[M]. 北京：中国社会科学出版社，2015.

[19] Bramlett M D，Radel L F，Chow K. Health and well-being of children in kinship care：Findings from the national survey of children in nonparental care[J]. Child Welfare，2017，95(3)：41－60.

[20] Gibbons L，Mason J. Challenges posed by kinship care：A study

focussing on New South Wales[J]. Children Australia, 2003, 28(4): 12 - 18.

[21] Graham E, Jordan L P. Migrant parents and the psychological well-being of left-behind children in Southeast Asia [J]. Journal of Marriage and Family, 2011, 73(4): 763 - 787.

[22] Irizarry C, Miller K, Bowden M. Kinship care: Child safety or easy option? Staff and carers' perspectives[J]. Journal of Family Social Work, 2016, 19(3): 199 - 219.

[23] Lam T, Yeoh B S A. Parental migration and disruptions in everyday life: Reactions of left-behind children in Southeast Asia[J]. Journal of Ethnic and Migration Studies, 2019, 45(16): 3085 - 3104.

[24] Luhmann N, Barrett R. Theory of society[M]. Stanford, Calif.: Stanford University Press, 2012.

[25] Mayall B. Towards a sociology for childhood: Thinking from children's lives[M]. Buckingham: Open University Press, 2002.

[26] Mazzucato V, Cebotari V, Veale A, et al. International parental migration and the psychological well-being of children in Ghana, Nigeria, and Angola[J]. Social Science & Medicine, 2015(132): 215 - 224.

[27] Tomşa R, Jenaro C. Children left behind in Romania: Anxiety and predictor variables[J]. Psychological Reports, 2015, 116(2): 485 - 512.

[28] Xu Yanfeng, Charlotte Lyn Bright. Children's mental health and its predictors in kinship and non-kinship foster care: A systematic review [J]. Children and Youth Services Review, 2018(89): 243 - 262.

本 章 附 录

儿童基本沟通情况调查问卷

亲爱的同学们：

你们好！我来自江西财经大学人文学院，正在进行一项关于儿童在家和学校的基本沟通情况的调查。本次调查问卷共33题，可能会占用你几分钟时间，是为了对你目前的学习、交友和生活进行调查。本次调查问卷仅用于学术研究，均采用匿名的形式，答案无对错之分，请按照实际情况填写。谢谢您的合作与支持，非常感谢您参与本次调查！

江西财经大学人文学院

2020年7月9日

【填表说明】

1. 请在符合你情况的选项上打钩或者画圈。

2. 本次调查均为单选题。

3. 填写时请不要与他人商量。

一、基本情况

1. 你的年龄是：

2. 你的性别是(　　)。

A. 男　　　　B. 女

3. 你和谁(监护人)生活在一起(　　)。

A. 父母　　　　　　　B. 单亲

C. 爷爷奶奶外公外婆　　D. 其他亲戚

E. 自己住

4. 父亲的职业是(　　),母亲的职业是(　　)。

A. 公务员　　B. 教师

C. 当地其他工作　　D. 农民

E. 在外务工　　F. 无业/失业人员

二、家庭情况

5. 你和父母的沟通情况怎么样?(　　)

A. 很好　　B. 一般

C. 很少沟通　　D. 几乎不沟通

6. 父母目前的工作状况是(　　)。

A. 一方打工　　B. 双亲打工

C. 父母双方在家(直接跳转至第10题)

7. 父母一年回来几次?(　　)

A. 1次　　B. 2次　　C. 3次　　D. 3次以上

8. 你和你的父母多久联系一次?(　　)

A. 两三天　　B. 一个星期　　C. 一个月　　D. 几个月

9. 你平时是用什么沟通工具和你父母联系的?(　　)

A. 基本不联系,等他们回家见　　B. 打电话或视频(网络)

C. 暑假去父母工作的地方　　D. 其他方式

10. 祖辈监护人(爷爷奶奶外公外婆)经常和你交流吗?(　　)

A. 只负责做饭、开家长会　　B. 偶尔问问

C. 经常关心　　D. 从不

11. 你认为和祖辈监护人的相处是否有隔阂、代沟或拘束？（　　）

A. 有　　B. 没有

12. 你与祖辈监护人的沟通情况（　　）。

A. 频繁且深入　　B. 经常但不深入

C. 偶尔，仅限生活问题　　D. 无法沟通

13. 当你和祖辈监护人发生矛盾时，你会（　　）。

A. 憋在心里　　B. 与他们争吵

C. 打电话给父母　　D. 和朋友沟通

14. 你心情不好时会和谁沟通？（　　）

A. 父母　　B. 祖辈

C. 同学或朋友　　D. 自己憋着

15. 在我家，家人之间能相互表达出自己的感受。（　　）

A. 非常同意　　B. 同意　　C. 不同意　　D. 完全不同意

16. 在我家，大家都把事情摆在桌面上说，而不用暗示的方法。（　　）

A. 非常同意　　B. 同意　　C. 不同意　　D. 完全不同意

17. 在我家，我们一生气，就互不讲话。（　　）

A. 非常同意　　B. 同意　　C. 不同意　　D. 完全不同意

18. 我不能和家人相互谈论我们的忧愁。（　　）

A. 非常同意　　B. 同意　　C. 不同意　　D. 完全不同意

19. 我和家人无话不谈。（　　）

A. 非常同意　　B. 同意　　C. 不同意　　D. 完全不同意

三、学校情况

20. 你自己喜欢学习吗？（　　）

A. 很喜欢　　B. 一般　　C. 不喜欢　　D. 讨厌

21. 你觉得读书有用吗？（　　）

A. 非常有用　　B. 有用

C. 不清楚，大家都要学习　　D. 没什么用

22. 学习中遇到问题一般向谁请教？（　　）

A. 独立思考　　B. 老师　　C. 家长　　D. 同学朋友

23. 我完成学校作业很慢。（　　）

A. 是　　B. 否

24. 你有几个好朋友？（　　）

A. 1 个　　B. 2 个　　C. 3 个　　D. 3 个以上

25. 你在家常和家里人说学校的事情吗？（　　）

A. 经常说　　B. 有时说　　C. 很少说　　D. 从不说

26. 你对自己在学校的表现满意吗？（　　）

A. 非常满意　　B. 满意　　C. 不满意　　D. 完全不满意

27. 在全班同学面前讲话我可以讲得很好。（　　）

A. 是　　B. 否

28. 在游戏活动中我是最后被选的成员之一。（　　）

A. 是　　B. 有时是　　C. 不是

29. 在学校，我和同学合不来。（　　）

A. 是　　B. 否

30. 当老师找我时，我感到紧张。（　　）

A. 经常紧张　B. 有时紧张　C. 很少紧张　D. 从不紧张

31. 学校是否派人与你们家里人进行沟通（家访）？（　　）

A. 是　B. 否

32. 这种学校—家庭的沟通一年几次？（　　）

A. 1 次　B. 2 次　C. 3 次　D. 3 次以上

33. 学校一年开几次家长会？（　　）

A. 1 次　B. 2 次　C. 3 次　D. 3 次以上

第六章　防范婚姻家庭脆弱性

——关于亲密关系与反贫困的进一步讨论

在赣南和赣东北地区的调研与实务开展过程中，我们可以发现，在乡村亲密关系中，存在一种假性亲密关系。这种假性亲密关系通过种种媒介使得代际关系、朋辈关系，尤其是婚姻家庭关系遭遇大量脆弱性问题。已有研究表明，这种脆弱性往往会削弱信任度，削弱社会资本，削弱因幸福感而建立起来的自信心，进而对防止返贫的效果产生着一定程度的影响。这些现象的存在及其影响表明，反贫困社会工作需要系统思考家庭、家教、家风建设在乡村振兴中的重要地位。尽管乡镇社会工作站正在全国全面推广，但是从实践层面来看，反贫困社会工作在县域的发展还有巨大的发挥空间。因此，加强县域社会工作资源整合机制建设，有利于防范因婚姻脆弱性而导致的返贫现象。在本书即将付印之时，成立从中央到地方的社会工作机构为建立整合机制提供了契机。对此，我们将保持跟踪，另行研究。

第一节　假性亲密关系与返贫的可能性

爱是一种强大的内在驱动力，每个人都对爱充满了自然的、真诚的渴望。亲密关系的建构是获得爱的最重要途径。诚如本书前面所论及的，如马克思、恩格斯、费孝通、米勒、吉登斯等学者所论及的那样，亲密关系①是深刻影响并表征日常生活质量的一个关键。本书前面的调研与实务表明，人们渴望理性的且合乎人性的情感满足、可信任且有深度沟通、可持续且际遇资源丰富的社会交往关系。维系优质的亲密关系是一种基本的行为取向与个体能力，有利于进一步营造和谐的经济社会发展氛围。维系优质的亲密关系也是提升幸福感的重要途径。幸福感是对康乐程度的一种体验，是经过自我评估和反思才获得的一种情感状态。因此，它与收入、财富、受教育程度等客观因素存在紧密联系，但也是一定社会情境下的主观感受。在一定时间内，亲密关系是涉及客观存在的情境存在，带有相对静止特征。

然而，辩证地看，亲密关系也是动态的。瑶川的离异案例能够说明其动态性。在实际调研和实务开展过程中，人们不难发现，在日常生活中，存在大量假性亲密关系。在少子化、老龄化以及离婚率上升的背景下，这些假性亲密关系让人们更加渴望高质量亲密关系的建构。一旦建构失败，就会对反贫困的绩效造成很大的冲击。所谓假性亲密关系，是指这样一种组合性的状态：① 交往对象之间存在紧密的关联性；② 交往关系中缺乏共享话题、

---

① ［日］小野浩，［美］克里斯滕·舒尔茨·李．幸福再分配：论社会政策对生活满意度的塑造［M］．郑越之，译．北京：中国金融出版社，2020：1－2．

意义交互性弱，进而存在沟通阻滞现象，乃至走向冲突；③ 虽然存在生产、生计、生活的联系性，但是缺乏危机管理机制，危机一旦出现，婚姻家庭即走向解体，并导致老人赡养、儿童照顾等问题出现；④ 形式上存在沟通关系，但实质的、有温度的、值得信任的亲密性内容很少，缺乏稳定性、可持续性。

从在赣南和赣东北的调研与实务工作来看，乡村社会存在的假性亲密关系至少表现为如下三个方面的特征：

（1）一方面，家庭依然是乡村社会最重要的社会交往空间；另一方面，从择偶到家庭的组建、维系过程存在大量结构性约束因素与不确定性因素。

（2）一方面，人们渴望得到亲密关系的温馨与确证；另一方面，人们对亲密关系中的信任感和稳定感带有忧虑、怀疑与防范。

（3）一方面，人们拥有大量交通、通信、消费的方式；另一方面，人们在婚姻家庭、亲密关系中存在际遇性困境，缺乏共享性沟通，与亲密关系相关的危机管理能力建设力量十分单一。

大略而言，至少有三个基本原因影响着假性亲密关系的大量出现。

一、现代化进程的时空裂变深刻影响亲密关系的边界

这种裂变带有大加速与大疏离并存的特征。百余年来，现代化进程尽管有鲜明的阶段性，但总体来看，这一进程具有压缩性特征。所谓压缩性，既指不同历史阶段的并存和其同时作用于某一事物或事实，又指事物或事实的发生与存在往往和在场、不在场同时关联。这种特征对既有的择偶观念、婚姻观念产生了巨大的冲击。这种冲击正是当代反贫困社会工作要面对的情境。它远远超出了既定的边界与地缘。这里的边界与地缘并非单一

的地理意义上的空间,还包括社会边界、文化边界和与之关联的心理边界。[①] 进而言之,既有的地方性知识与地域边界以外的知识同时作用于某一现象,并考验着人们的边界意识与风险处置能力。正如本书前面所调查的那样,鄱阳湖畔的杜村的婚姻圈已经带有全球化特征。无论是在瑶川,还是在枫村和玉县,远距离婚姻已经司空见惯。属地管辖权面对这种状况也面临巨大挑战。同时,与之相关的跨文化冲突也必然出现在婚姻家庭矛盾当中。这种冲突如果得不到及时、合理、有效处理,很容易导致家庭解体,进而导致部分家庭成员返贫,导致儿童与青少年被暴露在一个不确性很强的原生家庭当中,由此埋下贫困代际传递的隐患。尤为重要的是,家庭成员的空间聚合与心理聚合紧密相关,长期分居导致亲密关系淡漠。一旦出现情绪对立,就容易出现戾气严重的表达方式,乃至暴力相向,玉县儿童兄弟之间的斗殴、校园斗殴都反映了这种倾向的存在。其后果则是同辈群体之间缺乏支持。正是因为家庭关系受远距离沟通技术所限,遭遇矛盾的家庭才很难建立起强有力的代际支持。家长对儿童的心理支持、情绪安抚成为一种奢望。这样,家庭代际关系网络处于一种崩塌状态。可见,针对这种与时空裂变相关的假性亲密关系,反贫困社会工作不能不面对这种代际关系网络的重建。在枫村、玉县的实务介入反映了从代际关系网络进行赋权的重要性。

二、科学技术大变革对社会交往关系构成多维影响

科技是第一生产力。科技变革使得人类社会配置资源的时空系统发生

① 关于空间与边界意识对乡村生活的影响可参阅：李海云. 空间、边界与仪式传统：潍北的乡村生活[M]. 济南：齐鲁书社,2019：7－11.

了变化。这一变化和人类的交往空间紧密联系在一起。枫村的一位老人说:“在近代,浙赣铁路一通,父母们就开始慢慢到外省去就业,以前男耕女织的生活方式发生了变化。以前坐火车到上海,需要近30个小时。现在,坐高铁不到3个小时就到了。”而信息化、数字化已经对乡村交往空间产生了巨大影响。包括祖孙关系、亲子关系在内的沟通状况大多受此影响。本书中的玉县儿童问题也与此相关。同时,科技变革对日常生活产生了直接影响。在婚姻家庭领域,体现为物质生产生活资料与仪式感的结合。在杜村的调查中,体现得最为明显的是嫁妆。以前的嫁妆是自行车,现在是小轿车。无论是自行车还是小轿车,都会产生一种互惠性彩礼。这些产品的价格波动对彩礼标准的设定产生了影响。换言之,乡村习俗被物化的结果之一是交易成本并非仅仅由习俗自身所规约。包括彩礼在内的习俗性交往成本也受科技产品的扩散与价格体系影响。资源配置的时空系统变化、交往空间的场景变化、日常生活方式中的物化等都对传统伦理构成了冲击。当下,数字化、货币化相互交融,深刻影响乡村社会的资源流动与信息流动。乡村社会的传统伦理面对“魔性的欲望”所带来的道德困惑深感无能为力①,且不得不接受。如果双方不能接受,魔性的欲望往往衍生出魔幻的亲密关系。这种魔幻的亲密关系不仅出现在年轻一代当中,也出现在老年群体当中。“魔幻”席卷所有群体,无论被动还是主动。

由此可见,结构性变化对个体尊严感产生了影响。在乡村社会调研时,不难发现,尽管存在大量纸币交易,但是电子支付已经逐步普及。支付手段的变化对家庭微观权力产生了影响。如在圩镇集市的卖菜老人那里,可以

① 罗国杰. 伦理学[M]. 北京:人民出版社,1989:5.

注意到许多微信收款码并非老人注册，而是由其儿子、女儿或儿媳注册的。这样，产品的劳动所得优先进入的是相对年轻群体的口袋。于是，支付方式微妙地影响着家庭内部关系。对于那些没有电子支付方式的老人而言，他们的个体尊严感也非常微妙。在电子支付的背景下，赡养老人的道德规约需要重新建构，老人的数字化融入成为挑战。无论是在枫村，还是在玉县，社工都深刻体会到了这一挑战性影响的存在。一言以蔽之，魔性的技术与魔性的欲望相结合，冲击着人们的内在心灵秩序：亲密关系正在发生巨变。

三、人口结构、家庭生计与共同体功能转型

通过在赣南和赣东北的实地调查与实务开展，我们可以发现，贫困乡村的人口结构带有全国的普遍特征，即少子化并且快速进入老龄社会。同时，人口结构中的性别比例本身和择偶与婚姻的挤占现象紧密相关。第七次人口普查的数据显示，男性人口为 723 339 956 人，占 51.24%；女性人口为 688 438 768 人，占 48.76%。[①] 2020 年，全国乡村人口性别比为 107.91，而第七次全国人口普查的总人口性别比为 105.07。同年，江西省乡村人口总数为 17 878 024 人，其中男性 9 366 260 人，女性 8 511 764 人，性别比为 110.04。[②] 同时，从家庭生计来看，大量贫困乡村的中青年群体奔赴城市、沿海地区就业，乡村留守现象十分普遍且严重。从性别角度来看，女性收入工

① 国家统计局. 第七次人口普查大数据|男性人口为 723 339 956 人. [2021－05－11]. https://baijiahao.baidu.com/s?id=1699429151595553700&wfr=spider&for=pc.

② 澎湃江西. 刚刚，江西最新男女比例公布！[2021－11－22]. https://m.thepaper.cn/baijiahao_15496591.

薪化给原有的家庭内部分工带来了许多新情况、新挑战。当女性进城务工成为工薪阶层后，她们的自主意识、文化观念、生活方式等都快速现代化，出现了与布迪厄在《单身者舞会》中描述的相似现象：乡村男性的择偶与婚恋为之巨变。杜村的调查表明，这巨变体现在每一个习俗性程序当中。尽管有过多次回归家庭的讨论，但是客观来说，和许多国家一样，这一讨论很难面对家庭、事业/职业的平衡以及与之紧密相关的平等感建构。① 因为，绝大多数女性不再满足于家庭事务的操劳者角色——看不见的无薪酬劳动者。她们需要获得承认，需要在亲密关系中保持自主的基础上维护自身尊严。在瑶川的调查证明了这种情况的存在。这样，家庭的儿童照顾功能也遭遇更多的不确定性。一方面，近代以来，部分既定的家庭养育功能被转移给社会，一些家庭教育功能转移到了托育所、幼儿园、中小学等机构上；如女性被大量工薪时间挤占，或者留守妇女不得不承担以往男性必须承担的事务，诸如此类的状况导致很多家庭不得不让渡出一部分功能给社会。另一方面，现代托幼机构与教育机构的发展也为这种转移提供了条件，并改变了家庭对儿童照顾的认知。但是，并非所有乡村社会都有效地完成了这种转移。家庭作为共同体转型的一个单位正面临着新的挑战。如果家庭韧性不足，必然会有部分家庭或者其成员因此重新返贫。

上述分析已经论及假性亲密关系往往会给婚姻家庭关系带来脆弱性。这些脆弱性如果得不到恰当处置，很有可能导致部分家庭陷入贫困。从过程论来看，这包括两个方面：

---

① ［英］沙尼·奥加德. 回归家庭？家庭、事业与难以实现的平等［M］. 刘昱，译. 桂林：广西师范大学出版社，2021：33－92.

(1) 从择偶到婚姻关系确立过程中的脆弱性。正如在杜村的调查所呈现的那样，择偶的过程和社会地位、身份确证、仪式性确认、城乡居住空间评估等紧密相关，尤其是婚姻消费往往和工具理性核算紧密相关。在这一过程当中，不可避免地会存在各种矛盾。这些矛盾往往会给婚姻关系确立带来冲击。也就是说，假性亲密关系中的不信任问题在择偶过程中可能埋下隐患。除了工具理性外，情感冲动型择偶和婚姻缔结的现象也存在。但是，由于了解不充分，尤其是跨省、跨国婚姻受空间、不完全信息流动等因素的影响，贫困家庭缔结婚姻的门槛提高了，甚至快速解除婚姻关系者也同样存在。

(2) 家庭关系中的脆弱性。随着家庭经济状况的改变，如果处置不当，家庭关系也会发生改变。从夫妻关系来看，创业型家庭往往会面临夫妻阶层地位分化的挑战。来自瑶川的进城务工并创业的离异案例证明了这种脆弱性的存在。谋生型家庭则往往面临夫妻异地居住的挑战。费孝通曾经把养育活动分为生理性养育和社会性抚育。生理性养育包括生殖、喂养、对生活的供养、提供生理和亲密情感的需要，主要由母亲完成；社会性抚育则涉及社会知识的学习、经验与行为的传承，主要由父亲负责。[①] 尽管从当下的实际情况来看，费老的这种划分还有值得优化之处，但是，从亲子关系来看，如何把孩子拉扯大，确保代际关系少一些疏离、多一些亲密，成了儿童照顾的重要议题。费老的观点仍然有助于从父母婚姻关系、居住状态的角度来认识亲子关系的脆弱性。

从结果论来看，主要包括两个方面：

---

① 费孝通. 生育制度[M]. 北京：商务印书馆，2009：4－5.

（1）择偶失败、婚姻失败对个体内在驱动力的影响。

（2）家庭解体对亲子关系的影响。

无论是过程论的解释，还是结果论的解释，从反贫困的角度来看，假性亲密关系带来了一系列问题。这些问题包括：

（1）高价婚俗性消费给贫困家庭择偶带来了巨大的挑战，甚至在某一个阶段里导致新婚夫妻所在家庭出现返贫现象。

（2）家庭解体导致风险防范能力下降，甚至导致返贫现象的出现。

（3）儿童照顾失败导致的贫困代际传递风险。

调查表明，无论何种性别，都会不同程度地受到影响。甚至，三个问题同时作用于一个个体。

被调查对象小温这样说："我们是自由恋爱，有真感情。以前在一个城市打工。说实话，我们家并不富裕，能够吃饱喝足。但在谈婚论嫁的各个环节里，我做了很多妥协，结婚仪式很有面子，却欠了很多债。为了还清结婚的相关债务，加之她不愿意母乳喂养，而是更愿意尽早进城打工，我们不得不选择分居。她在广东，我在浙江。为了结婚，家里新建了三层楼的房子，只有父母和孩子住着。孩子生下来后，经济负担更重了。我们之间沟通更少了。即便每天打电话，聊的都是孩子。可以说，聊孩子成了我们的共同话题，共同话题满足了沟通的情感需要。但是，随着孩子的长大，我们围绕养育方式发生了分歧。她希望孩子尽早适应城市生活，想把孩子和岳母带走。我不同意，希望她回归家庭，在家里带孩子、照顾老人。因为我害怕像别人家那样，孩子会逐渐远离我和他的爷爷、奶奶。于是，我们只能分开。我的父母知道我们离婚后，精神上颇受打击，身体很快垮下来。我现在只能考虑打工挣钱，为父母挣点养老钱。如果没有父母，我甚至感觉失去了存在的意义。”

可以看出，小温对婚姻进行了深入的思考。他的看法表明假性亲密关系会沿着一套逻辑系统影响人们的认知，影响个体的内在动力。比如，沟通中的情感需要，儿童养育的标准，赡养关系与人类存在的意义，等等。诸如此类的问题和逻辑系统需要反贫困社会工作者思考如何促进费孝通所论及过的基本三角处于良性互动状态。按照费孝通的最初设想，中国乡村经济的发展最好采用离土不离乡的模式。也就是说，离土不离乡有助于最大限度地维系基本三角的良性互动。但是，改革开放并未按照这一设想发展。来自杜村、枫村、瑶川、玉县的调查和实务都表明，中国的城乡迁移对家庭、性别关系、代际关系、育儿模式产生了巨大影响。

简言之，反贫困社会工作必须面对亲密关系变革所带来的挑战。从调查与实务开展来看，这些挑战至少包括：

（1）如何推动宏观社会政策体现空间正义，提升幸福感，以利于防范大规模人口迁移给亲密关系带来的大量风险？

（2）如何继承传统择偶、婚恋、亲子、朋辈交往等亲密关系中的优良文化？如何移风易俗，降低亲密关系交往成本，推动乡风文明建设？

（3）如何防范亲密关系的脆弱性再生产出原生家庭的低质量育儿文化，进而导致创伤依恋被代际传递却得不到很好的治疗？①

① 这种创伤依恋在儿童中大量存在，深刻地影响着他们的心智发展。需要注意的是，恋爱中创伤依恋可能存在代际传递。参阅：[美] 乔恩·G. 艾伦. 创伤与依恋：在依恋创伤治疗中发展心智化[M]. 欧阳艾莅，何满西，陈勇，等译. 北京：机械工业出版社，2022：5-62.

（4）如何在亲密关系中建构优质的代际沟通关系、朋辈互动关系，建构能够防范污名并应对创伤的心理弹性，进而为幸福感提供主体可体验的优质社会情境（如能够应对创伤的社区弹性环境①）？

第二节　家庭、家教、家风与乡村振兴

在防范假性亲密关系的相关风险中，应对上述挑战时，家庭具有独特的关键地位。这也是让妇女回归家庭的讨论一直存在的基本原因，尽管这一提法遭到了大量批判。关于家庭的重要性，自古以来就有很多讨论，但是关于如何让家庭发挥何种功能，人们却一直争论不休。柏拉图曾经提出，家庭模式不能按照个人价值来选择。为此，要理顺父母与子女之间的代际关系。甚至，孩子一生下来，就应由专门指定的人来抚养。柏拉图的这一观点尽管引发了很大争议，可是却让后世不得不考虑其问题意识的当代价值。至少，柏拉图把家庭关系模式与儿童照顾联系在一起加以思考的逻辑理路值得借鉴。

进入工业化时代，家庭关系模式受到巨大冲击，亲密关系也受到各种考验。就家庭关系而言，威廉·古德说，至少存在三个方面的情况冲击家庭控制机制：一是人们越来越靠工作生活，而非靠土地生活。这样，家庭内部权威关系必然发生改变。二是工业讲究效率，而非对家庭温馨感的照顾。人们在就业时，也往往把效率与家庭生计联系在一起。家庭生计成为思考问

① ［美］伊莲·米勒-卡勒斯. 重建应对创伤的心理弹性：创伤与社区弹性模型［M］. 李彦章，译. 重庆：西南师范大学出版社，2017：149－168.

题的基本支点。三是大多数人非常重视工作岗位上的个体成就，而不是从家庭成员的单一角度评价自身选择。不仅如此，参加工作者往往会以工资收入来看待自己在亲属中的地位。① 这些观念必然导致个体缺乏家庭整体感，忽视家庭稳定的重要性。本书前面所提到的一些案例证明了这种冲击的存在及其对亲密关系的危害。

不过，也不宜过高评价冲击的社会性后果。正如威廉·古德所说，虽然家庭只是社会结构的很小的一部分，但是如果没有它的贡献，现代社会就会崩溃，社会流动就会停滞。② 古德的这一说法表明，反贫困社会工作依然需要从家庭的角度思考如何防止社会流动的停滞、现代化进程的中断等问题。

进入近代社会以来，随着家庭生计方式的获得与维系需要在更大的时空范围内做出选择，以父姓为主的家庭结构及其微观权力形态发生了变化，妇女本身的社会地位、生计方式、生活方式等也在发生变化。③ 至少，随着女性大量进入城市，进入工业系统工作，家庭内部结构发生了变化，许多男性必须面对一个“参加工作的妻子”。作为一个抽象的群体，人们必须面对一个事实：参加工作的妻子们的性别观念、就业取向、生活方式等都发生了巨大变化。她们需要自立，因此需要一份工作。她们能够自立，必然需要自主。正如近代所讨论的“娜拉出走之后”的问题：娜拉们一直在“追求属于自己的……”。它不仅仅是一个经济问题，也是一系列制度追求与观念结构变

① ［美］威廉·J. 古德. 家庭［M］. 魏章玲，译. 北京：社会科学文献出版社，1986：249－250.

② ［美］威廉·J. 古德. 家庭［M］. 魏章玲，译. 北京：社会科学文献出版社，1986：4.

③ 关于近代妇女的变化，可参阅：邵雍. 中国近代妇女史［M］. 合肥：合肥工业大学出版社，2013.

化，是个体意义的表达。这种自立自主意识在革命年代就已经存在了[①]，也必然影响人们的家庭观念、家庭教育和家风取向。许烺光、王跃生、阎云翔、丛小平、风笑天、李银河等人的研究大体验证了这一点，此不赘述。

近年来，人们开始认识到加速社会给亲密关系所带来的影响。加速社会意味着人们把时间序列、高频交易联系起来，意味着人们可以利用便捷的交友技术、交友市场满足人际交往需要，意味着压力加重与注意力碎片化并存。[②] 这样，加速社会对家庭、家教、家风构成了巨大冲击。比如，家庭亲密关系受到市场资本冲击，快餐式交友冲击家庭稳定性；又如，儿童通过社交媒体寻求游戏的狂欢，但是寻找狂欢的儿童可能也是社交恐惧症患者，是家庭沟通中的淡漠者或者无语症患者。

由此可见，包括隔代抚养、提前托育等行为已经成为亲密关系建构过程中的现实需要。从柏拉图的问题意识来看，不只儿童抚养，与亲密关系相关的许多行为都涉及“指定的人”。结合在赣东北和赣南地区所做的调研来看，所谓“指定的人”涉及家庭教育、社会教育、学校教育的关系处理问题。具体来说，家庭教育的部分权力被让渡给学校、社会。这些让渡意味着，家庭作为社会的基本单位，需要处理广泛且复杂的社会网络。按照本书前面所涉及的择偶、婚恋、儿童照顾等问题，这些“指定的人”涉及政府中与择偶、

---

① 本团队在横峰开展实务时，与部分 90 岁左右的老人访谈时，她们依然对革命年代的妇女自主抱有浓厚的怀念与感恩之心。关于从革命到建设时期的女性自主意识研究，可以参阅：丛小平. 自主：中国革命中的婚姻、法律与女性身份（1940—1960）[M]. 北京：社会科学文献出版社，2022.

② [英] 罗伯特·科尔维尔. 大加速：为什么我们的生活越来越快？[M]. 张佩，译. 北京：北京联合出版社，2018：36 - 107.

婚恋、儿童照顾和青少年教育有关的主管部门，涉及社会资本进入的择偶关系市场化机构（如专业的网络婚介公司）、婚姻家庭辅导机构、托育托幼等教育机构、社会工作机构、社区管理机构以及其他社会组织等。

调查表明，这一让渡过程既是结构性的，又是动态性的。它同样深刻地影响着亲密关系的建构。从人口结构来看，随着大量青壮年劳动力迁移到沿海地区，乡村社会的主要人口由一老一小构成，亲子关系、赡养老人问题比沿海地区突出。这一结构的发展并非静态的，而是动态的。21 世纪初之前，择偶问题、夫妻关系、亲子关系成为乡村亲密关系建构中的焦点问题。但是，十余年来，由于城乡融合还需要时间进一步推进，农民工平均年龄逐步上升，农民工的空间分布发生了微妙变化。国家统计局监测数据显示，2021 年全国农民工总量达到 29 251 万人，外出农民工总量达到 17 172 万人，仍然处于增长态势，比上年增长约为 1.3%。但是值得注意的是本地农民工增长更快，比上年增长 478 万，约 4.1%。从年龄结构来看，也发生了变化，具体见表 6.1。

表 6.1　农民工年龄构成①　　单位：%

年龄组	2017 年	2018 年	2019 年	2020 年	2021 年
16～20 岁	2.6	2.4	2.0	1.6	1.6
21～30 岁	27.3	25.2	23.1	21.1	19.6
31～40 岁	22.5	24.5	25.5	26.7	27.0
41～50 岁	26.3	25.5	24.8	24.2	24.5
50 岁以上	21.3	22.4	24.6	26.4	27.3

① 国家统计局. 2021 年农民工监测调查报告. [2022-04-29]. http://www.stats.gov.cn/xxgk/sjfb/zxfb2020/202204/t20220429_1830139.html.

表6.1显示,自2020年以来,40岁以上的农民工连续两年超过了50%;2021年,50岁以上的农民工占比排第一位。① 对于反贫困社会工作者而言,这种变化意味着乡村养老问题将成为介入亲密关系重构中的重要议题。这一问题同样需要注重家庭、家教、家风。遗憾的是,由于篇幅所限,本书未对该议题进行专题性调查与实务介入。但是,无论是工业化进程,还是观念结构,抑或是人口结构,都对亲密关系构成了巨大影响。从这一角度来看,假性亲密关系的出现具有结构化特征。

上述历时性回顾表明,反贫困社会工作需要以家庭、家教、家风为主线切入亲密关系,防范相关风险,以利于推进脱贫攻坚同乡村振兴有效衔接。换言之,从绣花精神的角度来看,家庭、家教、家风涉及乡村振兴的方方面面。再造亲密关系,建设秀美、温馨、幸福的乡村社会是反贫困社会工作的基本支点。围绕这一支点,至少有三个知识生产的维度需要反贫困社会工作者思考,并需探索其介入亲密关系的路径。

一、结构性知识生产的维度

结构性知识生产的重要性在于通过制度创新、政策供给等方式,影响最大多数人的亲密关系行为选择,最大限度地提升人民群众追求美好幸福生活的可能性。从结构上来看,中华人民共和国成立后,我国在很长一段时间内的发展模式偏好以乡补城,工业优先。在区域发展战略上,则优先发展东部地区,其后才推动西部大开发、中部崛起等战略。战略选择偏好对于结构

① 国家统计局. 2021年农民工监测调查报告. [2022-04-29]. http://www.stats.gov.cn/xxgk/sjfb/zxfb2020/202204/t20220429_1830139.html.

性知识生产具有很强的影响力。这种影响力甚至会渗透到家庭和个体的行为选择上。反过来，当某一类行为选择带有普遍性的时候，人们会通过反思机制更新知识，推动制度创新。恩格斯引述摩尔根的话说，当人民感到财富成为无法控制的力量时，就更加需要社会的博爱、权利的平等、普及的教育。此时，关于家庭与财富的知识生产就需要进入一个新的阶段。[①] 加里·贝克尔则认为，家庭经济的行为选择必然以效用最大化目的为优先，而择偶并最终走向结婚、组建家庭，其目的主要是满足经济再生产和人口再生产。[②] 孩子的抚养成本与夫妻双方对时间价值的判断紧密相关。如果与生计紧密相关的时间价值远高于亲密关系，那么个体或家庭自然会选择生计优先，因为这涉及整个家庭的基本生存问题。在这样的发展偏好和区域战略驱动下，来自赣东北和赣南地区的农村家庭做出的经济理性选择就是外出务工，并不得不以降低儿童照顾水平为代价。

但是，随着我国综合国力的提高，随着第一代农民工重新回到乡村照顾老人、陪伴孙辈的意愿上升，随着城乡家庭对儿童照顾的重视，尤其是“不愿意输在起跑线上”的社会心理的扩散，人们对于亲密关系的认识正在发生转变。结构性变化的温度是由亲密关系表征的。反贫困社会工作者应该观察到这种结构性变化，通过知识生产和参与政策供给，推动结构性变化更具温度。反贫困社会工作者需要通过扎实的群体调研，在结构性知识生产方面担当维护空间正义的呼吁者、社会政策供给的建言者或参与者。近年来，我国推出了大量具有空间正义取向的政策：针对城乡分割带来的各类风险，推

① [德] 弗里德里希·恩格斯. 家庭、私有制和国家的起源[M]. 3 版. 北京：人民出版社，1999：185.

② [美] 加里·S·贝克尔. 家庭经济分析[M]. 彭松建，译. 北京：华夏出版社，1987：104.

出了城乡融合战略，以利于通过户籍政策以及公共服务政策等推进乡村振兴；针对原中央苏区、罗霄山区的扶贫政策和专项发展政策；在社会工作领域，2013 年 3 月印发的《民政部关于做好首批边远贫困地区、边疆民族地区和革命老区社会工作专业人才支持计划实施工作的通知》启动了社会工作专业人才服务“三区”计划。显然，这份文件意在以倾斜性策略推进社会工作在空间结构上的均衡发展。

这些政策正在影响大量家庭的选择。来自赣南的案例调查反映了相关政策的良好效果。近年来，江西省推出了一系列吸引农民工返乡创业的政策。这些政策与国家区域发展战略叠加，对玉县的农民工产生了吸引力。一位原来在广东务工的农民工是这样解释他回家创业的内在动力的：“我已经 52 岁了，我的父母亲都快 80 岁了，他们需要我陪伴。我 21 岁就结婚了，现在做爷爷了，孙子孙女需要我接送。所以，我就办了一个制衣厂。我办厂就是混日子，解决点老乡就业和补贴家用，不给儿子们添负担。”至于为什么要帮儿子们，他解释说：“因为我年轻时忙着打工去了，那时候也是没有办法，感觉陪伴儿子们少了一些，现在多陪陪孙子孙女。我的厂不让员工加班，因为他们也需要接送孙子孙女。”可见，他的动机基本来自亲密关系的移情性理解和对代际情感的补偿。这样的动机与行为选择值得反贫困社会工作者进行深度思考，进而加强政策生产与政策供给。

事实证明，这种结构性知识的生产与倡导能够最大限度地提升人民对亲密关系的感知度。据国家发改委就城乡融合重点任务答记者问时公布的数据，2021 年全国城市落户门槛进一步降低，对于城区常住人口 300 万以下的城市，落户的限制基本被取消；对于城区常住人口 300 万以上者，落户条件有序放宽。在常住人口享有更多、更好的城镇基本公共服务方面，90.9%的义务教育阶段随迁子女能够在流入地公办学校就读或享受政府购买学位服务。① 改革户籍制、提升公共服务水平有利于从空间正义的角度优化亲密关系，提升人民的满意度。

经过十余年的嵌入性发展策略，社会工作自身的发展边界得到了前所未有的拓展，高层次社会工作人才队伍也逐步壮大。社会工作者参与结构性知识生产的条件逐步走向成熟。从实际情况来看，在政府主导、社会各界参与下，社会工作的法治化进程加快。自党的十八大以来，社会工作先后进入反家庭暴力法、社区矫正法、未成年人保护法、预防未成年人犯罪法、乡村振兴促进法、家庭教育促进法、社会救助暂行办法等法律法规的制定当中。其中，许多法律法规和亲密关系的调适紧密相关。因此，对于有政策影响力的反贫困社会工作者而言，需要在参与相关战略方针落实过程当中，加大与亲密关系有关的制度创新，参与政策生产或者为政策赋能，进而让千千万万家庭能够兼顾生计与生活质量，兼顾不同代际的幸福追求，维护代际公平。同时，对于反贫困社会工作者而言，需要主动融入乡村振兴战略，主动倡导与改善亲密关系有关的家庭政策，倡导优质的家庭教育和家风传承，推动乡风文明建设。

二、县域社工资源整合的维度

由于县域经济发展不充分，在改革开放后的相当一部分时间里，本书中

① 中华人民共和国中央人民政府. 国家发改委印发《2022 年新型城镇化和城乡融合发展重点任务》——提高新型城镇化建设质量. [2022-03-22]. http://www.gov.cn/zhengce/2022-03/22/content_5680376.htm.

涉及的四个县基本上以鼓励外出务工为主。随着县域自身产业的发展，沿海省份的产业转移加快，吸引农民工返乡创业政策的落实，尤其是脱贫攻坚战略的推进，这四个县的经济社会发展态势为之一新，亲密关系的优化面临许多新机遇。但是，总体来看，四个县的社会工作发展还不是很充分。这就涉及县域社工资源整合问题。县域社工资源整合维度至少涉及三个基本问题：

（一）县级以上的制度与政策资源支持

从社会工作的整体支持来看，党和国家构建了“四位一体”的政策体系，即通过中央政策、综合政策、领域政策、专项政策四位一体，构建全方位保障机制。早在2011年，中组部、中央政法委、民政部等18个部门就联合发布了《关于加强社会工作专业人才队伍建设的意见》。其后，党和国家重视为发展专业社会工作提供制度、政策方针支持和法律保障。这些制度支持、法律保障和政策方针包括了一系列与亲密关系紧密相关的政策与立法。2014年1月，中央综治办、共青团中央、民政部等6部门联合印发了《关于加强青少年事务社会工作专业人才队伍建设的意见》。2015年12月，社会工作被写入《中华人民共和国反家庭暴力法》，这是社会工作第一次被写入国家法律。其后，社会工作被《中华人民共和国社区矫正法》《中华人民共和国未成年人保护法》《中华人民共和国预防未成年人犯罪法》《中华人民共和国家庭教育促进法》陆续列入条款。值得注意的是，社会工作同样被《中华人民共和国乡村振兴促进法》列入了相关条款。制度建设为反贫困社会工作介入家庭、家教、家风提供了政策和法律依据。在体制上，2019年，中华人民共和国民政部成立了慈善事业促进与社会工作司。2023年，新的机构改革方案明确要成立中央社会工作部。

除了制度建设，国家还进行了社工人才队伍建设试点工作，推出了“三区计划”。2018 年推出了社工助力脱贫攻坚政策。中国社会工作教育协会协调 200 余所高校参加社工助力脱贫攻坚活动。本书中涉及的枫村儿童照顾项目正是该活动的一部分。2020 年，乡镇社工站建设的序幕在湖南拉开。2021 年，中华人民共和国民政部、国家乡村振兴局印发了《“十四五”时期社会工作服务机构“牵手计划”实施方案》，该方案以国家乡村振兴重点帮扶县为主，从社会工作先发地区遴选一批社会工作服务机构一对一牵手帮扶受援地区，推进乡镇社工站全覆盖。目前来看，在贫困县市，一些善于利用上级政策并集聚资源的县市在发展社会工作方面往往能够领先一步。

（二）县域内政府部门的合力机制建构

就已有县域社会工作发展情况来看，与家庭、家教、家风相关的亲密关系建设和优化的项目为数不少。以儿童照顾为例，涉及县教育局、县民政局、团县委、县妇联、慈善机构、残联等多个部门。从团省委到团县委都在执行“童伴”计划，力推“童伴妈妈”项目；一些省份的慈善机构则在推广少儿之家项目；残联则重点抓残疾青少年工作；等等。客观来看，这些项目都为亲子关系提供了强有力的支持。但是，考虑到我国国情，减少重复投资、无效投资依然非常重要。不能不看到，一些项目缺乏可持续性，相关服务的专业性还需加强，同时，项目之间存在内容重复的问题，并且缺乏本地化的知识生产机制，导致疏导亲密关系的资源利用效率亟待提高。因此，解决如何在县域内整合资源，形成有效合力这一问题非常紧迫。

同时，形成有效合力的前提在于对不同行政部门的职能进行明晰的优化组合。例如，杜村的调查资料来源于在县民政局婚姻登记处的实习实训经验所得。事实上，按照有关规定，进行婚前教育是必要的程序。遗憾的是，在熟人社会情境下，婚前教育这一程序执行得并不充分。因此，对于进入婚姻状态的某些年轻人来说，他们虽然在民政局获得了法律意义上的仪式感，但是并未做好充分的思想准备。无论是在杜村的调查，还是在瑶川的调查，都出现了闪婚闪离的案例。这些案例说明通过第三方进行合理的、可接受的婚前教育是必要的。再如，对于涉及亲子关系的儿童福利问题，国家非常重视。2018 年，中华人民共和国民政部专门设立了儿童福利司。这一机构的设立有利于促进全社会对儿童遭遇的实际挑战的关注。然而，在参与式观察中，社工注意到，由于受脱贫攻坚战略第三方评估指标导向影响，相关部门非常重视学龄儿童是否失学在家，但是对于儿童应对家庭变故等问题则很少关注。比如，对于离异对儿童的影响，很多部门缺乏应有的需求评估。因此，如何进一步厘清部分职能与业务范围依然是建设合力机制的关键。否则，很容易导致虽然存在调整亲密关系的需求，但缺乏明晰的主管部门介入。

（三）民间资源的培育与挖掘

前文呈现的情况表明，婚姻缔结的过程意味着个体需要转变意识，即“从我到我们”（不仅仅是夫妻关系，也牵涉到家族关系、亲子关系）的转变过程。亲密关系是儿童不断被社会化的关键渠道。儿童社会化的过程也涉及自我的形成，涉及社会角色的扮演，也有一个“从我到我们”的演化过程。这些过程绝非短暂的，而是长期的；绝非静止的，而是动态的；参与这一过程的力量绝非单一的，而是多维的。

社工参加了一个赣南村落的升学奖励仪式。该村非常重视耕读传家，每年都举办该仪式。仪式在村里的宗祠开展，宗祠很有年代感，当地人说，宗祠已经存在了600多年了。颁奖的程序包括：本村担任过教职和校领导职务者念本科生升学名单；乡里驻村领导念研究生升学名单；捐赠代表、家族有声望者为升学获奖者颁奖；村里历史上最有威望的读书人讲话（留学海外的或不在本地生活者，则可以通过视频祝贺或讲话，他们往往也是大额资金的提供者）；每位本科生奖励3 000元左右，研究生奖励5 000元左右；颁奖仪式结束后，举办全村宴，升学者需要在家人的陪伴下逐桌向村民敬酒，不分收入高低，此时，家长不能缺席。奖励和酒宴的资金来自乡贤捐助和全村村民集资。

无疑，这一仪式创造了代际沟通的机会，也创造了认识乡村历史的机会，有助于强化青少年的乡情，强化代际交流意识。一位因孩子获得奖励而从沿海地区赶回来的家长说："自从去广东打工以后，从来没有和孩子交流过这么长时间。高考那些天，我依然在加班。今天，我才真正地意识到：钱不是最重要的，最重要的是孩子的感受。当他告诉我他内心有多难受时，我哭了。真的，他人生的关键时刻最需要家人的支持！我没做到，亏欠了他！但是，今天，我回来了！回来了！"

从这一仪式中可以看到，当地基层政府不仅没有限制，而是力推。力推的效果很明显。参与这一仪式的，除了政府，还包括宗族力量、村内志愿者力量。可见，多维度培育和挖掘民间资源力量非常重要。这就意味着，反贫困社会工作者在疏导亲密关系时，需要具备跨地域的资源获取能力。这种能力和情感动员、仪式动员相关。至于效果，不能仅仅从显功能来评价。

事实上，国家政策也支持多维度地培育和挖掘民间资源力量，以利于从国家到县域建立起纵向资源协作共同体。发展到今天，这一共同体需要具有宽广的国际视野。本团队成员在修水、横峰的项目都在民政部门的大力支持下，获得了当地民间组织力量、香港同胞以及联合国儿童基金会等的支持。在枫村，社工组织了一场大型的乡村文艺晚会。入户发放晚会节目单的是参与小组活动的儿童与青少年；舞台上表演的是村内自组织的能跳广场舞的舞蹈队；村里的水果种植户送来了百香果；当地乡政府的主要领导全程参加了晚会；江西广播电视台在收视率很高的《都市现场》节目中对该文艺晚会进行了报道。举办这场晚会所花费的资金金额远低于本团队所做的预算，因为相关自组织力量为脱贫攻坚项目节约了大量成本。尤为重要的是，很多观众是全家老少一起到现场，一些家庭是第一次全家参加晚会。按照原计划，晚会的显功能在于普及对社工的认知（文化动员）。但是，真正让社工兴奋的是隐功能的效果更加明显：自主型文艺演出激发了家庭亲密感。对签名单的统计表明，观众数量远远超出了枫村人口总量。从社工外展目标来看，晚会也明显产生了溢出效应。乡镇领导说，很多村落希望社工能够入驻，能够成为一老一少的陪伴者、支持者，他们认为社工就是党的群众路线的践行者。可见，社工已被基层干部认可了、接纳了。

三、角色选择多样性的维度

如前所述，反贫困社会工作无疑需要参与结构性知识生产，比如对生态、生产、生计的逻辑关系的把握，对包容性发展理念的倡导，对宏观政策的优化、倡导与推动，等等。但是，除了结构性知识生产外，社会工作者需要更多地参与在地化、情境化的知识生产。没有在地化、情景化的知识生产，反贫困社会工作很容易失去自身的生命力，失去专业地位的合理性与合法性。这一知识生产过程和社工所扮演的角色紧密相关。

进一步来看，反贫困社会工作介入亲密关系的角色并非单一的，而是多样的。从微观角度来看，这些角色包括：① 政府反贫困战略的合作者；② 实际需求的调查者；③ 社工资源整合的助力者；④ 移风易俗的推动者；⑤ 合理消费的倡导者；⑥ 角色认知的调适者；⑦ 代际沟通的协助者；⑧ 朋辈关系的优化者；⑨ 家校合作的促进者；⑩ 社区动员的设计者。

从科技变革来看，这些角色的扮演正是因为当下我们处于社交媒体普及的时代。在这一时代，角色的表征、表达等都面临许多调整。这些角色往往需要适应沟通情境，并进行叠加性扮演。同时，不得不注意的是，这些角色可能也存在冲突之处。对于反贫困社会工作者而言，出现角色冲突、角色中断等情况是一种常态性现象。问题的关键在于如何面对一致性与冲突性进行在地化、情境性的知识生产。这种知识生产既是抽象的，也是经验性的；既是理性的，也是情感性的；既是经验总结性的，也可能是深度反思性的。它必须能够进入服务对象的日常生活世界。

作为反贫困社会工作者，必须充分考虑社会对角色的责任与义务的基本要求。比如，作为政府反贫困战略的合作者，社会工作者能否扎根乡土，把基本的需求实事求是地描述清楚？作为客观中立的第三方，能否对贫困家庭进行细致的探访，为精准扶贫提供扎实的评估数据与案例？能否科学合理地参与信息博弈，链接并整合资源，为需要帮扶的对象提供资源整合性支持？能否为择偶、婚恋中的互惠性交换提供有影响力的社会倡导？能否倡导良好的家教、家风？能否倡导一种更加节俭的礼俗消费方式，防止因高消费婚礼而返贫，甚至导致新组建家庭在短期内解体？能否针对代际沟通、朋辈关系提供优质的沟通技能辅导，进而解决标签性污名，解决代际对立、朋辈之间的霸凌或家暴（如前文所述的东东遭遇哥哥的暴力殴打事件）？能否有效推动家校合作、社区内合作，进而为亲密关系营造良好的社会情境？本书的写作过程正好经历了从脱贫攻坚战略取得全面胜利到党和国家开始全面推进乡村振兴的阶段性转换。从问题意识来看，防止返贫的任务并未结束。社会工作参与乡村振兴依然要面对上述问题中的绝大多数。

值得注意的是，上述问题往往涉及情感认知，反贫困社会工作者要做到理性客观地介入的确会面临许多挑战。正因为这样，本书中所描述和讨论的杜村、瑶川、枫村、玉县的相关问题并非过去时。这些问题依然需要广泛的社会参与。参与者履行责任与义务的方式可以是多元的。在赣南调研时，我们注意到石城县对包括婚嫁在内的礼俗性消费进行了改革，尽管这些改革对传统的互惠性礼俗交换造成了巨大冲击。该县通过持续的乡风文明建设，大力推动移风易俗，大力倡导请客不收礼、节俭办宴席。这一改革首先要求从党员做起，从政府自身抓起。该县明确规定，除出生、婚丧嫁娶等重大事宜外，党员干部要做到“十带头，十严禁”，要带头不办宴、不请客，任何宴席不收受礼品、礼金，要严格控制宴席桌数、缩小请客范围等。这一改革被称为“石城现象”。石城现象中的一些做法有利于调适亲密关系，有利于维护地方政府的合法性、合理性。中国农业大学、江西财经大学、井冈山大学联合撰写的调研报告对这一现象进行了案例性总结，并呈报给了上级政府部门。这种经验性知识生产的目的就在于为反贫困社会工作介入亲密关系提供有价值、可操作的方案。

当然,需要注意的是,反贫困社会工作介入亲密关系,并非仅需要理性。在新媒体时代,人们表达亲密关系时往往带有非在场性的冲动。作为反贫困社会工作者,也不得不面对这一基本社会事实。实际上,许多调查与实务介入往往需要借助情感涉入。无论是择偶并组建家庭,还是照顾儿童与赡养老人,都面临一个共同的问题:如何在认知上处理"我"与"我们"的关系。这一问题涉及社会工作的元伦理问题,也涉及应用伦理问题。对于它的探究,过往的历史存在,今后也不会结束。我们只能选择参与。因为乡村振兴同样需要面对建构优质亲密关系的社会情境,因为中国式现代化道路理应是以人为本、人人享有优质亲密关系的道路。

本章参考文献

[1] 丛小平. 自主：中国革命中的婚姻、法律与女性身份(1940—1960)[M]. 北京：社会科学文献出版社，2022.

[2] 费孝通. 乡土中国 生育制度 乡土重建[M]. 北京：商务印书馆，2011.

[3] [美] 加里·S·贝克尔. 家庭经济分析[M]. 彭松建，译. 北京：华夏出版社，1987.

[4] 蒋国河，平卫英，孙萍. 发展性社会工作视角下的农村反贫困实践：W县Y村妇女互助储金会的案例分析[J]. 江西财经大学学报，2018(6)：94-103.

[5] 蓝荣实. 社会工作参与家庭反贫困的实践与思考：以旱藕粉丝产业扶贫个案为例[J]. 中国社会工作，2018(24)：18-19.

[6] 李海云. 空间、边界与仪式传统：潍北的乡村生活[M]. 济南：齐鲁书社，2019.

[7] 李华伟，徐开彬. 信息渗透与权力博弈：社交媒介在青年亲密关系中的作用研究：基于关系发展的阶段理论[J]. 中国青年研究，2022(6)：48-58，47.

[8] 刘振，徐立娟. 走向生活世界：后脱贫时代反贫困社会工作的范式转型[J]. 深圳大学学报(人文社会科学版)，2021，38(3)：120-127.

[9] [英] 罗伯特·科尔维尔. 大加速：为什么我们的生活越来越快?[M]. 张佩，译. 北京：北京联合出版社，2018.

[10] 罗国杰. 伦理学[M]. 北京：人民出版社，1989.
[11] [美] 乔恩·G. 艾伦. 创伤与依恋：在依恋创伤治疗中发展心智化[M]. 欧阳艾莅，何满西，陈勇，等译. 北京：机械工业出版社，2022.
[12] [英] 沙尼·奥加德. 回归家庭？家庭、事业与难以实现的平等[M]. 刘昱，译. 桂林：广西师范大学出版社，2021.
[13] 邵雍. 中国近代妇女史[M]. 合肥：合肥工业大学出版社，2013.
[14] 王思斌. 农村反贫困的制度-能力整合模式刍议：兼论社会工作的参与作用[J]. 江苏社会科学，2016(3)：48－54.
[15] [美] 威廉·J. 古德. 家庭[M]. 魏章玲，译. 北京：社会科学文献出版社，1986.
[16] [日] 小野浩，[美] 克里斯滕·舒尔茨·李. 幸福再分配：论社会政策对生活满意度的塑造[M]. 郑越之，译. 北京：中国金融出版社，2020.
[17] [美] 伊莲·米勒-卡勒斯. 重建应对创伤的心理弹性：创伤与社区弹性模型[M]. 李彦章，译. 重庆：西南师范大学出版社，2017.
[18] 中共中央马克思恩格斯列宁斯大林著作编译局. 家庭、私有制和国家的起源[M]. 3 版. 北京：人民出版社，1999.

内 容 提 要

婚姻家庭和儿童照顾是亲密关系的重要组成部分。本书采取在赣东北、赣南地区的入村调研与社工实务呈现相结合的方式，描述和分析乡村反贫困社会工作在介入亲密关系时所面临的挑战和如何作为的问题。全书梳理了现代化对亲密关系的冲击，它反映在赣东北杜村的婚姻挤压与男性婚姻消费、瑶川镇离异女性群体当中，深刻地影响着枫村和玉县的儿童照顾，甚至可能再生产出新一代贫困群体。因此，需要着力解决假性亲密关系所带来的不确定性问题，需要从知识生产的角度思考如何在县域层面建立有利于家庭家风的反贫困机制。